ACCESO GRATIS ***a la Lectura en la Nube***

Para visualizar el libro electrónico en la nube de lectura envíe junto a su nombre y apellidos una fotografía del código de barras situado en la contraportada del libro y otra del ticket de compra a la dirección:

ebooktirant@tirant.com

En un máximo de 72 horas laborales le enviaremos el código de acceso con sus instrucciones.

EL DERECHO DE ASILO ANTE LA CRIMINALIZACIÓN DE LA MIGRACIÓN EN LAS FRONTERAS

UN ESTUDIO SOBRE EL DERECHO DE LA UNIÓN EUROPEA

EL DERECHO DE ASILO ANTE LA CRIMINALIZACIÓN DE LA MIGRACIÓN EN LAS FRONTERAS

UN ESTUDIO SOBRE EL DERECHO DE LA UNIÓN EUROPEA

GUSTAVO DE LA ORDEN BOSCH

Prólogo de

JOANA ABRISKETA URIARTE

tirant lo blanch
Valencia, 2024

En caso de erratas y actualizaciones, la Editorial Tirant lo Blanch publicará la pertinente corrección en la página web www.tirant.com.

La aceptación de la presente obra ha tenido en consideración la evaluación y calificación *sobresaliente cum laude* otorgada por los expertos componentes del tribunal calificador de la tesis doctoral que ahora se publica, cumpliendo con el criterio correspondiente de los revisores externos y ofreciendo la calidad debida a la presente obra.

La tesis doctoral ha recibido el Premio Extraordinario Ignacio Ellacuría a la mejor tesis doctoral concedido por la Universidad de Deusto.

EDITA: TIRANT LO BLANCH
C/ Artes Gráficas, 14 - 46010 - Valencia
TELFS.: 96/361 00 48 - 50
FAX: 96/369 41 51
Email: tlb@tirant.com
www.tirant.com
Librería virtual: editorial.tirant.com/cl
DEPÓSITO LEGAL: V-670-2024
ISBN: 978-84-1056-288-2
MAQUETA: Disset Ediciones

Si tiene alguna queja o sugerencia, envíenos un mail a: *atencioncliente@tirant.com*. En caso de no ser atendida su sugerencia, por favor, lea en *www.tirant.net/index.php/empresa/politicas-de-empresa* nuestro procedimiento de quejas.

Responsabilidad Social Corporativa: http://www.tirant.net/Docs/RSCTirant.pdf

Esta monografía, como parte del proceso de tesis doctoral, fue escrita desde diferentes lugares (Bilbao, Madrid, Bolonia, Nápoles, Melilla, Nador, Oujda, Irun, Hendaya, Catamarca y Buenos Aires). Algunas ideas surgieron o fueron escritas y revisadas mientras viajaba de un sitio a otro, con la autonomía y libertad que conceden algunos documentos y pasaportes. Parte de estos viajes implicaron atravesar con cierta facilidad las mismas fronteras donde personas en búsqueda de protección son bloqueadas, expulsadas o irregularizadas. Frente a esa realidad, la principal aspiración de este trabajo es que todos tengamos las mismas posibilidades de movernos a aquellos lugares donde queremos estar y (/o) donde podemos encontrar espacios de seguridad (para todos nuestros derechos).

GUSTAVO DE LA ORDEN BOSCH
Bilbao, febrero 2024

Índice

CAPÍTULO 1
INTRODUCCIÓN

CAPÍTULO 2
LA CONSTRUCCIÓN DE LA POLÍTICA COMÚN DE FRONTERAS, INMIGRACIÓN Y ASILO

CAPÍTULO 3
CATEGORÍAS SUBJETIVAS: DE LOS DERECHOS POR CIUDADANÍA A LA EXCLUSIÓN POR IRREGULARIZACIÓN

CAPÍTULO 4
LAS RESPUESTAS A LA MIGRACIÓN COMO "AMENAZA A LA SEGURIDAD": CONTROL MIGRATORIO HACIA FUERA, PODER PENAL HACIA DENTRO

CAPÍTULO 5
LA EXPANSIÓN DEL DERECHO PENAL MIGRATORIO: EL DELITO DE AYUDA EN LAS FRONTERAS

CAPÍTULO 6
LA DETENCIÓN DE MIGRANTES Y SOLICITANTES DE ASILO: LA INMOVILIDAD CON FINES DE CONTROL MIGRATORIO

CAPÍTULO 7
CONCLUSIONES

* Todas las páginas web citadas en la obra han sido consultadas por última vez el 26 de abril de 2024.

Índice de figuras y tablas

Resumen

La obra analiza el impacto de la criminalización de la migración irregular sobre el derecho a solicitar asilo en las fronteras exteriores de la Unión Europea (UE). Este estudio parte de la premisa de que la falta de vías regulares de acceso al territorio en los regímenes del Espacio Schengen y el sistema de asilo de la UE resulta en la búsqueda de protección internacional a través de vías migratorias irregulares. En tales circunstancias, la hipótesis consiste en que se produce una asociación entre solicitantes de protección y migrantes irregulares, que expande los elementos de la criminalización de la migración irregular –contención, inmovilidad y expulsión– hacia el sistema de asilo.

La investigación se centra en la dimensión jurídica de la criminalización de la migración, buscando aunar las perspectivas del Derecho internacional, el Derecho de la UE y la Criminología. La finalidad es identificar cómo opera la criminalización de la migración en la UE y qué función cumple el Derecho. Uno de los principales cometidos de esta investigación consiste en desvelar el "camuflaje" del poder penal bajo normas de naturaleza administrativa, como son aquellas que regulan el control de las fronteras, las condiciones de entrada y permanencia de personas extranjeras en el territorio, el funcionamiento de los sistemas de protección, la detención de migrantes y solicitantes de asilo, y la devolución y expulsión del territorio.

Los diferentes capítulos analizan la confluencia entre el control migratorio, las fronteras, el asilo y el poder penal, y la enmarca en la dimensión jurídica y política de la UE. El análisis muestra la existencia de un "proceso en cascada", desde la securitización hasta la criminalización de la migración irregular, que extiende sus efectos "por asociación" a los solicitantes de asilo. La investigación sostiene que los elementos de contención, inmovilidad y expulsión permean en el sistema de asilo y configuran una causa adicional de desprotección en las fronteras.

Abstract

The book analyses the impact of the criminalisation of irregular migration on the right to seek asylum at the external borders of the European Union (EU). The premise of this study is that the lack of regular channels of access to the territory of the Schengen Area and the EU asylum system results in people seeking international protection through irregular migration routes. In these circumstances, the research hypothesis argues that an association between protection seekers and irregular migrants takes place, expanding the elements of the criminalisation of irregular migration –containment, immobility, and expulsion– to the asylum system.

The research focuses on the legal dimension of the criminalisation of migration, seeking to combine the perspectives of International Law, EU Law and Criminology. The aim is to identify how the criminalisation of migration operates in the EU and the role that law plays in this process. One of the main tasks of this research is to reveal how criminal power is "camouflaged" under administrative rules, such as those regulating border control, the conditions of entry and stay of non-nationals, the functioning of protection systems, the detention of migrants and asylum seekers, and the return and expulsion of aliens.

The book's chapters analyse the intersection between migration control, borders, asylum and penal power in the EU's legal and policy framework. The study shows the existence of a "cascading process", from securitisation to criminalisation of irregular migrants, which spreads its effects to asylum seekers "by association". It argues that containment, immobility and expulsion permeate the asylum system and exacerbate the lack of protection at borders.

Agradecimientos

Este libro es una parte de mi tesis en el Programa de Doctorado en Derechos Humanos, Retos Éticos, Sociales y Políticos, de la Universidad de Deusto. La tesis, titulada "El derecho de asilo ante la criminalización de la migración irregular en las fronteras exteriores de la Unión Europea. España como un caso de estudio", fue defendida el 16 de diciembre de 2022 ante un Tribunal integrado por los Dres. José Ángel Brandariz García (Universidad de A Coruña), Giulia Fabini (Universidad de Bolonia) y Dolores Morondo Taramundi (Universidad de Deusto). A ellos agradezco todas las valoraciones, sugerencias y consejos que me dieron.

Alcanzar esta meta –tanto la culminación del doctorado como la publicación de esta obra– no hubiese sido posible sin el apoyo de mi directora de tesis, la Dra. Joana Abrisketa Uriarte. Gracias a su confianza, tuve la oportunidad de incorporarme al Programa de Doctorado en Derechos Humanos, en el marco del proyecto EURASYLUM que dirige como investigadora principal. Su apoyo ha sido constante desde el primer día. No sólo ha sido una directora atenta y cuidadosa de cada detalle, sino que además, con su plena generosidad, es una fuente de motivación y de inspiración permanente para seguir apostando por la labor académica.

El primer día que nos conocimos, Joana me advirtió que "el doctorado es un trabajo muy solitario". Sin embargo, yo he sido afortunado por contar con la dirección y el acompañamiento tanto de Joana como de la Dra. María Nagore Casas, ambas investigadoras y docentes de Derecho Internacional Público, a cuyo grado de conocimiento y manejo de la materia alguna vez me gustaría siquiera poder aspirar.

Además, en estos años he tenido el placer de conocer otras tantas personas que han sido un apoyo fundamental. En especial, he tenido el privilegio de trabajar como asistente de investigación predoctoral en el Instituto de Derechos Humanos Pedro Arrupe, con el Dr. Gorka Urrutia Asua como director y la Dra. Dolores Morondo Taramundi como investigadora principal. De todos y cada uno de los miembros del Instituto he aprendido mucho más de lo que una tesis y esta obra pueden reflejar. Gracias en particular a Maite Sagasti Goicoechea e Isabel Lamas Souto por la ayuda en la revisión y maquetación del documento final de la tesis antes del depósito.

Gracias a las compañeras y compañeros del doctorado y a aquellas personas con quienes comparto despacho en la universidad. Las "penas" del doctorado –y ahora del postdoctorado– son más llevaderas en equipo, las alegrías se multiplican, y los saberes y las ganas de aprender se expanden escuchando otros puntos de vista y mirando desde otras perspectivas.

Gracias a las compañeras y compañeros de Zehar Errefuxiatuekin y de Ongi Etorri Errefuxiatuak, de quienes aprendo el compromiso, el trabajo en equipo, la entrega desinteresada y la esperanza de que aún podemos construir algo mejor, más humano.

Las personas "nuevas" han sido clave en este tiempo, pero por supuesto quienes vienen desde antes, las y los "de siempre", no han dejado de estar, aún a pesar de las vueltas del camino. Cada una y cada uno es consciente de mi profundo agradecimiento. Gracias en particular a Marta por acompañarme desde los primeros pasos en el máster en Derechos Humanos. Y, como no podía ser de otra manera, dirijo como siempre una mención muy especial de gratitud y dedicatoria a mi familia, a mis padres, que, a la distancia pero siempre cerca, me apoyan incondicionalmente en todo lo que me propongo.

Gracias a la Universidad de Deusto por permitirme crecer en su claustro. A la Facultad de Derecho y a la Facultad de Ciencias Sociales y Humanas, en particular, por permitirme colaborar como docente en el Grado de Derecho, en el *LLM in International Legal Studies*, en el *Erasmus Mundus Master in Hu-*

man Rights Policy and Practice (HRPP+), y en el *Erasmus Mundus Master in International Humanitarian Action* (NOHA).

Gracias a Deusto Campus y, en particular, a Aitor Arbaiza Valero, por confiar en mí la coordinación del Programa de Voluntariado y Servicio "Vuela" en Melilla, que fue una experiencia crucial en el desarrollo y el cierre de la tesis doctoral.

Infinitas gracias al personal de la Biblioteca de la Universidad de Deusto por su excelente servicio, por la calidad de su atención y por la respuesta inmediata a los pedidos de bibliografía.

Gracias a todas las personas que realizan los trabajos cotidianos e invisibilizados del ámbito universitario, sin quienes no sería posible la investigación ni la docencia.

Todas y cada una han sido fundamentales para que este trabajo adquiera finalmente la forma de una tesis y ahora también de una monografía. Más allá del papel, espero siempre seguirles encontrando.

Abreviaturas

ACNUR	Alto Comisionado de Naciones Unidas para los Refugiados
BOE	Boletín Oficial del Estado (España)
CAJI	Cooperación en asuntos de justicia e interior
CDFUE	Carta de los Derechos Fundamentales de la Unión Europea
CEDH	Convenio Europeo para la Protección de los Derechos Humanos y las Libertades Fundamentales
CE	Comunidad Europea
CEE	Comunidad Económica Europea
CIDH	Comisión Interamericana de Derechos Humanos
CCT	Comité contra la Tortura
CETI	Centro de Estancia Temporal de Inmigrantes
Corte IDH	Corte Interamericana de Derechos Humanos
DO	Diario Oficial (Unión Europea)
DUDH	Declaración Universal de Derechos Humanos
EASO	Oficina Europea de Apoyo al Asilo (*European Asylum Support Office*)
ELSJ	Espacio de libertad, seguridad y justicia

EUAA	Agencia de Asilo de la Unión Europea (*European Union Agency for Asylum*)
OIM	Organización Internacional para las Migraciones
OMI	Organización Marítima Internacional
ONGs	Organizaciones no gubernamentales
ONU	Organización de las Naciones Unidas
PIDCP	Pacto Internacional de Derechos Civiles y Políticos
SECA	Sistema Europeo Común de Asilo
SIS	Sistema de Información Schengen
TCEE	Tratado constitutivo de la Comunidad Económica Europea
TEDH	Tribunal Europeo de Derechos Humanos
TFUE	Tratado de Funcionamiento de la Unión Europea
TJUE	Tribunal de Justicia de la Unión Europea
TSJ	Tribunal Supremo de Justicia
TUE	Tratado de la Unión Europea
UE	Unión Europea

Prólogo

La política migratoria de la Unión Europea se ha recrudecido en la última década. Las más peligrosas grietas del sistema de asilo incluso se han normalizado. Son noticia casi diaria los campamentos de refugiados en las islas griegas, los centros de detención en Bulgaria, las prisiones flotantes en el Reino Unido, y el rescate de migrantes ante las costas españolas e italianas. Esto refleja la tendencia política de los Estados a restringir la llegada de migrantes. Ciegos, por otro lado, a la imparable esperanza de llegar a Europa, aun arriesgando sus vidas, de cientos de miles de ciudadanos afganos, iraquíes, sirios, o sudaneses.

La obra de Gustavo de la Orden, *El derecho de asilo ante la criminalización de la migración en las fronteras. Un estudio sobre el Derecho de la Unión Europea*, analiza el aspecto más destacable de este recrudecimiento: el proceso de criminalización de la migración irregular y su impacto en el sistema europeo de asilo. Lejos de proteger a los solicitantes de asilo, el sistema se ha convertido en una herramienta más del control migratorio. En concreto, su autor se pregunta por los efectos provocados por la combinación de dos extremos en tensión: el ejercicio del poder penal para llevar a cabo el control migratorio, por un lado, y la protección de los solicitantes de asilo, por otro.

La obra parte de la hipótesis basada en la siguiente afirmación: los Estados emplean el poder penal como herramienta del control migratorio. Esto provoca un proceso en cascada, que inicia con la securitización y la externalización de la migración, transita hacia la irregularización de la misma, y alcanza la criminalización de los solicitantes de asilo –mediante el recurso al poder penal del Estado–. Todo ello tiene lugar a través de un proceso que el autor llama "de asociación".

Dicha hipótesis desemboca en lo que constituye el centro de la obra: la explicación del proceso de criminalización de las políticas migratorias. A la vista de las evidencias expuestas a lo largo de los diferentes capítulos, este proceso es deliberado. Dejando al margen la introducción y las conclusiones, la obra se divide en dos grandes partes. En la primera, contenida en los capítulos segundo y tercero, el autor explica la construcción de la política común europea de fronteras, inmigración y asilo y la articulación de los derechos de ciudadanía que llevan a la exclusión por el proceso de irregularización de los solicitantes de asilo. En la segunda parte, correspondiente a los capítulos cuarto y quinto, el autor analiza con detalle las respuestas penales a la migración y las sistematiza. En tanto que amenaza a la seguridad, la migración lleva al Estado a poner el Derecho penal, junto con el Derecho administrativo, al servicio del control migratorio (*crimmigration*). Esto permite que el solicitante de asilo sea privado de libertad. Junto con la privación de libertad, la tipificación del delito de ayuda en las fronteras conduce a la criminalización de quienes facilitan la entrada a los migrantes en un sentido amplio.

Así es como el autor construye su tesis sobre el tránsito de la securitización, a través del control, hasta llegar la criminalización. De hecho, la fue construyendo casi en directo, conforme elaboraba su tesis, a la luz de los acontecimientos, muchos de ellos ocurridos en España. De modo que la obra desvela el proceso inverso al que la política migratoria y de asilo debería tender, es decir, a la búsqueda de vías legales de acceso al territorio de la Unión Europea. La gran carencia del sistema.

Las quince conclusiones, todas ellas enunciadas bajo sus respectivos títulos, dan buena muestra de la capacidad de síntesis del autor. Reflejan con claridad el estado actual de la cuestión, que se condensa en la idea de la mutación del concepto de frontera conducente al control migratorio a través de mecanismos tradicionalmente penales. En la obra se advierte la querencia del autor por la lectura foucoltiana, hasta el punto de que partiendo del Derecho internacional público y del Derecho de la Unión Europea, la tesis termina por arrimarse al Derecho penal y a la Criminología para defender que la criminalización es un producto del Derecho. Este es otro de los grandes valores del trabajo, dado que brinda elementos para contemplar sendas vertientes del Derecho a partir de una hipótesis.

Por otro lado, la fructífera actividad académica y profesional desarrollada por Gustavo de la Orden no puede detallarse en el prólogo de esta obra. Sin embargo, son destacables, por el poso que dejaron en él, su experiencia en el Tribunal Constitucional español como analista de doctrina, su estancia en la Corte Interamericana de Derechos Humanos, y sus estancias de movilidad en las Universidades de Graz en Austria, de Bolonia y L'Orientale de Nápoles en Italia, y de Catamarca y de San Martín en Argentina.

Para finalizar este prólogo, quisiera expresar mi agradecimiento a su autor, Gustavo de la Orden Bosch, quien en 2018 se presentó, sin recomendación de ningún tipo, en la Universidad de Deusto para postularse como candidato a una beca de Formación de Personal Investigador convocada por el Ministerio de Ciencia e Innovación y el Fondo Europeo de Desarrollo Regional (FEDER) asociada al proyecto de investigación "Las políticas de asilo de la Unión Europea: convergencias entre las dimensiones interna y externa (EURASYLUM)" (DER 2017-82466-R) (2019-2021). Gustavo de la Orden consiguió la beca. Su currículum académico y su proyecto de tesis doctoral reunían las condiciones de mérito y capacidad que demuestra cada día, como investigador asociado al Instituto de Derechos Humanos Pedro Arrupe de la Universidad de Deusto y como trabajador incansable, además de compañero entrañable. Además, el proyecto de investigación tuvo su continuidad en el proyecto "El Pacto Europeo de Migración y Asilo y los Estados del Mediterráneo en el contexto post-covid (EURASYLUM II)", (DER. 11399RB-100) (2021-2025) en el que también participa.

La obra refleja asimismo el producto de la reflexión inducida y compartida durante los seminarios celebrados en el marco en el Equipo del Gobierno Vasco "Derechos Humanos y Retos Socioculturales en un mundo en transformación", compuesto por los investigadores y profesores del Instituto de Derechos Humanos

Pedro Arrupe de la Universidad de Deusto, así como el trabajo que su autor viene desarrollando en la Clínica Jurídica Loiola de la Facultad de Derecho de la misma Universidad.

Expreso con estas palabras todo lo que las mismas pueden expresar sobre la suerte, primero, de haber podido ayudar a un doctorando estimulado y estimulante, y segundo, sobre el orgullo de ver la culminación de su excelente tesis doctoral traducida en la presente publicación. Y deseo que este sea solo un buen punto de partida. Que nuestros diálogos científicos nos permitan seguir profundizando en los conceptos, instituciones, y regímenes del Derecho internacional público.

JOANA ABRISKETA URIARTE

Capítulo 1
INTRODUCCIÓN

Justificación de la investigación

La gobernanza actual de las migraciones se rige por una serie de procesos conexos, cuyo eje gira en torno a la seguridad y al poder soberano de los Estados para controlar sus fronteras. Este control fronterizo, tradicionalmente ligado a la protección del territorio como elemento clave en la configuración del Estado, opera hoy con diferentes finalidades. Desde las últimas décadas del siglo XX, la expansión de la globalización y el incremento de la movilidad humana entre fronteras ha provocado que el foco del control se dirija a preservar la seguridad y el orden público interior. A pesar de la tendencia hacia la liberalización de las fronteras para garantizar la libertad de circulación en un contexto económico globalizado, los Estados mantienen un especial interés por controlar a las personas que atraviesan sus fronteras. El territorio ha dejado de ser el principal objeto de protección. La soberanía en las fronteras se manifiesta en el *ius excludendi* y el *ius includendi,* mediante los cuales se designan los sujetos autorizados a entrar y transitar por el territorio y se asignan, como consecuencia, diferentes estatutos de derechos. Ante la multiplicación de las personas en movimiento, la vigilancia fronteriza se reafirma como un mecanismo de control social.

Desde la perspectiva del Estado, el poder de control persigue neutralizar los nuevos riesgos que la movilidad transfronteriza puede conllevar para la seguridad. Liberalizar las fronteras para garantizar la circulación de bienes, servicios y personas incrementa las oportunidades para la criminalidad transfronteriza. La naturaleza de la amenaza ya no es primordialmente horizontal, es decir, entre Estados enfrentados. Los agentes de la "inseguridad" son ahora en su mayoría actores no gubernamentales. De este modo, una buena parte de la criminalidad transfronteriza queda asociada a la movilidad humana. La trata de seres humanos, el tráfico ilícito de personas, el narcotráfico, el contrabando de armas, y el terrorismo internacional, son algunas de las modalidades delictivas potenciadas por la globalización de las migraciones. En este orden de ideas, los atentados terroristas que marcaron el inicio del siglo XXI provocaron un salto cualitativo hacia la percepción de la movilidad como amenaza a la seguridad. Los límites entre las políticas externa e interna de la seguridad se difuminan, al igual que las propias políticas en el ámbito de la migración y el asilo. Ante ello, las fronteras reafirman sus funciones esenciales de protección y de control.

En este contexto, las migraciones caen bajo la sospecha. Desde la perspectiva del Estado como agente securitizador, la criminalidad se infiltra en los desplazamientos transfronterizos y, en concreto, en aquellos que transitan de manera irregular, es decir, que no cumplen los requisitos para el cruce de sus fronteras y la permanencia en el territorio. En esta línea, opera un claro proceso de securitización de la migración irregular. En especial, la percepción de "peligro" emerge de los movimientos irregulares del Sur global hacia el Norte global, de aquellos que cuentan con reducidas alternativas de acceso regular al territorio. Como resultado, la securitización no se cierne sobre cualquier desplazamiento, sino sobre determinados tipos de población en movimiento, aquella que recurre a vías irregulares, con determinados orígenes y perfiles sociales, culturales y étnicos. En el proceso de la globalización, existe también una migración "no deseada", ya sea porque resulta inútil a los intereses del mercado, o porque desafía pretendidas identidades nacionales homogéneas, o porque su exclusión social (aún sin expulsión del territorio) resulta funcional a las propias reglas del mercado. Como paradoja, es la propia globalización la que produce una buena parte de esos desplazamientos después rechazados.

Dicho esto, la primera reacción de los Estados en materia de seguridad y migración consiste en proyectar el control migratorio más allá de su territorio, adelantarse al movimiento para frenarlo antes de que llegue a las fronteras. El control se deslocaliza, desplegándose en territorios extranjeros o en zonas internacionales, y se externaliza, delegando responsabilidades a otros agentes, ya sean privados o terceros países, aquellos de origen y de tránsito. Ahora bien, en caso de que el migrante alcance la frontera, la reacción del Estado consiste en recurrir al sistema tradicional para la gestión de amenazas a la seguridad, esto es, al ejercicio del poder penal, ya sea a través de su legislación estrictamente penal o bien de mecanismos cuyo funcionamiento o efectos resultan semejantes. Frente al migrante en la frontera, la soberanía se materializa nuevamente en el *ius excludendi* y el *ius includendi*, asumiendo la tarea de determinar quién tiene derecho a entrar y permanecer y quién debe ser expulsado. Según el diseño del Derecho internacional, en su función de límite al poder soberano, el ejercicio del *ius migrandi* puede quedar sujeto a restricciones, salvo en aquellos casos en que la persona migrante se encuentre en necesidad de recibir protección internacional.

En este contexto, esta investigación persigue comprender en qué condiciones jurídicas queda el derecho de asilo ante la serie de procesos en cascada que gobiernan hoy las migraciones; estos son la securitización, la externalización y la criminalización. En concreto, el análisis pretende esclarecer cuál es el impacto de la criminalización de la migración irregular sobre el acceso al derecho a solicitar asilo en las fronteras exteriores de la Unión Europea (UE). Para ello, la obra analiza la compatibilidad entre los sistemas de control de fronteras, migraciones y asilo de la UE con relación al marco jurídico europeo e internacional de derechos humanos. Además del estudio de la norma, se pretende identificar cuáles son los límites, las deficiencias y los puntos ciegos del sistema jurídico para garantizar una efectiva protección internacional.

El interés de la investigación radica en el hecho de que la búsqueda de protección internacional impulsa en muchas ocasiones a recurrir a vías irregulares. Resulta razonable pensar que el carácter forzado, y muchas veces urgente, del desplazamiento puede impedir *de facto* la posibilidad de cumplir las condiciones exigidas para el cruce regular de las fronteras. Ello es asumido tanto por el Derecho internacional de los refugiados, que prohíbe sancionar al solicitante de asilo en situación de migración irregular (art. 31 de la Convención sobre el Estatuto de los Refugiados de 1951[1]), como por el Derecho de la UE, que prevé criterios específicos de determinación del Estado responsable de la solicitud cuando la entrada se produce de manera irregular (art. 13 del Reglamento de Dublín III[2]).

Como consecuencia de la asociación entre migración irregular y asilo, prevista por el propio sistema jurídico que establece las condiciones de regularidad, este trabajo pretende esclarecer cómo se aborda desde el Derecho el impacto que produce la criminalización de la migración irregular en las fronteras sobre las personas en búsqueda de protección internacional. Tomando en consideración la tendencia actual de recurrir al ejercicio del poder penal como mecanismo de control migratorio y la estrecha relación entre migración irregular y asilo, el interés radica en determinar, en primer lugar, qué garantías de protección ofrece el Derecho para contrarrestar el impacto eventualmente negativo de la criminalización sobre el sistema de asilo y, en concreto, las posibilidades de acceso a este último. En segundo lugar, una vez establecido el eventual marco de garantías jurídicas, el siguiente interrogante que surge es en

---

1 Convención sobre el Estatuto de los Refugiados, adoptada en Ginebra, Suiza, el 28 de julio de 1951 por la Conferencia de Plenipotenciarios sobre el Estatuto de los Refugiados y de los Apátridas (Naciones Unidas), convocada por la Asamblea General en su resolución 429 (V), del 14 de diciembre de 1950. Entrada en vigor: 22 de abril de 1954, de conformidad con el artículo 43 Serie Tratados de Naciones Unidas, Nº 2545, Vol. 189, p. 137.

2 Reglamento (UE) 604/2013 del Parlamento Europeo y del Consejo, de 26 de junio de 2013, por el que se establecen los criterios y mecanismos de determinación del Estado miembro responsable del examen de una solicitud de protección internacional presentada en uno de los Estados miembros por un nacional de un tercer país o un apátrida (DO L 180, 29.6.2013, p. 31-59).

qué medida el propio Derecho contribuye a la expansión del proceso de criminalización de la migración irregular hacia el sistema de asilo. Como hipótesis general, este trabajo sostiene que la criminalización de la migración expande sus efectos hacia el ámbito de la protección internacional, específicamente cuando los solicitantes de asilo se encuentran fuera del territorio, o en las fronteras, y recurren a vías irregulares de desplazamiento. Como consecuencia de la asociación entre el migrante irregular y el solicitante de asilo en tales circunstancias, los elementos del proceso de criminalización –contención, inmovilidad, expulsión– permean en el sistema de protección y obstaculizan el acceso al derecho de asilo en las fronteras exteriores.

La investigación se centra en la dimensión jurídica de la criminalización de la migración, con el objetivo de determinar la relación entre el control migratorio, las fronteras, el poder penal y el asilo, desde las perspectivas del Derecho internacional y el Derecho de la UE en combinación con la Criminología. Este análisis persigue establecer en qué medida el sistema jurídico vigente recurre al poder penal como una herramienta de control migratorio y de gestión en los sistemas de asilo, y hasta qué punto ello resulta compatible con las obligaciones de protección internacional de los Estados y de la UE. La finalidad es identificar cómo opera la criminalización de la migración en la UE y qué función cumple el Derecho.

Al respecto, cabe señalar que en este trabajo el poder penal se entiende en sentido amplio, comprendiendo tanto la potestad de los Estados y de la UE de crear y aplicar el Derecho penal, como de implementar mecanismos de naturaleza administrativa que contienen dispositivos de carácter tradicionalmente sancionador o con efectos similares. Un ejemplo paradigmático de estos últimos lo constituyen los mecanismos de privación de libertad y de exclusión del territorio, esto es, la detención administrativa de migrantes y solicitantes de asilo y la expulsión o el retorno, que según las circunstancias sirven de mecanismos sancionadores o de control.

Uno de los principales desafíos del estudio consiste en aproximarse al proceso de criminalización desde una perspectiva ceñida al Derecho. En este sentido, la criminalización no es un concepto jurídico cuyas características se puedan desprender con facilidad de la literalidad de las normas. Por el contrario, el propio Derecho puede esconder la criminalización bajo normas y sistemas que en principio son ajenos al ámbito penal, como es el sistema de asilo para hacer efectivo el derecho a la búsqueda de protección internacional. Uno de los principales cometidos de esta investigación consiste en desvelar el "camuflaje" del poder penal bajo normas de naturaleza administrativa, como son aquellas que regulan el control de las fronteras, las condiciones de entrada y permanencia de personas extranjeras en el territorio, la detención de migrantes y solicitantes de asilo, la devolución y expulsión del territorio, y el funcionamiento de los sistemas de protección internacional.

El libro es el resultado de la tesis realizada en el Programa de Doctorado en Derechos Humanos: Retos éticos, sociales y políticos, de la Universidad de Deusto, entre octubre de 2018 y diciembre de 2022, bajo la dirección de las Profesoras Dras. Joana Abrisketa Uriarte y María Nagore Casas. La tesis doctoral se enmarcó dentro de dos proyectos de investigación sucesivos, financiados por el Ministerio de Ciencia e Innovación de España y el Fondo Europeo de Desarrollo Regional (FEDER), entre los años 2018 y 2025. Ambos proyectos se desarrollan por un equipo de investigadores de la Universidad de Deusto y otras universidades españolas y europeas, del que las dos directoras de la tesis doctoral forman parte. En concreto, Joana Abrisketa Uriarte se desempeña como la investigadora principal y María Nagore Casas como investigadora. Los dos proyectos llevan por título, respectivamente: "Las políticas de asilo de la Unión Europea: confluencias entre las dimensiones interna y externa (EURASYLUM I)" (DER 2017-82466-R) y "El Pacto Europeo sobre Migración y Asilo y los Estados del Mediterráneo en el contexto post-covid (EURASYLUM II)" (DER 113999RB-100).

I. LA DELIMITACIÓN DEL ANÁLISIS AL ÁMBITO DE LA UNIÓN EUROPEA

El objeto de estudio de esta obra se circunscribe al ámbito de la UE. Esta delimitación obedece a las características que presentan los Estados miembros y la organización en materia de fronteras, migración y asilo. En este sentido, los Estados miembros de la UE en su conjunto se encuentran entre los primeros lugares de destino y tránsito de las migraciones a nivel mundial. Asimismo, los Estados miembros son lugares de recepción de un gran número de personas refugiadas y en búsqueda de protección. Por otro lado, a lo largo de su proceso de integración, la UE ha experimentado una reconfiguración del sentido tradicional de las fronteras de los Estados. Al respecto, el territorio de la Unión configura el mayor espacio de libertad de circulación sin control de fronteras internacionales a nivel global, tras la absorción y adopción del Espacio Schengen para la libre circulación entre fronteras interiores y el consecuente refuerzo del control en las fronteras exteriores.

Como consecuencia de esta reconfiguración de la frontera tradicional del Estado nación, el proceso de securitización de los movimientos migratorios en la UE adquiere una dimensión propia y posiblemente amplificada. Asimismo, su evolución hacia un espacio político y jurídico común ha delineado nuevas categorías subjetivas y estatutos de derechos, entre los que destaca la creación de una ciudadanía europea, contrapuesta a una amplia categoría de la alteridad que engloba cualquier otra nacionalidad que no sea la de un Estado miembro. Aún más, en el ámbito migratorio, la categoría del "nacional de un tercer país" ofrece un amplio margen de apreciación a los Estados para fijar las condiciones de la regularidad, lo que se mantiene como un reducto de la soberanía del Estado en el control de acceso y permanencia en el territorio. Por último, el objetivo de la Unión en materia de asilo persigue la creación de un sistema común de reconocimiento, acogida y determinación de responsabilidades de los Estados. Este sistema común apenas prevé vías especiales de acceso al territorio, que continúan sujetas a la discrecionalidad del Estado. Su objetivo consiste en crear un mecanismo que prevenga los movimientos secundarios de solicitantes de asilo, esto es, el tránsito de un país a otro, en búsqueda de la "mejor" protección.

En definitiva, la atribución de competencias a la Unión en los tres ámbitos –fronteras, migración y asilo–, así como la conservación de otras como inherentes e inalienables a la soberanía del Estado, están marcadas por la preocupación en torno a la seguridad. La fusión de los tres campos y su puesta en común, desde una perspectiva securitaria que activa estrategias de poder penal, convoca y cuestiona dos componentes esenciales del Estado: el control de las personas que atraviesan fronteras y el ejercicio del monopolio del uso legítimo de la fuerza. A partir de esta fusión, tanto el poder penal como el control migratorio adquieren nuevas funcionalidades.

II. PREGUNTAS DE INVESTIGACIÓN, HIPÓTESIS Y OBJETIVOS

El objeto de investigación se centra en el análisis de la conexión entre el control migratorio y el poder penal, y en el impacto de la criminalización de la migración irregular en el diseño normativo y en los resultados del sistema de asilo en las fronteras de la UE. La pregunta principal de investigación indaga en qué medida la combinación del control migratorio y el poder penal afecta al derecho de solicitar asilo en las fronteras exteriores de la UE. Para dar una respuesta, resulta necesario determinar previamente qué indican las políticas de la UE en materia de fronteras, migración y asilo, y cómo contribuyen a los procesos de securitización y externalización, y a la consecuente criminalización. El análisis se centra en el Derecho de la UE, que, al igual que el Derecho internacional, entiende que los solicitantes de asilo pueden ingresar por vías irregulares. Por tanto, resulta de interés establecer qué garantías de protección al asilo ofrecen el marco jurídico internacional y europeo para contrarrestar el eventual impacto negativo de la criminalización de la migración irregular.

La hipótesis sostiene que la política común de la UE en materia de fronteras, migración y asilo se construye primordialmente en torno al eje de la seguridad. Esta última es la moneda de cambio en el proceso de atribución de competencias desde los Estados miembros a la Unión. La deconstrucción del sentido tradicional de las fronteras del Estado nación ha permitido la creación de un extenso espacio de libertad de circulación dentro del marco de las fronteras interiores, a cambio de controles reforzados en las fronteras exteriores y estrictas y reducidas vías de acceso. La securitización de la migración ha permeado de manera exponencial en el sistema europeo y ha activado mecanismos de poder penal como respuesta en las fronteras exteriores. La criminalización de la migración irregular se extiende por asociación a los solicitantes de asilo en situación de migración irregular.

El objetivo del estudio consiste en esclarecer cómo funciona la combinación entre el control migratorio y el poder penal en las fronteras exteriores de la UE. Para ello, resulta necesario identificar los instrumentos políticos y jurídicos que recurren al poder penal como una herramienta de control migratorio en las fronteras. Como resultado de tal combinación, la finalidad del estudio se centra en determinar qué tipo de proceso de criminalización de la migración tiene lugar en la UE, a quiénes afecta y qué función cumple el Derecho en dicho proceso.

En definitiva, este trabajo se inscribe en la búsqueda de respuestas a las preguntas más amplias y generales que plantean los estudios sobre la criminalización de la migración y el asilo. Éstos indagan en qué medida la combinación entre poder penal y control migratorio transforma la funcionalidad de cada uno de estos dos ámbitos de poder del Estado. A continuación, el interrogante que este marco teórico plantea es hasta qué punto resulta legítimo que los Estados (y la UE) recurran al poder penal como una herramienta de control de los movimientos migratorios. En caso de que se considere legítimo, el siguiente interrogante es hasta qué punto resulta efectivo. En el supuesto de que se considere efectivo, la duda que se abre es cuáles son las consecuencias colaterales que la efectividad tiene en materia de derechos y hasta qué punto los derechos pueden ceder sin desvirtuarse.

III. METODOLOGÍA

El trabajo consiste en una investigación sobre el sistema jurídico internacional y europeo en materia de fronteras, migración y asilo, a fin de identificar la combinación entre el control migratorio y el poder penal y sus consecuencias en el derecho de asilo y el sistema de protección internacional. Para ello, la obra realiza un análisis sistemático sobre las normas del Derecho internacional y del Derecho de la UE que rigen el control de las fronteras y las migraciones y, en particular, el acceso al sistema de asilo y protección internacional. La articulación entre control migratorio y poder penal puede venir revestida por una naturaleza jurídica formalmente no penal del Derecho de fronteras, migraciones y asilo, de modo que el análisis no puede limitarse a una interpretación hermenéutica de la norma, sino que requiere un análisis crítico de los sistemas que subyacen a ella. Este análisis tiene como finalidad establecer qué garantías ofrece el marco jurídico para que la combinación entre control migratorio y poder penal no contrarreste la protección internacional y, en concreto, el acceso al derecho de asilo. En función de los resultados, el trabajo busca determinar, además, en qué medida el propio Derecho contribuye a la expansión del proceso de criminalización de la migración irregular hacia el sistema de asilo.

A lo largo de los diferentes capítulos, se realiza una identificación, sistematización y evaluación de políticas, instrumentos legales y mecanismos de control migratorio y de protección internacional en las fronteras. El estudio busca detectar la conexión de tales elementos con el ejercicio del poder penal.

En particular, como se señaló anteriormente, la investigación analiza la compatibilidad entre el sistema de control de fronteras y migraciones con relación al marco jurídico europeo e internacional de derechos humanos y, en particular, del derecho de asilo. Además del estudio de la norma, se pretende identificar cuáles son los límites, las deficiencias y los puntos ciegos del sistema jurídico para garantizar una efectiva protección internacional. La investigación se enfoca en el diseño y la implementación jurídica de los elementos propios del proceso de criminalización de la migración irregular en las fronteras, en concreto en los mecanismos de contención, inmovilidad, y expulsión. Este análisis pretende determinar sus efectos sobre el diseño legal del sistema de asilo y sus resultados en materia de protección internacional.

La investigación se aborda desde una perspectiva comprensiva de las áreas del Derecho internacional de derechos humanos, el Derecho internacional de los refugiados y el Derecho de la UE, en conjunción con la Criminología. Con relación a esta última, el trabajo se inscribe en las teorías de la criminología crítica, es decir, aquellas que persiguen responder cómo y por qué se producen los procesos de criminalización, a partir de la identificación de las causas estructurales que subyacen a la construcción de lo criminal, a fin de identificar sus consecuencias y prevenir la criminalidad y el uso del poder penal a través de medidas que tiendan a la promoción de sociedades más equitativas. De este modo, el análisis del Derecho no se limita a un examen de las normas jurídicas, sino que se complementa con un estudio de los efectos que provoca el ordenamiento jurídico. Para ello, se recurre a datos cuantitativos y cualitativos recogidos por instituciones públicas, organismos y organizaciones no gubernamentales, e investigaciones académicas, sobre las prácticas que en diferentes momentos tienen lugar en los espacios de fronteras y en las realidades de la migración y la búsqueda de protección internacional.

Esta obra, que reúne una parte de la tesis doctoral del autor, se desarrolló en simultáneo a la participación como voluntario en dos organizaciones de promoción y protección de derechos de las personas migrantes y solicitantes de protección en la ciudad de Bilbao: Zehar Errefuxiatuekin (ex CEAR-Euskadi) y Ongi Etorri Errefuxiatuak. Si bien los usuarios de ambas organizaciones se encuentran en Bilbao y la investigación no ha incluido un trabajo etnográfico ni de entrevistas, muchos de ellos han atravesado las fronteras españolas de manera irregular y permanecen en tales circunstancias. De este modo, el trabajo de voluntariado permitió aproximarse al problema de investigación desde una posición más cercana y consciente de las realidades por las que atraviesan los migrantes en situación administrativa irregular y los solicitantes de asilo en los espacios de frontera y en los territorios de tránsito y destino.

Además, la investigación se enriqueció durante la experiencia del autor como coordinador del Programa Universitario Europeo de Voluntariado y Servicio de Aprendizaje "Vuela 2022" en la ciudad autónoma de Melilla, organizado por Deusto Campus. Este programa se desarrolló entre los días 4 y 22 de julio de 2002, y consistió en la colaboración con dos organizaciones no gubernamentales que prestan asistencia a migrantes y solicitantes de asilo en Melilla y, en particular, a personas alojadas en el Centro de Estancia Temporal de Migrantes (CETI). El autor se desempeñó como coordinador de siete estudiantes: seis de los grados de Derecho y Relaciones Internacionales y de Trabajo Social, de la Universidad de Deusto y la Universidad Pontificia Comillas, y una del Máster Universitario en Intervención en Violencia contra las Mujeres, de la Universidad de Deusto. En el marco del programa, los estudiantes colaboraron con las tareas de asistencia jurídica del Servicio Jesuita a Migrantes (SJM) y las actividades de integración social de la asociación Geum Dodou.

Un propósito general que inspira a la investigación consiste en contribuir al desarrollo de las teorías que desde la Criminología crítica buscan explicar el fenómeno de la criminalización de la migración. En concreto, este fenómeno como objeto de estudio ha dado lugar al surgimiento de la corriente denominada "criminología de la movilidad" o "criminología de frontera". Como se explica en el desarrollo del trabajo, estas corrientes de la criminología de las migraciones representan un ámbito incipiente de estudio, desarrollado principalmente a partir de inicios del siglo XXI en Estados Unidos y Europa. Las nuevas teorías proponen una aproximación integral a la complejidad del objeto de estudio, lo que requiere la conjunción de diferentes áreas de estudio, tales como el Derecho penal, la Sociología jurídica, las Relaciones internacionales, las Ciencias políticas, la Geografía humana, entre otras. De este modo, la presente investigación persigue conectar el Derecho internacional, el Derecho de la UE y la Criminología.

IV. ESTRUCTURA

El estudio se estructura en torno a la pregunta principal de investigación, que plantea en qué medida la combinación del control migratorio y el poder penal afecta a los solicitantes de asilo en las fronteras exteriores de la UE. La respuesta a este interrogante busca comprobar la hipótesis de que el proceso "en cascada", desde la securitización hacia la criminalización de la migración irregular, extiende sus efectos "por asociación" a los solicitantes de asilo en las fronteras exteriores de la Unión.

Además de los capítulos de introducción y conclusiones, la obra consta de cinco capítulos, a través de los cuales se busca fijar el marco jurídico, teórico y político de los regímenes de fronteras, migración y asilo en la UE, centrando particularmente la atención en la combinación entre control migratorio, protección internacional y poder penal.

El capítulo 2 analiza la evolución del proceso de integración de la UE para comprender el proceso de reconfiguración de las fronteras europeas. Este proceso ha dado lugar a la atribución de un nuevo significado a las fronteras de los Estados miembros, que requiere ser descifrado para comprender su alcance en relación con el poder soberano de los Estados de controlar la entrada y salida de personas extranjeras de sus territorios. En simultáneo a las mutaciones provocadas por la globalización de las migraciones desde finales del siglo XX, la UE configura un caso especial de estudio al momento de analizar la tensión entre la liberalización de las fronteras y el control de las personas en movimiento. En particular, el caso de la UE ha sido marcado desde sus inicios por la preocupación que la reconfiguración de las fronteras puede tener en materia de seguridad exterior e interior. Tal preocupación ha crecido exponencialmente desde inicios del siglo XXI, tras los atentados terroristas ocurridos en diferentes ciudades europeas y tras la llamada "crisis de refugiados" de la UE en 2015 en el marco del aumento de las llegadas irregulares de migrantes como consecuencia de los conflictos y la desestabilización política en terceros países.

El capítulo 3 estudia las categorías subjetivas que resultan del marco jurídico sobre ciudadanía y extranjería en la UE. Tales categorías vienen perfilándose a lo largo de la evolución de la integración europea y la construcción de un espacio político y jurídico común. La construcción del concepto de ciudadanía europea ha sido uno de los más importantes avances de la integración política. En contraposición a la categoría de la ciudadanía europea, la "alteridad" queda subsumida en la amplia categoría del nacional de un tercer país, que a su vez puede encajar en otras diferentes categorías –en líneas generales: regular o irregular– según si la persona extranjera cumple las condiciones de entrada y permanencia en el territorio. En este marco, el capítulo realiza un estudio de las diferentes categorías, los estatutos de derechos que se reconocen a cada una, y la relación que existe entre tales categorías, la seguridad y el poder penal. El análisis busca determinar cuál es la posición de las personas solicitantes de protección internacional dentro de esa combinación.

El capítulo 4 sienta las bases del marco teórico de la investigación y analiza el marco político en que se desenvuelve la gobernanza de las migraciones en la UE y su posicionamiento a nivel global. Al respecto, el capítulo considera que la gobernanza de las migraciones opera a través de una serie de procesos en cascada que parten de las migraciones como posibles amenazas a la seguridad y que decantan en su criminalización. Al respecto, el estudio se detiene en las teorías sobre la *securitización* de las migraciones, esto es el campo de estudio que busca responder cómo y por qué las migraciones son percibidas como amenazas a la seguridad de los Estados. Debido a esta percepción, los Estados implementan políticas de *externalización* para mantener el "riesgo" lejos de sus territorios y gestionar desde fuera la neutralización del mismo y las posibilidades o no de llegadas a las fronteras. En caso de que los migrantes alcancen las fronteras europeas de forma irregular, los Estados (y la UE) recurren al poder penal como mecanismo tradicional de respuesta ante amenazas a la seguridad. Como parte clave del marco teórico, este capítulo se centra especialmente en el estudio sobre el significado del proceso de *criminalización* y su comprensión a los efectos de esta investigación.

El capítulo 5 ahonda en las competencias atribuidas a la UE en materia de control migratorio y poder penal. Como consecuencia del principio de atribución en el marco de una organización internacional, el análisis determina hasta qué punto la Unión es un actor determinante en la criminalización de las migraciones. A continuación, el capítulo considera cuáles son los instrumentos de la organización que recurren al Derecho penal para la gobernanza migratoria. En concreto, el análisis se centra en el llamado Paquete de Facilitación de la migración irregular, como el único marco jurídico que combina control migratorio y Derecho penal en específico en las fronteras. De este modo, el estudio del Paquete de Facilitación resulta fundamental para comprender cómo opera en la UE la criminalización a través de normas estrictamente penales, a quiénes afecta y qué garantías ofrece el Derecho a solicitantes de asilo para no contrarrestar su protección.

El capítulo 6 amplía el campo de estudio hacia la criminalización mediante mecanismos de naturaleza jurídica administrativa, formalmente no penales, pero que despliegan dispositivos tradicionalmente incorporados al sistema punitivo o con efectos similares. En este marco, el capítulo refiere a la detención de migrantes y solicitantes de asilo. El estudio se enfoca en la regulación de la detención en la UE, con los objetivos de, por un lado, ofrecer una tipología de sus mecanismos y, por otro, determinar las garantías de protección ante detenciones arbitrarias y la compatibilidad del régimen jurídico con relación a lo dispuesto en el Derecho internacional. En especial, el capítulo analiza el régimen de detención de solicitantes de asilo, para establecer en qué medida la criminalización de la migración irregular aumenta las posibilidades de que las personas en búsqueda de protección sean privadas de su libertad en las fronteras.

Por último, se presentan las conclusiones generales de esta investigación, que confirman el proceso de criminalización de la migración irregular y su impacto en el sistema de asilo, impulsado por la asociación entre migrantes irregulares y personas solicitantes de asilo.

Capítulo 2
LA CONSTRUCCIÓN DE LA POLÍTICA COMÚN DE FRONTERAS, INMIGRACIÓN Y ASILO

Introducción:

La mutación de las fronteras como herramientas de control

Hasta tener la oportunidad de presentar una solicitud de asilo en el Estado de destino, una persona que ha abandonado su país de nacionalidad o de residencia en búsqueda de protección internacional, se encuentra en una condición jurídica indeterminada que se califica en sentido amplio como migración. Dependiendo de las condiciones en que se produzca la entrada y permanencia en el territorio, su situación migratoria será regular o irregular, según se cumplan los requisitos habilitantes que disponga el ordenamiento jurídico del Estado de tránsito o de destino.

En este contexto, la situación de muchas personas en búsqueda de asilo es catalogada en general y *prima facie* como migración irregular, tanto debido a las dificultades o la imposibilidad de acreditar el cumplimiento de los requisitos habilitantes de entrada al territorio, como a la falta de un sistema que facilite el acceso al derecho de asilo en el Estado de llegada. Ante la ausencia de canales regulares de entrada, la búsqueda de protección conduce a transitar por vías irregulares o a recurrir a los servicios de tráfico ilícito de migrantes para eludir los controles fronterizos y alcanzar el territorio del Estado de destino. Incluso, como sostiene Dauvergne, el imaginario colectivo asocia en gran medida a las personas refugiadas y solicitantes de asilo con migrantes irregulares, debido a diferentes motivos tales como la proveniencia de situaciones de carencia y desesperación, los prejuicios étnicos y raciales, o la idea preconcebida sobre ambos sujetos como personas que abusan de los servicios sociales de los Estados de bienestar (Dauvergne, 2004: 601). En otras palabras, el asilo queda asociado a la migración irregular debido a la condición compartida de la otredad.

Ahora bien, como consecuencia de los subterfugios que encaminan a la migración –y la búsqueda de protección internacional– hacia condiciones de irregularidad, los Estados activan mecanismos securitarios para prevenir y sancionar situaciones consideradas "ilegales". A partir de allí opera un círculo que se retroalimenta. La condición irregular del extranjero, debido a la infracción de las normas relativas a la entrada y permanencia en el territorio, sirve de argumento para considerar vulnerada la "seguridad" o el "orden público" y denegar así la protección del Estado. Esta idea se refuerza bajo el entendimiento de que la irregularidad migratoria puede ser un elemento de otras conductas delictivas como la trata o el tráfico de personas. Siguiendo esta lógica, a lo largo de las rutas migratorias, los migrantes no son identificados como sujetos en búsqueda de asilo o merecedores de protección sino como infractores a las leyes administrativas, o incluso, como criminales en aquellos países que penalizan como delito la entrada o permanencia irregular (Mountz, 2011: 119).

De este modo, las políticas de control de fronteras, de inmigración y de protección internacional mantienen una estrecha conexión, que en el ámbito de la UE presenta las particularidades propias del proceso de integración y puesta en común de tales políticas entre los diferentes Estados miembros. En este marco de la Unión, los avances hacia la consolidación de una política común de inmigración y asilo han tenido lugar de manera gradual y paralela a la conformación de la propia organización y, en particular, al proceso de "(de)construcción" o reconfiguración de las fronteras estatales. La integración ha supuesto una atribución paulatina de competencias por parte de los Estados miembros, cuya transición se explica a través de la ampliación de miras respecto al objetivo de la organización a lo largo de su historia, desde la creación de un mercado común hasta la construcción de un espacio político y jurídico homogéneo, de libre circulación dentro de las fronteras interiores y con fronteras exteriores compartidas. En concreto, el proceso de integración regional ha resultado en la "deslocalización" de las fronteras interiores y exteriores de cada Estado miembro y de la organización en su conjunto, debido a la supresión de los controles fronterizos interiores y su traslado y refuerzo hacia el exterior.

La armonización de las políticas en torno a fronteras, migración y asilo, en cuanto elementos fundamentales del espacio político y jurídico común, es desde un principio una de las cuestiones más delicadas y controvertidas para la integración en Europa. Como sostienen Balzacq y Carrera (2005: 4), en la combinación de fronteras, inmigración y asilo convergen tensiones donde anidan miedos nacionalistas, marcos ideológicos en pugna y sensibilidades políticas en constante conflicto. En tal panorama, explica Zetter (2007: 186), la integración se presenta como una amenaza a la soberanía y a la pervivencia del Estado nación, agravada por una supuesta vulnerabilidad constante de las fronteras de los Estados del sur que son atravesadas irregularmente por refugiados y migrantes (Balzacq y Carrera, 2005: 4; Zetter, 2007: 186; García Coso, 2014: 22). En definitiva, el debate político de la integración envuelve cuestiones difíciles de acomodar, ya que atañen a competencias tradicionalmente ligadas a la propia esencia del Estado, los alcances y las limitaciones a la soberanía estatal, la atribución de competencias a las instituciones europeas, y la búsqueda del método de decisión más adecuado, en el marco de un proceso de integración *sui generis* marcado por la intergubernamentalidad y la aspiración a la "comunitarización" de las políticas.

En efecto, la evolución de la UE hacia la armonización de la gestión de fronteras, la inmigración y el asilo conlleva transformaciones en la concepción tradicional de las categorías de "soberanía", "ciudadanía", "extranjería" y "fronteras", en cuanto a su funcionalidad dentro del sistema de Estados imperante en Europa desde la Paz de Westfalia de 1614. En palabras de García Gestoso (2004: 20), el fenómeno de la integración europea se caracteriza por la transferencia de atribuciones de los Estados a un ente nuevo, lo que conlleva una merma en la soberanía estatal entendida como capacidad de decisión última y suprema, manifestada en la facultad de no reconocer la vigencia de ningún otro ordenamiento que el propio dentro de los límites del territorio.

En la evolución del proceso de integración europea, tiene lugar una atribución paulatina de competencias a las instituciones de la Unión que impactan sobre la potestad de los Estados miembros de ejercer el control sobre el cruce de sus fronteras, habilitar el acceso y permanencia en sus respectivos territorios, y determinar el conjunto de derechos y obligaciones que corresponden a las personas nacionales y extranjeras. Tal atribución de competencias tiene como causa principal el proceso de deconstrucción de las fronteras estatales para la abolición de los controles interiores sobre la movilidad (de mercancías, servicios, capitales y personas) y su traslado y refuerzo hacia lo exterior (control de fronteras exteriores y externalización del control migratorio).

El modelo clásico del Estado nación ha experimentado mutaciones en sus elementos y en su justificación: siendo la población y el territorio dos componentes esenciales en la configuración del Estado (Heller, 2015), la competencia personal y territorial de la soberanía se manifiesta mediante la prerrogativa de determinar los sujetos sometidos a su alcance dentro de un territorio, así como también mediante el poder de controlar y seleccionar a los sujetos habilitados a entrar y permanecer en ese espacio geográfico. En este sentido, la potestad de control de la movilidad humana a través de las fronteras es un elemento fundamental en el mantenimiento del Estado como entidad política (Kivisto y Faist, 2010). Por su parte, a lo largo del tiempo, el desarrollo del Derecho internacional ha ido estableciendo algunas limitaciones a ese poder de control y selección del Estado, entre las cuales se encuentran las obligaciones básicas de protección derivadas del Derecho internacional de refugiados (Juss, 2004). Sin perjuicio de ello, el *ius includendi* y el *ius excludendi*, como potestades inmutables del Estado en sus fronteras dirigidas a autorizar la entrada de personas extranjeras o excluir a aquellas "no deseadas", continúa siendo un ingrediente fundamental de la soberanía (Balzacq y Carrera, 2005: 55-56; Pastore, 2004: 90). En cambio, el *ius migrandi* se mantiene como un derecho sometido a un constante cuestionamiento, negacionismo y limitación.

A partir de estas bases, el propósito del capítulo consiste en analizar las relaciones dialógicas y dialécticas entre fronteras, inmigración y asilo. El estudio persigue comprender la evolución de la integración en la UE y, en particular, de su marco jurídico hacia la construcción de una política común en los tres ámbitos mencionados. Al respecto, el capítulo clarifica las competencias que corresponden a las instituciones europeas y a los Estados miembros, en el marco de un proceso singular de deconstrucción del sentido tradicional de las fronteras. En suma, el capítulo busca definir el proceso de reconfiguración de las fronteras en la UE, a la luz de una serie de causas clave: la supresión de los controles interiores, el refuerzo de las fronteras exteriores, la deslocalización del control migratorio, y el impacto en las tareas de control y selección de las personas migrantes que, debido a múltiples causas, intentan acceder al territorio.

I. HACIA UNA POLÍTICA COMÚN DE FRONTERAS, MIGRACIÓN Y ASILO

1. Libertad de circulación para y por el mercado común

El proceso de "comunitarización" de las fronteras, la migración y el asilo, entendido como la puesta en común de las políticas en tales ámbitos en el marco del proceso de integración europea, ha acompañado el paso desde la concepción originaria de la organización regional con fines exclusivamente económicos hasta la construcción de un espacio político y jurídico compartido. El Tratado constitutivo de la Comunidad Económica Europea (TCEE, conocido también como el Tratado de Roma), aprobado en 1957, ceñía el objetivo principal de la unión de los Estados miembros a la implementación de un mercado común entre sus fronteras. Los asuntos relativos a migraciones y asilo quedaban, en principio, fuera de las competencias de la CEE, de conformidad con el presupuesto tradicional de que la potestad de control sobre el cruce de las fronteras representa un ejercicio inderogable de soberanía nacional. No obstante, ya en 1957 se evidenciaba la necesidad de adoptar medidas comunes en torno a la entrada y circulación de personas, teniendo en cuenta que el establecimiento de un mercado común exigía la supresión de los derechos de aduana y de los obstáculos a la libertad de circulación de mercancías, personas, servicios y capitales, según lo dispuesto en el entonces artículo 3 del Tratado de Roma.

En este momento fundacional, el abordaje de los movimientos migratorios se realiza desde una perspectiva ceñida a la lógica de mercado y circunscrita a la movilidad de trabajadores nacionales de los Estados miembros. Como explica Perales (2017: 20), durante la fase inicial de integración en un mercado común, los factores económicos priman sobre los personales; aunque, de todos modos, el reconocimiento de la libertad de desplazamiento facilita un sentimiento de comunidad. La libre circulación se garantiza a los nacionales de Estados miembros que encuadren en la categoría de trabajadores, es decir a la población económicamente activa, incluidos sus familiares. No se alude aún a la supresión de fronteras interiores como garantía del derecho a la libertad de circulación, sino de la "abolición de toda discriminación por razón de la nacionalidad" entre trabajadores con respecto al empleo, la retribución y demás condiciones laborales (TCEE, art. 48.2). Conforme a lo establecido en el artículo 49 del Tratado de Roma, en 1968 entró en vigor el Reglamento relativo a la libre circulación de trabajadores dentro de la Comunidad[1], libertad que se reconocía como un derecho de toda persona nacional de un Estado

[1] Reglamento (CEE) 1612/68 del Consejo, de 15 de octubre de 1968, relativo a la libre circulación de los trabajadores dentro de la Comunidad (DO L 257, 19.10.1968, p. 2-12).

miembro a desarrollar una actividad por cuenta ajena en el territorio de otro Estado miembro.

En materia de asilo, el Tratado de Roma, adoptado pocos años después de la aprobación de la Convención sobre el Estatuto de Refugiado de 1951, no preveía ninguna competencia sobre protección internacional a la CEE. Como explican Léonard y Kaunert (2019: 55), aunque el preámbulo del Tratado señalaba el propósito de crear una unión más estrecha entre los pueblos de Europa, el asilo superaba los alcances del objetivo estrictamente económico de establecer un mercado común, lo que iba en línea también con la concepción tradicional del asilo como una decisión de soberanía nacional. Durante aproximadamente treinta años no existió ningún desarrollo en el ámbito del asilo por parte de las instituciones europeas, con algunas contadas excepciones. Así, por ejemplo, en 1964, en la misma sesión en que se adoptó el Reglamento relativo a la libre circulación de los trabajadores dentro de la Comunidad y la Directiva relativa a la supresión de las restricciones al desplazamiento y a la residencia de los trabajadores de los Estados miembros y de sus familias, el Consejo emitió una Declaración con respecto a las personas con estatuto de refugiado[2]. Según esta Declaración, si bien sostenían que no era posible reconocer a los refugiados la misma libertad de circulación que a los nacionales, los Estados miembros se comprometían a examinar "con un interés particular" la entrada en sus territorios de aquellos reconocidos y establecidos en otro Estado miembro de la Comunidad, que buscaran ejercer una actividad salarial, a fin de otorgarles "un trato tan favorable como sea posible".

Durante esta fase inicial de integración, no existía aún una preocupación por el abordaje político conjunto de la migración

---

2 Declaración, de 25 de marzo de 1964, de los representantes de los gobiernos de los Estados miembros de la Comunidad Económica Europea, reunidos en el seno del Consejo, con respecto a los refugiados (64/305/CEE) (DO 078, 22.05.1964, p. 1225-1225).

de terceros países hacia los Estados miembros. La puesta en común de la regulación de los movimientos migratorios de nacionales no comunitarios y solicitantes de asilo se presentó como un reto a la integración europea a partir de la década de 1980, debido a la confluencia de factores internos e internacionales (Léonard y Kaurnet, 2019: 55; Melis, 2001: 1). Simultáneamente se daban los pasos hacia la supresión de los controles fronterizos en el marco del mercado común. Las discusiones tuvieron lugar a través de procesos paralelos: un proceso interno, dentro del ámbito de la CEE, y un proceso externo, entre algunos Estados miembros de manera multilateral a través del Acuerdo de Schengen de 1985[3].

Por un lado, el proceso interno se vio obstruido debido a las preocupaciones de los Estados miembros en torno a la repercusión que acarrearía la abolición de los controles de fronteras en la seguridad interior, la necesidad de implementar medidas compensatorias (políticas comunes en materia de visados, cooperación judicial y policial, sistemas de información, y la determinación del Estado responsable de las solicitudes de asilo), y en cómo evitar los fenómenos conocidos como "refugiados en órbita" y "asylum shopping", es decir, que se presentaran múltiples solicitudes de asilo al mismo tiempo en diferentes Estados miembros[4]. Por otro lado, el proceso externo encauzó la supresión de fronteras interiores entre los Estados firman-

---

3 Instrumento de ratificación del Acuerdo de Adhesión del Reino de España al Convenio de aplicación del Acuerdo de Schengen de 14 de junio de 1985 entre los Gobiernos de los Estados de la Unión Económica Benelux, de la República Federal de Alemania y de la República Francesa, relativo a la supresión gradual de los controles en las fronteras comunes, firmado en Schengen el 19 de junio de 1990, al cual se adhirió la República Italiana por el Acuerdo firmado en París el 27 de noviembre de 1990, hecho el 25 de junio de 1991. «BOE» núm. 81, de 5 de abril de 1994, páginas 10390 a 10422.

4 Para un análisis sobre las propuestas y discusiones en el proceso interno de la CEE, véase Léonard y Kaunert, 2019: 55-56.

tes del Acuerdo de Schengen de 1985 y el establecimiento de un sistema común de control de sus fronteras exteriores. Con posterioridad, el proceso externo acabó siendo absorbido e interiorizado por la Comunidad Económica.

2. El Espacio Schengen y la (re)construcción de las fronteras

En el marco del proceso comunitario tendente a la supresión de controles fronterizos dentro del mercado común, en 1986 los Estados miembros de la CEE firmaron el Acta Única Europea[5], a través de la cual buscaban fortalecer el proceso de integración. Las modificaciones sustanciales introducidas en este acuerdo permitieron el paso de un mercado común, previsto originariamente por el Tratado de Roma, hacia un mercado interior. Asimismo, se atribuyeron competencias a la CEE en materia de cooperación en política exterior.

La conformación del mercado interior se incorporó mediante el Acta Única Europea al TCEE, como un objetivo a alcanzar de manera progresiva hasta 1992. La aspiración consistía en establecer "un espacio sin fronteras interiores, en el que la libre circulación de mercancías, personas, servicios y capitales estará garantizada" (art. 8.a). Ésta es la primera oportunidad en la que se prevé la eliminación de controles fronterizos internos a nivel comunitario, no sólo respecto de nacionales de Estados miembros y sus familiares sino también de cualquier persona, con independencia de la nacionalidad. No obstante, el ámbito subjetivo de la libre circulación fue objeto de diferentes interpretaciones. Si bien la mayoría de Estados miembros no introdujo divisiones entre nacionalidades, algunos hicieron una interpretación restrictiva de la disposición, como en el caso de Reino Unido que restringió el reconocimiento de la libre circulación a los nacionales de otros Estados miembros (Léonard y Kaunert, 2019: 56).

---

5 Acta Única Europea (DO L 169, 29.6.1987, p. 1-28).

Como señalan Mangas Martín y Liñán Nogueras (2016: 90), la efectividad de la supresión de los controles interiores trajo aparejada la cooperación reforzada en los ámbitos de justicia e interior, y, en particular, evidenció la necesidad de una gestión integrada de fronteras y una regulación común de los procesos migratorios internos y externos. La fecha de puesta en marcha del mercado interior se fijó el 31 de diciembre de 1992, pero no llegó a cumplirse debido a la oposición de Reino Unido y la implementación del Acuerdo Schengen entre algunos Estados europeos (Guild, 2007: 27). Como resultado, los inicios del proceso de supresión de fronteras interiores para la libre de circulación de personas no tuvieron lugar dentro del ámbito de la CE, sino a través de acuerdos bilaterales y multilaterales entre algunos Estados miembros.

El antecedente del Acuerdo Schengen se remonta al Acuerdo de Saarbrücken, de 13 de julio de 1984, para la progresiva supresión de controles entre las fronteras de Alemania y Francia, firmado por el canciller alemán Kohl y el presidente francés Mitterrand. Posteriormente, el ámbito geográfico se extendió mediante la firma del Acuerdo de Schengen en 1985, entre Alemania, Bélgica, Francia, Holanda y Luxemburgo, para la supresión gradual de controles entre sus fronteras interiores. En palabras de Léonard y Kaunert (2019: 57), el Acuerdo de Schengen, dirigido a implementar la libre circulación de personas lo antes posible, puede ser considerado la "prueba piloto" para la adopción del sistema por parte de la CEE.

La supresión de controles fronterizos interiores, como proceso político externo a la Comunidad Europea (CE), se perfeccionó en 1990 mediante la firma del Convenio de aplicación del Acuerdo de Schengen, entre Alemania, Bélgica, Francia, Holanda, Italia y Luxemburgo. La eliminación de los controles interiores fue posible tras la introducción de medidas compensatorias que garantizaran el reforzamiento de las fronteras exteriores, como corolario de la especial preocupación en torno a la seguridad interior que despertaba el proceso entre los Estados miembros. De hecho, la redacción del Convenio de 1990 fue principalmente obra de los representantes de los ministerios de interior. Ello se refleja también en su contenido, teniendo en cuenta que 128 artículos (de un total de 142) se refieren a medidas compensatorias, dirigidas a reforzar las fronteras exteriores y la cooperación judicial y policial para combatir las amenazas a la seguridad interior derivadas de la criminalidad transfronteriza (Léonard y Kaunert, 2019: 57). Como explica Guild (2021: 23), uno de los principales problemas para los ministerios de interior era la pérdida de sus competencias para proporcionar seguridad, especialmente con relación a los movimientos secundarios de solicitantes de asilo y refugiados. La abolición del control en las fronteras interiores facilitaría el *asylum shopping*, esto es, el desplazamiento entre diferentes Estados y la presentación de múltiples solicitudes hasta conseguir la "mejor" protección en algún Estado.

Además, el título II del Convenio incluye el acuerdo entre los Estados parte de adoptar una visa uniforme (capítulo 3), imponer sanciones tanto a transportistas de personas extranjeras sin la debida documentación (capítulo 6, art. 26) como a personas que, con ánimo de lucro, asistieran a extranjeros para entrar o residir de manera irregular en el territorio de alguno de los Estados parte (capítulo 6, art. 27). Asimismo, se establecen reglas para la determinación del Estado responsable de la solicitud de asilo (capítulo 7) y para acuerdos de readmisión entre los Estados parte (capítulo 7, art. 33 y 34), con el objetivo de restringir los movimientos secundarios y el *asylum shopping*. Además, se prevé el establecimiento del SIS (Sistema de Información Schengen), como base de datos compartida (título IV, capítulo 1). No se contempla, en cambio, un procedimiento común para las solicitudes de asilo, que según el artículo 32 debe regularse de acuerdo a la legislación de cada Estado.

Posteriormente, la adhesión de otros Estados al Convenio de aplicación del Acuerdo de Schengen[6] y el encaje con el objetivo

---

[6] Italia (1990), España y Portugal (1991), Grecia (1992), Austria (1995) y Dinamarca, Finlandia y Suecia (1996).

de un mercado interior condujeron a la adopción del sistema Schengen por parte de la Unión a través del Tratado de Ámsterdam[7] en 1997, como se analiza en el siguiente apartado. A partir de entonces, como sostienen Mangas Martín y Liñán Nogueras, la supresión gradual del control fronterizo interno se convirtió en "elemento referencial de la construcción europea en este terreno, a pesar de nacer y desarrollarse durante bastante tiempo fuera de su marco" (2016: 90). En efecto, el espacio Schengen configura un sistema paradigmático de la complejidad y el avance de la integración europea, en cuanto refleja en buena parte la construcción *sui generis* de una organización económica, monetaria, jurídica y política, a la vez que configura un exponente de la transformación de los conceptos tradicionales de soberanía estatal y fronteras.

La supresión de controles fronterizos supone una importante ruptura de la noción tradicional de fronteras estatales como elemento de demarcación territorial de la soberanía del Estado. Según Guild (2007: 55), en este proceso de reconfiguración de controles fronterizos, la soberanía se mueve más allá de la frontera. Del Valle Gálvez (2002: 329) explica que, si bien las tres funciones de la frontera (frontera-límite, frontera-lugar de control, frontera-motivo de cooperación) se ven afectadas, es la función de la frontera como lugar de control la que ha sido completamente transformada y reordenada en el caso europeo. Siguiendo a Walters (2002: 568), la mutación no significa una disminución o reducción de la soberanía de los Estados, como demuestra el hecho de que las fronteras (exteriores) continúan siendo centrales para los Estados como herramientas de poder[8], especialmente en la política común de

---

7 Tratado de Ámsterdam por el que se modifican el Tratado de la Unión Europea, los Tratados constitutivos de las Comunidades Europeas y determinados actos conexos (DO C 340, 10.11.1997, p. 1-144).

8 Walters (2002: 568): "Some commentators regard this growth of supranational and regional influence in border control and immi-

asilo. Al respecto, sin perjuicio de la abolición del control de los movimientos migratorios, el sistema de determinación del Estado responsable de las solicitudes de asilo creó fronteras invisibles entre los Estados miembros que sólo afectan a los solicitantes de asilo (Guild, 2021: 24). En este marco, las fronteras mantienen un rol fundamental en la prevención y corrección de los movimientos secundarios de solicitantes de asilo.

En sentido estricto, la supresión opera sobre la potestad de control de entrada y salida del territorio comprendido dentro de las fronteras compartidas por los Estados miembros. A su vez, la responsabilidad de control migratorio se traslada hacia las fronteras exteriores. De ello da cuenta la adopción de medidas compensatorias, o complementarias a la formación del espacio Schengen, para reforzar el control sobre el cruce de fronteras exteriores, tales como sistemas informáticos destinados al control de los movimientos de personas entre fronteras, gestionados por la Agencia eu-LISA[9]: el Sistema de Información

---

gration policy as one aspect of a wider 'loss of sovereignty' for the state under globalizing conditions [...]. From the perspective of any given state we might well speak of a certain loss of sovereignty. But this should not be confused with a diminution of sovereign power more generally. If we can accept that sovereignty is not necessarily but rather historically bound up with statehood then what is at stake seems to be a mutation in the form that sovereignty is taking [...]. The fact that borders are still valued by political authorities, if nothing else, suggests that we are far from departing the logics of sovereignty."

9 EU-LISA, Agencia Europea para la Gestión Operativa de Sistemas Informáticos de Gran Magnitud en el Espacio de Libertad, Seguridad y Justicia: Reglamento (UE) 2018/1726 del Parlamento Europeo y del Consejo, de 14 de noviembre de 2018, relativo a la Agencia de la Unión Europea para la Gestión Operativa de Sistemas Informáticos de Gran Magnitud en el Espacio de Libertad, Seguridad y Justicia (eu-LISA), y por el que se modifican el Reglamento (CE) 1987/2006 y la Decisión 2007/533/JAI del Consejo y se deroga el Reglamento (UE) 1077/2011. PE/29/2018/REV/1 (DO L 295, 21.11.2018, p. 99-137)

de Schengen[10] (base de datos compartida sobre personas y objetos no autorizados a ingresar o en búsqueda), el Sistema de Información de Visados[11] (base de datos compartida sobre visados de corta duración), y el Sistema EURODAC[12] (sistema biométrico para la identificación, a través de huellas digitales, de personas nacionales de terceros países carentes de documentación, con el objetivo de garantizar la aplicación del Reglamento de Dublín).

10 Reglamento (UE) 2018/1862 del Parlamento Europeo y del Consejo, de 28 de noviembre de 2018, relativo al establecimiento, funcionamiento y utilización del Sistema de Información de Schengen (SIS) en el ámbito de la cooperación policial y de la cooperación judicial en materia penal, por el que se modifica y deroga la Decisión 2007/533/JAI del Consejo, y se derogan el Reglamento (CE) nº 1986/2006 del Parlamento Europeo y del Consejo y la Decisión 2010/261/UE de la Comisión (PE/36/2018/REV/1) (DO L 312, 7.12.2018, p. 56-106).

11 Reglamento (CE) 767/2008 del Parlamento Europeo y del Consejo, de 9 de julio de 2008, sobre el Sistema de Información de Visados (VIS) y el intercambio de datos sobre visados de corta duración entre los Estados miembros (Reglamento VIS) (DO L 218, 13.8.2008, p. 60-81).

12 Reglamento (UE) 603/2013 del Parlamento Europeo y del Consejo, de 26 de junio de 2013 , relativo a la creación del sistema «Eurodac» para la comparación de las impresiones dactilares para la aplicación efectiva del Reglamento (UE) n° 604/2013, por el que se establecen los criterios y mecanismos de determinación del Estado miembro responsable del examen de una solicitud de protección internacional presentada en uno de los Estados miembros por un nacional de un tercer país o un apátrida, y a las solicitudes de comparación con los datos de Eurodac presentadas por los servicios de seguridad de los Estados miembros y Europol a efectos de aplicación de la ley, y por el que se modifica el Reglamento (UE) nº 1077/2011, por el que se crea una Agencia europea para la gestión operativa de sistemas informáticos de gran magnitud en el espacio de libertad, seguridad y justicia (DO L 180, 29.6.2013, p. 1-30).

En esta línea se inscribe la creación y el progresivo refuerzo de capacidades de la actual Guardia Europea de Fronteras y Costas (Frontex)[13], como agencia europea dirigida a apoyar y asistir a los Estados miembros en el control y vigilancia de las fronteras exteriores. Asimismo, entre las medidas compensatorias en las fronteras exteriores, destaca el Sistema Europeo de Vigilancia de Fronteras (Eurosur)[14] para el intercambio de información y cooperación operativa en las fronteras exteriores entre autoridades nacionales y entre éstas y Frontex, con especial énfasis en la detección, prevención y lucha contra la inmigración irregular y la delincuencia organizada.

---

13 Reglamento (CE) 2007/2004 del Consejo, de 26 de octubre de 2004, por el que se crea una Agencia Europea para la gestión de la cooperación operativa en las fronteras exteriores de los Estados miembros de la Unión Europea (DO L 349, 25.11.2004, p. 1-11). En 2016 la agencia, conocida como Frontex, fue sustituida por la Guardia Europea de Fronteras y Costas, ampliándose sus competencias para asistir a los Estados miembros en el control de las fronteras exteriores, la devolución de inmigrantes y la lucha contra la criminalidad transfronteriza (Reglamento (UE) 2016/1624 del Parlamento Europeo y del Consejo, de 14 de septiembre de 2016, sobre la Guardia Europea de Fronteras y Costas, por el que se modifica el Reglamento (UE) 2016/399 del Parlamento Europeo y del Consejo y por el que se derogan el Reglamento (CE) nº 863/2007 del Parlamento Europeo y del Consejo, el Reglamento (CE) nº 2007/2004 del Consejo y la Decisión 2005/267/CE del Consejo (DO L 251, 16.9.2016, p. 1-76). En 2019 se introdujo otra reforma para dotar a Frontex de un cuerpo permanente de diez mil guardias (Reglamento UE 2019/1896 del Parlamento Europeo y del Consejo, de 13 de noviembre de 2019, sobre la Guardia Europea de Fronteras y Costas y por el que se derogan los Reglamentos UE nº 1052/2013 y UE 2016/1624 (PE/33/2019/REV/1) (DO L 295, 14.11.2019, p. 1-131).

14 Reglamento (UE) 1052/2013 del Parlamento Europeo y del Consejo, de 22 de octubre de 2013, por el que se crea un Sistema Europeo de Vigilancia de Fronteras (Eurosur) (DO L 295, 6.11.2013, p. 11-26).

La lógica del Espacio Schengen gira en torno a la libertad de circulación entre las fronteras interiores de los Estados miembros, acompañada de una especial preocupación sobre las facilidades que la pérdida del control puede reportar a la criminalidad transfronteriza. La abolición de los controles interiores desplaza la funcionalidad de la frontera hacia el exterior. En añadidura, Mitsilegas (2007) observa que el refuerzo de las fronteras exteriores en la UE se ha intensificado a partir del siglo XXI como consecuencia de dos factores. Un primer factor, de dimensión global, tiene que ver con las políticas contra el terrorismo a partir de los atentados del 11S en 2001. Un segundo factor, de dimensión europea, guarda relación con la ampliación del Espacio Schengen tras la incorporación de los Estados de Europa del Este a la UE entre los años 2004 y 2007. A estos dos factores se añade posteriormente el incremento del número de llegadas irregulares por vía marítima y terrestre en las fronteras del sur y este de la UE, como se analiza en el punto III de este capítulo.

Ahora bien, la abolición de los controles en las fronteras interiores no impide la implantación de otros tipos de controles por parte de los Estados miembros. El artículo 23 del Código de Fronteras Schengen[15], bajo la rúbrica "controles dentro del territorio", habilita el ejercicio de las competencias de policía de los Estados miembros en virtud de su derecho interno, bajo la condición de que no tengan un efecto equivalente a las inspecciones fronterizas. En concreto, la disposición establece que no se considerará como inspección fronteriza las medidas policiales que no tengan como objetivo el control de fronteras; que estén basadas en "información y experiencia policiales de carácter general" sobre posibles amenazas a la seguridad pública y que se destinen a combatir la delincuencia transfronteriza;

---

15 Reglamento (UE) 2016/399 del Parlamento Europeo y del Consejo, de 9 de marzo de 2016, por el que se establece un Código de normas de la Unión para el cruce de personas por las fronteras (Código de fronteras Schengen) (DO L 77, 23.3.2016, p. 1-52).

que sean "concebidas y se ejecuten de un modo claramente diferenciado de las inspecciones sistemáticas de personas en las fronteras exteriores; o que se realicen a través de inspecciones aleatorias.

Por otro lado, el artículo 25 del Código de Fronteras Schengen autoriza a los Estados miembros a restablecer los controles en las fronteras interiores cuando se presente una amenaza grave para el orden público o la seguridad interior. Asimismo, a propuesta de la Comisión, el Consejo puede recomendar a los Estados miembros el restablecimiento de los controles. La medida de restablecimiento de los controles puede operar sobre una parte específica o sobre la totalidad de las fronteras interiores, y tiene como efecto la implementación de los controles correspondientes en las fronteras exteriores. La medida se prevé como último recurso, con carácter excepcional y temporal, limitado a un período de tiempo. Los plazos no pueden superar los 30 días o el tiempo que se prevea que persistirá la amenaza[16]. Tales plazos pueden ser prorrogados con posterioridad por períodos renovables de 30 días hasta un máximo total de 6 meses.

Con carácter extraordinario, cuando circunstancias excepcionales pongan en riesgo el funcionamiento general del espacio sin controles en las fronteras interiores, el plazo del restablecimiento de los controles puede extenderse como máximo hasta dos años[17]. Según la jurisprudencia del Tribunal de Justicia de la Unión Europea (TJUE), el plazo máximo de dos años no puede superarse aun cuando el Estado considere que la amenaza per-

---

16 Cuando la amenaza exija una actuación inmediata, se prevé que el Estado puede restablecer inmediatamente los controles fronterizos por un período no superior a diez días, debiendo notificar al mismo tiempo a los demás Estados miembros y a la Comisión. Cuando la amenaza persista, el Estado puede prorrogar los controles durante períodos renovables que no sobrepasen 20 días (Código de Fronteras Schengen, op. cit., art. 28).

17 Código de Fronteras Schengen, op. cit., art. 29.

siste[18]. Entre las propuestas de reforma al Código de Fronteras Schengen[19], presentadas en diciembre de 2021 y actualmente bajo discusión entre las instituciones de la UE, la Comisión Europea plantea una modificación al marco jurídico del restablecimiento de controles en fronteras interiores, según la cual, cuando la amenaza al orden público o la seguridad interior persista, los Estados podrían mantener los controles más allá de los dos años notificando previamente a la Comisión.

3. La configuración del Espacio de Libertad, Seguridad y Justicia

En paralelo a la formación del Espacio Schengen, la firma del Tratado de la Unión Europea (TUE)[20], que tuvo lugar en Maastricht en 1992, significó otro importante avance en el proceso de integración europea. En primer lugar, la denominación de Comunidad Económica Europea fue sustituida por la de Comunidad Europea, y se instauró el nombre de Unión Europea. En esta oportunidad se introdujeron como áreas de interés común los ámbitos de justicia e interior y de política exterior y seguridad común. En el marco de la delimitación de competencias mediante "pilares", el Título VI del TUE regulaba la "Cooperación en asuntos de justicia e interior" (CAJI) como pilar intergubernamental (o tercer pilar: artículos K1 a K9), incluyendo el asilo, la política de inmigración y el cruce de fronteras exteriores. Los Estados miembros se disponían a una acción conjunta en los asuntos de justicia e interior y de política exterior y seguridad, pero no habría aún una trans-

---

18 Sentencia del Tribunal de Justicia (Gran Sala) de 26 de abril de 2022, asuntos acumulados C-368/20 y C-369/20 (ECLI:EU:C:2022:298).

19 Propuesta de Reglamento del Parlamento Europeo y del Consejo por el que se modifica el Reglamento (UE) 2016/399 por el que se establece un Código de normas de la Unión para el cruce de personas por las fronteras (COM/2021/891 final), 14.12.2021, artículo 1, apartados 8 a 15.

20 Tratado de la Unión Europea (DO C 191, 29.7.1992, p. 1-112).

ferencia de competencias en tales materias, tradicionalmente ligadas a la esencia de la soberanía estatal. Desde el punto de vista institucional, la competencia se desarrollaría mediante el método intergubernamental, y el TJUE no tendría atribuciones judiciales en este espacio.

Con posterioridad, el Tratado de Ámsterdam, firmado en 1997, incorporó el sistema Schengen en el Derecho primario de la Unión, introduciendo así una reforma fundamental hacia la (de)construcción de las fronteras interiores y exteriores. Según del Valle Gálvez, a partir del Tratado de Ámsterdam, se implantó un "modelo europeo de fronteras, alternativo al internacional" (2002: 301). El Tratado estableció la implementación gradual del acervo Schengen en un plazo de cinco años entre todos los Estados miembros[21], con excepción de Dinamarca, Irlanda y Reino Unido, que recurrieron al método *opt-out* para conservar los controles en sus respectivas fronteras[22].

En virtud del Tratado de Ámsterdam[23], a partir de 1997, los Estados que se adhieran como miembros de la UE son parte también del Espacio Schengen. Con motivo de tal previsión, la posterior incorporación de los Estados europeos del este implicó una profunda transformación en el diseño original del proyecto de abolición de fronteras interiores (Mitsilegas, 2007). Actualmente, el Espacio Schengen reúne a un grupo heterogé-

---

21 Tratado de Ámsterdam, op. cit., Protocolos anejos al Tratado de la Unión Europea y al Tratado constitutivo de la Comunidad Europea – Protocolo por el que se integra el acervo de Schengen en el marco de la Unión Europea (DO C 340, 10.11.1997, p. 93), art. 2: "A partir de la fecha de la entrada en vigor del Tratado de Ámsterdam, el acervo de Schengen, incluidas las decisiones que haya adoptado hasta la fecha el Comité ejecutivo creado por los acuerdos de Schengen, será inmediatamente aplicable a los trece Estados miembros [...]".

22 Tratado de Ámsterdam, Protocolos, op. cit., arts. 2, 3 y 4. Reino Unido e Irlanda establecieron una "zona de viaje común entre sus respectivos territorios".

23 Tratado de Ámsterdam, op. cit.

neo de Estados con diferentes capacidades económicas y sociales para la recepción de migrantes y solicitantes de protección internacional (Dreyer-Plum, 2019: 540). Esta asimetría entre los Estados miembros provoca desavenencias y desequilibrios en la discusión y ejecución de las políticas comunes de migración y asilo[24].

A partir del Tratado de Ámsterdam, la supresión de las fronteras interiores y el traslado de la potestad de control hacia las fronteras exteriores condujeron a una mayor "comunitarización" de la CAJI, que pasó a formar parte de un proyecto integrador aún más amplio: la construcción de un "espacio de libertad, seguridad y justicia" (ELSJ). La construcción de este espacio común se erigió en un objetivo principal del proceso de integración europea, cuyos elementos –libertad, seguridad y justicia– se consideran intrínsecamente relacionados y a través de los cuales se persigue una mayor puesta en común de lo político, social y jurídico[25]. En particular, en el ámbito de la

---

24 Sobre el problema de la asimetría entre Estados en el ámbito del Sistema Europeo Común de Asilo (SECA), Dreyer-Plum (2019: 540): "Unlike the founding Schengen States, the current Schengen area is comprised of heterogeneous countries with very different economic and social capabilities to accommodate asylum seekers. The EU's legal provisions must respond to this imbalance in the CEAS, and take the different capabilities of Member States into consideration when trying to reach a sustainable and fair agreement on the attribution of jurisdiction for asylum applications."

25 Comisión Europea, Comunicación de la Comisión, Hacia un Espacio de Libertad, Seguridad y Justicia, Bruselas 14.07.1998, COM (1998) 459 final: "Los tres conceptos de libertad, seguridad y justicia están estrechamente vinculados. La libertad pierde gran parte de su sentido si no se puede vivir en un medio seguro, basado en un sistema judicial en el que todos los ciudadanos y residentes de la Unión puedan confiar. Estos tres conceptos indisociables tienen un mismo 'denominador común', las personas, y la plena realización de uno supone la de los otros dos. El equilibrio que debe mantenerse entre ellos debe ser el hilo conductor de la acción de la Unión."

movilidad, el ELSJ reúne los campos de la migración y la criminalidad, considerados como partes de un mismo problema de seguridad interna (Bigo, 2016: 1077).

Conforme al antiguo artículo 2 del TUE, tras la reforma del Tratado de Ámsterdam, uno de los objetivos de la integración consiste en "mantener y desarrollar la Unión como un espacio de libertad, seguridad y justicia, en el que esté garantizada la libre circulación de personas conjuntamente con medidas adecuadas respecto al control de las fronteras exteriores, el asilo, la inmigración y la prevención y la lucha contra la delincuencia"[26]. En pos de ese fin, el Tratado constitutivo de la Comunidad Europea (TCE) atribuyó competencias al Consejo para "establecer progresivamente un espacio de libertad, seguridad y justicia", quedando comprendida la facultad de adoptar medidas sobre control de fronteras, inmigración y asilo (TCE, art. 61). Asimismo, se reconoció expresamente la libertad de circulación a toda persona con independencia de su condición de ciudadano de la Unión o nacional de un tercer Estado (TCE, art. 62.1).

El desarrollo del ELSJ se configuró en este momento inicial como un "objetivo transpilar" sujeto a un doble régimen jurídico comunitario e intergubernamental (Mangas Martín y Liñán Nogueras, 2016: 92). Las materias relativas a fronteras, inmigración y asilo se trasladaron al pilar comunitario (TCE, título IV, arts. 61 a 69 –actual TFUE, título V, arts. 67 a 72), incluyendo las medidas relativas a la eliminación de controles en fronteras interiores, el cruce de fronteras exteriores, la regulación de visados, las políticas de asilo e inmigración, así como también los asuntos de cooperación judicial civil y cooperación

---

26 TUE, art. 3.2 (texto vigente): "la Unión ofrecerá a sus ciudadanos un espacio de libertad, seguridad y justicia sin fronteras interiores, en el que esté garantizada la libre circulación de personas conjuntamente con medidas adecuadas respecto al control de las fronteras exteriores, el asilo, la inmigración y la prevención y la lucha contra la delincuencia".

administrativa. Por otro lado, la cooperación en materia policial y judicial penal (Título VI) se mantuvo como un asunto de competencia intergubernamental. Además, de manera transitoria, el Tratado de Ámsterdam estableció un procedimiento legislativo especial por un plazo de cinco años, según el cual los Estados tenían un rol predominante en la implementación del ELSJ. De acuerdo a este procedimiento de transición, las medidas en materia de visados, asilo, inmigración y otras políticas relacionadas con la libre circulación de personas eran adoptadas por decisión unánime del Consejo, previa consulta al Parlamento Europeo. Por su parte, la Comisión Europea compartía la iniciativa legislativa con los Estados. Tras el período de transición, la Comisión contaría con el monopolio de la iniciativa y el Consejo debería decidir por mayoría cualificada previo dictamen del Parlamento Europeo, de acuerdo al procedimiento legislativo establecido en el artículo 251 del TCE.

Si bien la atribución de competencias al Consejo implicó un avance hacia la comunitarización, el proceso quedó obstaculizado debido al método de decisión intergubernamental y la exigencia de la unanimidad, que impidieron la adopción de medidas efectivas por parte del Consejo. Estos obstáculos se superaron tras la reforma del Tratado de Niza[27] en 2003, que modificó el artículo 67 y habilitó la adopción de medidas sobre algunos aspectos de la política de inmigración por mayoría cualificada. Conforme este otro método de decisión, la iniciativa legislativa correspondía a la Comisión, mientras que los Estados conservaban la competencia de formular sugerencias.

---

27 Tratado de Niza por el que se modifican el Tratado de la Unión Europea, los Tratados Constitutivos de las Comunidades Europeas y determinados actos conexos (DO C 80, 10.3.2001, p. 1-87).

4. El constante desequilibrio en el ELSJ: la primacía de la seguridad

A partir del Tratado de Ámsterdam, de 1997, el Consejo Europeo se encargó de desarrollar y dirigir el ELSJ a través de programas de acción quinquenales: el Programa de Tampere (1999)[28], el Programa de La Haya (2004)[29], y el Programa de Estocolmo (2009)[30]. Todos ellos fueron planteados de conformidad a los avances en el proceso de integración a través de los sucesivos tratados de reforma y en consonancia con la coyuntura política europea e internacional imperante en cada momento.

El Programa de Tampere representa una pieza clave para la comprensión de la política sobre migración y asilo en la UE, ya que sentó el punto de partida de diferentes estrategias que se han desarrollado en estos ámbitos y que aún hoy se mantienen en proceso de discusión. En este sentido, las Conclusiones del Consejo Europeo de Tampere definieron como prioridad el establecimiento de una política común de inmigración y asilo, a las que definió como cuestiones "distintas pero estrechamente relacionadas". Según el Programa, la política común debería articularse sobre la base de los siguientes elementos: i) la colaboración con los países de origen; ii) un sistema europeo común de asilo; iii) un trato justo de los nacionales de terceros países, mediante acciones de integración a partir del reconocimiento de derechos y obligaciones "comparables" a los de la ciudadanía; iv) la gestión de los flujos migratorios para promover la migración regular y "hacer frente a la inmigración ilegal en su origen",

---

[28] Consejo Europeo, Conclusiones de la Presidencia, Consejo Europeo de Tampere, 15 y 16 de octubre de 1999.

[29] Consejo Europeo, El Programa de La Haya: consolidación de la libertad, la seguridad y la justicia en la Unión Europea (DO C 53, 3.3.2005, p. 1-14).

[30] Consejo Europeo, Programa de Estocolmo - Una Europa abierta y segura que sirva y proteja al ciudadano (DO C 115, 4.5.2010, p. 1-38).

a través de la lucha contra la trata de personas y la explotación económica de migrantes, la celebración de acuerdos de readmisión o y la incorporación de "cláusulas modelo en otros acuerdos entre la Comunidad Europea y terceros países".

En 2004, el Programa de La Haya reafirmó la consolidación del ELSJ como una prioridad política para la Unión. El abordaje se realizó desde una perspectiva eminentemente securitaria, como resultado de la intensificación de la preocupación a nivel internacional sobre la seguridad tras los atentados terroristas ocurridos en América (Nueva York, 2001) y Europa (Madrid, 2004). El componente de la seguridad adquiría aún mayor centralidad al momento de considerar el control de las fronteras en el marco del ELSJ. El Programa destacó que, ante las nuevas amenazas a nivel global, había aumentado "la importancia de la coordinación y coherencia entre las dimensiones interna y externa" de la seguridad. El Consejo Europeo resaltó la necesidad de adoptar una "actitud común más eficaz" frente a la inmigración irregular, la trata de seres humanos, el terrorismo y la delincuencia organizada[31]. Al mismo tiempo, el Programa dio cuenta también de la utilidad económica que reportaba la inmigración regular a Europa[32].

---

31 Programa de La Haya, op. cit.: "La seguridad de la Unión Europea y de sus Estados miembros reviste actualmente mayor urgencia, en particular a la luz de los atentados terroristas cometidos en los Estados Unidos el 11 de septiembre de 2001 y en Madrid el 11 de marzo de 2004. Los ciudadanos de Europa tienen la legítima expectativa de que la Unión Europea, al tiempo que garantiza el respeto de las libertades y derechos fundamentales, adopte una actitud común más eficaz ante los problemas transfronterizos como la migración ilegal, la trata y la introducción clandestina de seres humanos, el terrorismo y la delincuencia organizada, así como respecto a su prevención. Particularmente en el ámbito de la seguridad, ha crecido la importancia de la coordinación y coherencia entre las dimensiones interna y externa, que debe propiciarse con firmeza."

32 Programa de La Haya, op. cit.: "1.4. Migración legal y lucha contra el empleo ilegal": "La migración legal desempeñará un papel importante

La firma del Tratado de Lisboa en 2007 profundizó la centralidad del ELSJ como objetivo principal de la UE. Para ello se suprimió la división de materias en pilares de carácter comunitario e intergubernamental, que podía ser considerada uno de los motivos de la falta de convergencia política (Balzacq y Carrera, 2005: 55; Apap y Carrera, 2003: 7-8). En su lugar, se estableció el desarrollo del ELSJ como una competencia de naturaleza compartida entre la Unión y los Estados miembros[33], y en lo institucional se dispuso la aplicación del procedimiento ordinario o de codecisión para la adopción de medidas en materia de inmigración y asilo.

A partir de entonces, el Título V del TFUE regula los tres componentes del ELSJ a través de diferentes capítulos: la ausencia de controles en las fronteras interiores, la configuración de una política común de asilo, inmigración y control de fronteras exteriores (componente "Libertad" –capítulo 2–), medidas de cooperación judicial en materia penal y de cooperación policial (componente "Seguridad" –capítulos 4 y 5–, y medidas de cooperación judicial en materia civil (componente "Justicia" –capítulo 3–). Como señalan Mangas Martín y Liñán Nogueras, "la estructuración normativa del ELSJ confirma la crítica de fondo que alude no sólo a una amalgama de objetivos políticos difícilmente reconducibles a unidad, sino a una marcada descompensación entre sus componentes, con un peso específico excesivo del vector securitario en detrimento de una casi banalizada concepción de la libertad, lo que no obsta para admitir que la situación ha mejorado ostensiblemente con la regulación del [Tratado de Lisboa]" (2016: 96). En efecto, los

---

en el refuerzo de la economía basada en el conocimiento en Europa y en el impulso del desarrollo económico, contribuyendo así a la ejecución de la estrategia de Lisboa. Podría desempeñar asimismo un papel en las asociaciones con terceros países."

33 TFUE, art. 4.2: "Las competencias compartidas entre la Unión y los Estados miembros se aplicarán a los siguientes ámbitos principales: [...] j. el espacio de libertad, seguridad y justicia".

componentes del ELSJ se encuentra en un constante desequilibrio, en el que la seguridad mantiene la primacía.

En 2009, el Programa de Estocolmo centró su estrategia en la consolidación de la ciudadanía europea y el enfoque de derechos ínsito en el Tratado de Lisboa. En materia migratoria, las medidas previstas mantuvieron el propósito de reforzar la gestión de las fronteras exteriores con el objetivo de impedir la migración irregular y la delincuencia transfronteriza. El abordaje se realizó también desde una perspectiva estrechamente vinculada al elemento securitario, en ausencia de consideraciones relativas a su impacto en los derechos de las personas migrantes (Vilá Costa, 2010: 17). El Consejo enfatizó una vez más la idea del control de fronteras como mecanismo de protección de la ciudadanía[34], siguiendo la tendencia a asociar la preservación de la seguridad exterior como una garantía para el mantenimiento de la seguridad interior[35].

---

34 Programa de Estocolmo, op. cit.: "La UE debe continuar desarrollando sus políticas integradas de gestión de fronteras y concesión de visados para facilitar el acceso a Europa de los ciudadanos que no pertenecen a ella, sin menoscabar la seguridad de sus propios ciudadanos. Es preciso contar con controles fronterizos reforzados para impedir la inmigración ilegal y la delincuencia transfronteriza. Al mismo tiempo, se debe garantizar el acceso a quienes necesiten de protección internacional y a los grupos de personas en situación de vulnerabilidad, tales como los menores no acompañados."

35 Programa de Estocolmo, op. cit.: "En la lucha contra la delincuencia transfronteriza, la seguridad interior se ha de vincular necesariamente a la seguridad exterior. Por consiguiente, debe tenerse en cuenta la estrategia de seguridad exterior de la UE y fortalecerse la cooperación con terceros países."

II. LA "CRISIS" DE LA POLÍTICA COMÚN DE FRONTERAS, INMIGRACIÓN Y ASILO

Tras la llamada "Primavera árabe", miles de personas se desplazaron desde los países de Oriente Medio a causa de la inestabilidad política y la persistencia de situaciones de conflicto en la región. A partir de 2011, el número de cruces irregulares detectados por Frontex en las fronteras exteriores de la UE fue en aumento, con especial incidencia en las fronteras del sur a través de las diferentes áreas del mar Mediterráneo, así como también en las fronteras terrestres de los Estados miembros del este a través de la llamada ruta balcánica. Asimismo, desde 2013, el número de solicitudes de asilo presentadas en los entonces 28 Estados de la UE experimentó un considerable crecimiento. En el año 2015, el número de llegadas alcanzó la cifra de 1.005.504 personas, cuatro veces más que en el año 2014, según datos de la Organización Internacional para las Migraciones (OIM)[36]. A nivel global, el Alto Comisionado de Naciones Unidas para los Refugiados (ACNUR) registró en 2015 un total de 65,3 millones de refugiados y desplazados internos en el mundo, lo que suponía un incremento de más de 50% en los últimos cinco años (ACNUR, 2016: 5). Más de la mitad (54%) de los refugiados a nivel mundial procedía de tres países: la República Árabe Siria (4,9 millones)[37], Afganistán (2,7 millones)

---

36 OIM, 1.5.2016, "La OIM contabiliza 3.771 muertes de migrantes en el Mediterráneo en 2015 y más de un millón de llegadas de migrantes por mar". Disponible en https://www.iom.int/es/news/la-oim-contabiliza-3771-muertes-de-migrantes-en-el-mediterraneo-en-2015-y-mas-de-un-millon-de-llegadas-de-migrantes-por-mar

37 Según datos de Frontex, el número de llegadas irregulares en 2014 ascendió a 280.000, que en aquel año significaba una cifra sin precedentes. La Agencia atribuía este récord al conflicto en Siria, ya que la mayoría de los cruces detectados eran de personas que llegaban de Siria a la UE en búsqueda de protección internacional (Frontex, 2015: 17).

y Somalia (1,1 millones) (ACNUR, 2016: 3). Si bien una gran parte de esos desplazamientos forzados se dirigieron a países vecinos de la región, la UE evidenció un aumento del número de personas en búsqueda de protección internacional.

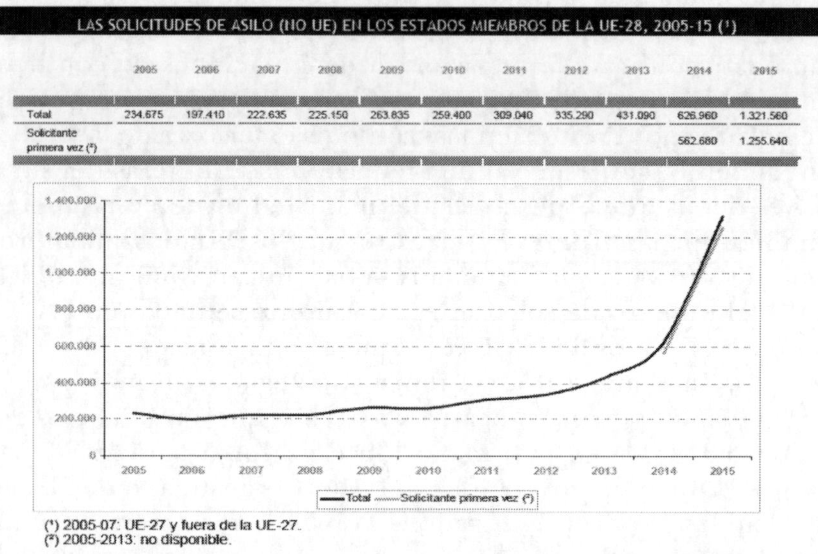
LAS SOLICITUDES DE ASILO (NO UE) EN LOS ESTADOS MIEMBROS DE LA UE-28, 2005-15 (¹)

	2005	2006	2007	2008	2009	2010	2011	2012	2013	2014	2015
Total	234.675	197.410	222.635	225.150	263.835	259.400	309.040	335.290	431.090	626.960	1.321.560
Solicitante primera vez (²)										562.680	1.255.640

(¹) 2005-07: UE-27 y fuera de la UE-27.
(²) 2005-2013: no disponible.

Figura 1. Solicitudes de asilo en los Estados miembros de la UE-28, 2005-2015. Fuente: Defensor del Pueblo (2016: 7).

La diversificación de las vías de entrada ha sido una constante que ha acompañado el desarrollo de la política común de asilo (Abrisketa Uriarte, 2021b: 152). En este caso, el incremento de las llegadas por vía marítima a partir de 2015 fue otro cambio significativo en los flujos migratorios hacia Europa. Según los datos de Frontex (2016), la mayoría de las llegadas irregulares registradas en aquel año se produjeron por vía marítima: 971.289 por mar (97%), 34.215 por tierra (3%). El principal país de llegada por una amplia diferencia fue Grecia, seguido por Italia. En ese mismo año, las muertes en las rutas marítimas del Mediterráneo se estiman en un total de 3.692.

Hasta el 1 de diciembre de 2015	Total	Mar	Tierra
Grecia	821.008	816.752	4.256
Italia	150.317	150.317	
Bulgaria	29.959		29.959
España	3.845	3.845	
Malta	106	106	
Chipe	269	269	
Total	**1.005.504**	971.289	34.215

Tabla 1. Llegadas irregulares en Grecia, Italia, Bulgaria, España, Malta y Chipre en 2015 (hasta el 1 de diciembre) Fuente: OIM (2015).

País de llegada	Llegadas	Muertes
Italia	150.317	2.889 *Ruta del Mediterráneo Central*
Malta	106	
Grecia	816.752	731 *Ruta del Mediterráneo Oriental*
Chipre	269	
España	3.845	72 *Rutas del Mediterráneo Occidental y de África Occidental*
Total estimado	**971.183**	**3.692**

Tabla 2. Llegadas por mar y muertes en el Mediterráneo entre el 1 de enero y el 21 de diciembre de 2015. Fuente: OIM (2015).

Según datos de la OIM y del ACNUR, el éxodo de personas desplazadas en 2015 representó "el mayor flujo migratorio desde la Segunda Guerra Mundial" (ACNUR, 2016: 5). Como resultado, conforme las estadísticas de Frontex (2015), en 2014 se habían detectado 170.000 cruces irregulares (del total de 280.000) a través de la ruta del Mediterráneo Central; mientras que en 2015 se registraron 885.386 cruces irregulares por el

Mediterráneo oriental y 764.038 a través de la ruta balcánica del oeste[38]. Las solicitudes de asilo presentadas en el conjunto de Estados de la UE en 2015 ascendieron a aproximadamente 1,22 millones, más del doble registrado en el año anterior[39]. Esta cifra representa más de la mitad de las solicitudes de asilo presentadas por primera vez en aquel año a nivel mundial, cuyo número alcanzó la cifra récord de aproximadamente 2 millones (ACNUR, 2016: 3).

En 2016, la cantidad de personas que arribaron de manera irregular al territorio de la UE a través del Mar Mediterráneo fue de 362.376, de las cuales el 53% provenía de los diez países de mayor población refugiada de origen a nivel global[40]. A pesar de la significativa disminución de las llegadas por vía marítima en comparación con el año anterior, en 2016 la cifra de muertes aumentó a más de 5.000[41].

Ahora bien, la "crisis" repercutió de manera disímil en cada uno de los Estados miembros, dependiendo del lugar de llegada y del posterior traslado. Por un lado, los principales países afectados por el aumento de llegadas fueron Grecia e Italia, mientras que un alto número de migrantes se trasladaron a Alemania. Asimismo, los efectos de las políticas allí implementadas se reflejaron posteriormente en otros países, debido a las variaciones que produjeron en las rutas migratorias hacia la UE. Este último ha sido, por ejemplo, el caso de España (Fer-

---

38 Estos datos dan cuenta de un doble conteo teniendo en cuenta la entrada a Turquía a través de la ruta balcánica y posteriormente un reingreso al territorio de la UE al cruzar a Grecia.

39 Eurostat, *Asylum statistics*, 2021. Disponible en: https://ec.europa.eu/eurostat/statistics-explained/index.php?title=Asylum_statistics

40 UNHCR, Bureau for Europe, *Monthly Data Update*, diciembre 2016. Disponible en: https://reliefweb.int/report/greece/unhcr-regional-bureau-europe-weekly-report-december-23-2016-253-pm

41 UNHCR, *Operational Data Portal, Refugee Situation, Mediterranean Situation*. Disponible en: https://data2.unhcr.org/en/situations/mediterranean

nández-Bessa y Brandariz, 2018: 321). Por otro lado, la crisis dejó en evidencia las asimetrías en los sistemas nacionales de asilo, así como también las deficiencias de la UE en la construcción y la aplicación de estándares fijados en el Sistema Europeo Común de Asilo (SECA).

1. ¿Una "crisis" de qué y por qué?

Durante los años 2015 y 2016, la emergencia humanitaria en las fronteras exteriores de la Unión, principalmente en las aguas del mar Mediterráneo de Grecia e Italia, puso en evidencia las deficiencias de la gestión integrada de fronteras y de la política común de migración y asilo, principalmente al momento de hacer frente a llegadas masivas de forma simultánea. Ante ello, el aumento exponencial de las llegadas irregulares en aquellos años dio lugar a una situación que fue definida desde las instituciones europeas y los gobiernos de los Estados miembros como una "crisis migratoria" o "crisis de refugiados".

El término "crisis" lleva ínsita una carga de ambigüedad que resulta necesario esclarecer. La búsqueda de su significado y razón dependerá de la situación a la que refiera en cada caso concreto, pero de manera general es posible afirmar que las "crisis" hacen referencia a circunstancias graves y excepcionales a las que debe responderse de manera inmediata. Si hablamos de crisis políticas, por lo general las respuestas consisten en la implementación de medidas que pueden ser igualmente extraordinarias, flexibles e informales y que, como tales, pueden estar reñidas con los principios democráticos y con las obligaciones de protección de derechos fundamentales (Ansems de Vries, Carrera y Guild, 2016: 2).

En el ámbito concreto de la gestión de las fronteras y la gobernanza de las migraciones, la utilización del término "crisis" obedece a un cambio sobrevenido en los movimientos migratorios y a la incapacidad de que las fronteras desarrollen con normalidad su función de selección y control de los sujetos habilitados a cruzarlo. De ahí que, desde la perspectiva del Estado, las "crisis migratorias" lleven aparejada la idea de una amenaza a la seguridad interior, motivada en la desestabilización de la frontera como mecanismo de preservación del territorio y el poder. El Estado enfrenta así una situación de amenaza o de peligro, a la que hace frente mediante el refuerzo excepcional de las funciones de control, vigilancia y defensa que tradicionalmente cumplen las fronteras, o bien mediante la implementación de medidas extraordinarias como el cierre total de los pasos fronterizos.

Como resultado, en las situaciones que el Estado califica como "crisis migratorias", la persona migrante se convierte en una amenaza a la seguridad. Frente a la migración masiva o en grupos, la subjetividad y las circunstancias personales quedan diluidas y las personas se resumen en números o en estadísticas. La situación se agrava en el caso de personas que huyen de sus lugares de origen o residencia en búsqueda de protección, ya que la deshumanización que aparejan las crisis las coloca en situaciones de mayor vulnerabilidad. De este modo, uno de los problemas principales que derivan de la calificación de las "crisis migratorias" es que no permite atender de manera auténtica a la situación de emergencia humanitaria que puede plantear la migración irregular.

En concreto, la calificación del incremento de llegadas entre 2015 y 2016 como una "crisis" resulta cuestionable. En especial, la referencia en el debate político y mediático a la situación de "crisis", ya sea de "migrantes" o de "refugiados", pone el foco en los factores externos, sin atender a las fallas internas del sistema. Al respecto, como sostiene Campesi (2011b), la crisis fue principalmente política, no migratoria. Además, la adjetivación de la crisis como "migratoria" o "de refugiados" se utilizó de manera indistinta, optando por una u otra según la legitimidad que se otorgue al movimiento de quienes intentan cruzar la frontera, principalmente en función del lugar de origen o la nacionalidad. La utilización arbitraria de tales etiquetas, en definitiva, alimenta la confusión de los respectivos estatutos jurídicos. En este sentido, como sostiene Campesi (2018: 197), la crisis es también "epistémica" y muestra las contradicciones y la arbitrariedad en las que se puede incurrir al categorizar la movilidad humana. Mientras la utilización del término refugiado denota que se trata de un movimiento forzado, inevitable y en consecuencia legítimo, el de migrante deja margen para cuestionar su legalidad. Aun así, la adjetivación "migratoria" o "de refugiados" señala a los migrantes y solicitantes de protección internacional como agentes de producción de la situación de crisis.

En esta línea, la "crisis" de 2015 no fue una consecuencia de los desplazamientos sino de una muestra de la ineficacia de las políticas de frontera, migración y asilo de la UE para atender a llegadas numerosas. En palabras de Gammeltoft-Hansen y Tan, se trató de una "crisis del paradigma de la disuasión" (*deterrence paradigm*) (2017: 40), basado en la externalización del control migratorio. Asimismo, quedó en evidencia que el problema no es el incremento del número de llegadas en sí mismo sino la falta de vías regulares de acceso en las fronteras de la Unión para personas en búsqueda de protección internacional (Ansem de Vries y Guild, 2018: 2158; Ansems de Vries, Carrera y Guild, 2016: 2).

La incapacidad para gestionar el aumento de llegadas desencadenó una crisis política (Den Heijer, Rijpma y Spijkerboer, 2016: 607) y una "crisis de protección" (Dreyer-Plum, 2019: 540). En concreto, evidenció las deficiencias del SECA y del sistema de reparto de responsabilidades entre los Estados miembros al momento de responder a movimientos migratorios masivos (Abrisketa Uriarte, 2021b: 146). La activación efectiva de mecanismos de solidaridad podría haber remediado la situación, teniendo en cuenta que el número de llegadas en 2015 equivalía a un 0,3 % del total de población de los entonces 28 Estados miembros. Sin embargo, la ausencia de voluntad política para colocar la acogida por encima de la seguridad se demostró, por ejemplo, ante la falta de aplicación de la Directiva

2001/55[42], de protección temporal en caso de afluencia masiva de personas desplazadas[43] (Ineli-Ciger, 2016). Los mecanismos de solidaridad y de distribución equitativa de responsabilidades entre los Estados miembros en materia de asilo, así como la voluntad política de ponerlos en funcionamiento, demostraron su fragilidad.

En 2015, la solución implementada por los Estados miembros fue suspender las reglas del SECA: Grecia e Italia omitieron la toma de huellas digitales de solicitantes de asilo y su registro en el sistema EURODAC, y, otros Estados miembros no devolvieron a Grecia e Italia a muchas personas que habían entrado por las fronteras exteriores de estos dos países (Den Heijer, Rijpma y Spijkerboer, 2016: 612). Algunos Estados miembros, como Francia, suspendieron la libertad de circulación en fronteras interiores y reactivaron los controles, en aplicación del artículo 25 del Código de Fronteras Schengen que autoriza al restablecimiento cuando se presente una amenaza grave para el orden público o la seguridad interior. Asimismo, en 2016, el Consejo recomendó a cinco Estados (Austria, Alemania, Dinamarca, Suiza y Noruega) la reintroducción de controles, en virtud del artículo 29 del Código de Fronteras Schengen[44], al considerar que las deficien-

---

42 Directiva 2001/55/CE del Consejo, de 20 de julio de 2001, relativa a las normas mínimas para la concesión de protección temporal en caso de afluencia masiva de personas desplazadas y a medidas de fomento de un esfuerzo equitativo entre los Estados miembros para acoger a dichas personas y asumir las consecuencias de su acogida (DO L 212, 7.8.2001, p. 12-23).

43 La Directiva de Protección Temporal ha sido activada por primera vez en el año 2022 para brindar protección a las personas desplazadas de Ucrania tras la invasión de Rusia el 24 de febrero de 2022. Respecto a la activación del mecanismo de protección temporal y la diferencia en el tratamiento a refugiados ucranianos y de otras nacionalidades, véase: Reilly y Flynn (2022).

44 Decisión de Ejecución (UE) 2016/894 del Consejo, de 12 de mayo de 2016, por la que se establece una Recomendación de realización de controles temporales en las fronteras interiores en circunstancias ex-

cias graves en la gestión de las fronteras exteriores por parte de Grecia provocarían desplazamientos irregulares a otros Estados miembros, lo que suponía una grave amenaza al orden público y la seguridad interior con capacidad de poner en peligro el funcionamiento del sistema Schengen. La recomendación se prorrogó en tres oportunidades hasta alcanzar el plazo máximo de dieciocho meses[45].

Esta serie de medidas adoptadas por diferentes Estados miembros y por el Consejo y la Comisión Europea demostró la interconexión entre los diferentes sistemas de fronteras, migración y asilo. En concreto, las deficiencias del SECA evidenciaron su estrecha vinculación con la gestión de las fronteras exteriores, y a su vez impactaron en la libertad de circulación. Quedó demostrado que el correcto funcionamiento del sistema común de asilo y del sistema de gestión integrada de fronteras opera como una condición para la supresión de controles en las fronteras interiores (Den Heijer, Rijpma y Spijkerboer, 2016: 615). Como explica Fernández Rojo (2021: 3), la "crisis" destacó también la creciente interdependencia entre el ELSJ y la política común de seguridad

---

cepcionales que pongan en peligro el funcionamiento global del espacio Schengen (DO L 151, 8.6.2016, p. 8-11).

45 Decisión de Ejecución (UE) 2016/1989 del Consejo, de 11 de noviembre de 2016, por la que se establece una recomendación para prorrogar la realización de controles temporales en las fronteras interiores en circunstancias excepcionales que pongan en peligro el funcionamiento global del espacio Schengen (DO L 306, 15.11.2016, p. 13-15), considerando 5, p. 13; Decisión de Ejecución (UE) 2017/246 del Consejo, de 7 de febrero de 2017, por la que se establece una Recomendación para prorrogar la realización de controles temporales en las fronteras interiores en circunstancias excepcionales que pongan en peligro el funcionamiento global del espacio Schengen (DO L 36, 11.2.2017, p. 59-61); Decisión de Ejecución (UE) 2017/818 del Consejo, de 11 de mayo de 2017, por la que se establece una Recomendación para prorrogar la realización de controles temporales en las fronteras interiores en circunstancias excepcionales que pongan en peligro el funcionamiento global del espacio Schengen (DO L 122, 13.5.2017, p. 73-75).

y defensa. La confluencia entre las dimensiones interna y externa se manifestó con especial incidencia en aras a la preservación de la seguridad.

2. Las respuestas a la "crisis": contención, inmovilidad y expulsión

Frente al elevado número de cruces irregulares en las fronteras exteriores, los Estados miembros y las instituciones europeas implementaron una serie de medidas políticas y legislativas a la luz de las prioridades señaladas por la Comisión Europea en la Agenda de Migración de mayo de 2015[46], con el objetivo de cumplir con la función de control y clasificación de las personas que intentaban ingresar al territorio de la Unión. Las estrategias pueden resumirse en una mayor externalización del control migratorio, la limitación de la libertad de circulación de los migrantes en espacios de fronteras mediante la instalación de centros de primera acogida e identificación, la reubicación de aquellos solicitantes de asilo con mayores probabilidades de reconocimiento, y la devolución de aquellos clasificados como migrantes irregulares.

Tales estrategias responden a los tres ejes principales sobre los que se asienta la Agenda de Migración de 2015: el reforzamiento de la cooperación con terceros países de origen y de tránsito, la devolución de los migrantes que no tengan derecho a permanecer en el territorio, y la reubicación de los solicitantes de protección internacional cuyo procedimiento sea formalmente admitido como medida paliativa en beneficio de los Estados miembros con mayor presión migratoria. En la práctica, ante la situación de crisis en las fronteras exteriores, los dos últimos ejes de la Agenda se materializaron en la instalación de

---

[46] Comisión Europea, Comunicación de la Comisión al Parlamento Europeo, al Consejo, al Comité Económico y Social Europeo y al Comité de las Regiones. Una Agenda Europea de Migración, Bruselas, 13.5.2015 COM(2015) 240 final.

"hotspots" en Grecia e Italia y la implementación de un mecanismo de reubicación hacia el resto de Estados miembros. Estas dos medidas presentan una estrecha relación operativa (Guild, Costello y Moreno-Lax, 2017: 45), teniendo en cuenta que una de las funciones de los hotspots es facilitar la aplicación del mecanismo de reubicación de aquellas personas que, tras su identificación y control en Italia y Grecia, sean elegibles como solicitantes de asilo y reúnan las circunstancias de aplicación del mecanismo de reubicación.

A continuación, el análisis se centra sobre dos de las estrategias mencionadas: el mecanismo de reubicación de determinadas solicitantes de asilo entre los Estados miembros como medida a favor de Grecia e Italia, y la implementación del sistema de hotspots como germen de un nuevo régimen fronterizo europeo (Vradis et al., 2019) y su implementación desde 2015 en territorios fronterizos de los Estados heleno e italiano. La especial atención en el análisis de ambas medidas guarda relación con su carácter de mecanismos de inmovilidad, categorización y expulsión de las personas en las fronteras. Tal naturaleza, como se analizará más adelante, refleja la introducción de elementos propios del proceso de criminalización de la migración irregular. Por otro lado, en el capítulo relativo al marco teórico y político, analizaremos la estrategia referente a la externalización del control migratorio por parte de la UE y los Estados miembros hacia terceros países, en cuanto representa una tendencia política en la gobernanza de las migraciones impulsada por las dinámicas de securitización.

2.1. El mecanismo de reubicación

La primera respuesta de la Comisión Europea ante la "crisis" se dio en septiembre de 2015, y consistió en la propuesta de un mecanismo temporal de reubicación entre los Estados miembros. Con base en el artículo 78.3 TFUE, la Comisión propuso la reubicación como una medida de excepción a las normas del Reglamento de Dublín III por el que se determina el Estado miembro responsable del examen de una solicitud de asilo[47]. El Consejo aprobó dos Decisiones para la implementación de un mecanismo provisional en favor de Italia y Grecia para el reparto de determinadas cuotas de solicitantes de protección internacional entre los Estados miembros[48]. La adopción del mecanismo fue motivo de división en el seno del Consejo y fue alcanzada por mayoría, con el rechazo de Eslovaquia, Hungría, República Checa y Rumania.

El plan de reubicación se implementaría durante un período de dos años y alcanzaría a 160.000 solicitantes de asilo llegados a Grecia e Italia después del 15 de abril de 2015 (40.000 según la primera Decisión, 120.000 según la segunda Decisión). Únicamente serían reubicadas aquellas personas cuyas nacionalidades hubieran alcanzado el 75% de concesiones del estatuto de refugiado en los Estados miembros según datos de Eurostat. De este modo, el sistema de reubicación se dirigía a facilitar el acceso a la protección internacional, pero condicionado a un criterio objetivo sobre la vulnerabilidad en función de la nacionalidad (Tazzioli y Garelli, 2020: 1019). Debido a ello, algunas organizaciones denunciaron que los beneficios del mecanismo de reubicación quedaban limitados en la práctica a personas nacionales de Siria, Eritrea, Yemen o de otros países que no solían emprender la ruta migratoria hacia Italia o Grecia, quedando fuera otros que no cumplían el requisito de la tasa de reconocimiento de protección, como Afganistán, Irak, Sudán o Nigeria[49]. En definitiva, la crítica apuntaba a que el sistema

---

47 Reglamento (UE) 604/2013, op. cit.

48 Decisión (UE) 2015/1523 del Consejo, de 14 de septiembre de 2015, relativa al establecimiento de medidas provisionales en el ámbito de la protección internacional en favor de Italia y Grecia (DO L 239, 15.9.2015, p. 146-156); Decisión (UE) 2015/1601 del Consejo, de 22 de septiembre de 2015, por la que se establecen medidas provisionales en el ámbito de la protección internacional en beneficio de Italia y Grecia (DO L 248, 24.9.2015, p. 80-94).

49 Eldiario.es, 25.9.2017, "España, entre los Estados que más han incumplido su cuota de refugiados junto a los países del Este". Disponible

de determinación de responsabilidad en el mecanismo de reubicación estaba orientado principalmente a evitar los "movimientos secundarios" y no a garantizar una mejor protección.

En principio, el mecanismo de reubicación era de obligado cumplimiento por parte de todos los Estados miembros. Estos únicamente podían rehusar la reubicación de un solicitante de asilo[50] cuando existieran motivos razonables para considerar que constituiría un peligro para la seguridad nacional o el orden público o que se pudieran aplicar las disposiciones de exclusión establecidas en los artículos 12 y 17 de la Directiva 2011/95/UE[51]. La segunda Decisión del Consejo introdujo los criterios de reparto en función de factores que facilitaran la absorción e integración de los solicitantes de asilo en el Estado miembro: el tamaño de la población (40%), el producto interior bruto (40%), el promedio de solicitudes de asilo y el número de refugiados reasentados por cada millón de habitantes en el período 2010-2014 (10%), y la tasa de desempleo (10%).

A pesar del carácter vinculante del sistema de reubicación conforme el art. 78.3 del TFUE, diferentes motivos condujeron a una deficiente implementación del reparto de responsabilidades entre los Estados miembros. Del total previsto de 160.000, se reubicó a 29.401 solicitantes de asilo, esto es un 30% del número acordado en el Consejo (Šelo Šabić, 2017: 6). La falta de voluntad política de los Estados miembros en garantizar el funcionamiento y objetivo del sistema de reparto quedó demostrada en

---

en: https://www.eldiario.es/desalambre/espana-incumplido-cuota-refugiados-paises_1_3168858.html

50 Según lo dispuesto en el art. 5.7 de la Decisión UE 2015/1601, op. cit.

51 Directiva 2011/95/UE del Parlamento Europeo y del Consejo, de 13 de diciembre de 2011, por la que se establecen normas relativas a los requisitos para el reconocimiento de nacionales de terceros países o apátridas como beneficiarios de protección internacional, a un estatuto uniforme para los refugiados o para las personas con derecho a protección subsidiaria y al contenido de la protección concedida (refundición) (DO L 337, 20.12.2011, p. 9-26).

el incumplimiento de las cuotas asignadas. En primer lugar, los Estados que manifestaron su rechazo a la adopción de la medida optaron por incumplir por completo el acuerdo. Hungría y Eslovaquia recurrieron ante el TJUE la decisión del Consejo europeo sobre las reubicaciones, y Polonia suspendió su participación en el mecanismo de reparto tras los atentados terroristas ocurridos en París el 13 de noviembre de 2015. En la resolución de las impugnaciones esgrimidas por Hungría y Eslovaquia, el TJUE sostuvo que las Decisiones del Consejo establecían un mecanismo imperativo para todos los Estados miembros, cuyo incumplimiento constituía una infracción del Derecho de la Unión[52]. Con posterioridad, en abril de 2020 el TJUE resolvió los recursos por incumplimiento presentados por la Comisión Europea contra Polonia, Hungría y República Checa, condenando a los tres Estados por no acatar las obligaciones del mecanismo reparto[53].

El acuerdo no sólo fue incumplido por los Estados del Grupo de Visegrado que desde un primer momento habían manifestado su rechazo a la medida. Entre los demás, Malta fue el único en dar cumplimiento a la cuota de 137 solicitantes de asilo que le fue asignada. Por su parte, España, que en el Consejo había manifestado su consentimiento al sistema de reparto, recibió el 11% (1.910) de la cuota de solicitantes de asilo que le correspondía (un total de 17.313), presentando uno de los índices más bajos de cumplimiento.

---

52 Sentencia del Tribunal de Justicia (Gran Sala) de 6 de septiembre de 2017, *República Eslovaca y Hungría contra Consejo de la Unión Europea* (ECLI:EU:C:2017:631).

53 Sentencia del Tribunal de Justicia (Sala Tercera) de 2 de abril de 2020, *Comisión Europea contra República de Polonia y otros* (ECLI:EU:C:2020:257).

Country	Commitment Legally Foreseen*	Places Formally Pledged**	Number of Relocated Refugees	Percentage of relocated persons in relation to legally foreseen
Austria	1953	50	15	0,8%
Belgium	3812	1530	997	26,2%
Bulgaria	1302	1070	50	3,8%
Croatia	968	316	78	8,1%
Cyprus	320	205	143	44,7%
Czech Republic	2691	50	12	0,4%
Denmark	0	0	0	
Estonia	329	396	141	42,9%
Finland	2078	2128	1975	95,0%
France	19714	6940	4468	22,7%
Germany	27536	13250	8479	30,8%
Greece	0	0	0	
Hungary	1294	0	0	0,0%
Ireland	600	1152	552	92,0%
Italy	0	0	0	
Latvia	481	627	321	66,7%
Lithuania	671	1160	382	56,9%
Luxembourg	557	545	430	77,2%
Malta	131	205	148	113,0%
Netherlands	5947	2825	2442	41,1%
Poland	6182	100	0	0,0%
Portugal	2951	3218	1496	50,7%
Romania	4180	2182	728	17,4%
Slovakia	902	60	16	1,8%
Slovenia	567	579	217	38,3%
Spain	9323	2500	1279	13,7%
Sweden	3766	3777	2276	60,4%
United Kingdom	0	0	0	
Norway	0	1500	1509	
Switzerland	0	1530	1237	
Lichtenstein	0	10	10	
Total	**98255**	**47905**	**29401**	**29,9%*** **

Tabla 3. Porcentaje de solicitantes de asilo recibidos por cada Estado sobre las cuotas comprometidas en el mecanismo de reubicación en favor de Italia y Grecia. Fuente: Šelo Šabić (2017: 6).

Por otro lado, el fracaso del sistema de reubicación se atribuyó a su carácter coercitivo, desvinculado del consentimiento, las necesidades o las preferencias de los solicitantes de asilo afectados, así como también a la falta de consideración sobre las desigualdades y diferencias entre los sistemas nacionales de asilo y las condiciones de acogida a nivel interno entre los Estados miembros (Den Heijer, Rijpma and Spijkerboer, 2016: 628). En contra de su objetivo formal de servir como mecanismo de distribución solidaria de responsabilidades, el sistema de reubicación reforzó el rol de Grecia e Italia como espacios fronterizos de contención (Tazzioli y Garrelli, 2020: 1120), como quedó demostrado con la implementación y el funcionamiento real del sistema de hotspots que se analiza en el siguiente apartado.

Finalmente, a pesar de las reticencias políticas y la inoperatividad del sistema de reparto provisional, la Comisión Europea insistió en la implementación de un mecanismo de reubicación en la propuesta de reforma del SECA presentada en 2016[54]. En particular, la propuesta de reforma del Reglamento de Dublín III presentada el 4 de mayo de 2016 preveía un sistema de reubicación, definido como un "mecanismo de asignación correctora de activación automática" o "mecanismo corrector solidario"[55]. El objetivo de esta reforma consistía en distribuir de manera más equitativa las responsabilidades derivadas de las solicitudes de asilo y garantizar una tramitación más eficaz. La reubicación tendría lugar de manera automática cuando el Estado recibiera un 150% de su cuota asimilable de solicitudes de asilo. Sin embargo, la propuesta no prosperó.

---

54 Comisión Europea, Hacia una reforma del Sistema Europeo Común de Asilo y una mejora de las vías legales a Europa, COM (2016) 197 final, 6.4.2016.

55 Comisión Europea, Propuesta de Reglamento del Parlamento Europeo y del Consejo por el que se establecen los criterios y mecanismos de determinación del Estado miembro responsable del examen de una solicitud de protección internacional presentada en uno de los Estados miembros por un nacional de un tercer país o un apátrida (texto refundido), COM (2016) 270 final, pp. 4 y 14.

Como se analiza más adelante, el Pacto Europeo de Migración y Asilo[56], presentado por la Comisión en septiembre de 2020, reformula el mecanismo de solidaridad y presenta la propuesta de un sistema permanente de distribución de responsabilidades, en el que los Estados pueden optar por la reubicación, el patrocinio de los retornos de migrantes irregulares, el apoyo operativo y de desarrollo de capacidades en materia de asilo, acogida y retorno, o la cooperación con terceros países.

2.2. El sistema de hotspots

Ante la necesidad de asistir a los Estados con una presión migratoria extraordinaria en las tareas de control y clasificación de los flujos migratorios mixtos, la Comisión Europea implementó el llamado enfoque de "hotspots" o "puntos críticos" (*hotspots approach*) en la citada Agenda Europea de Migración de 2015. El sistema consiste en el despliegue de un conjunto coordinado de operaciones de diferentes agencias europeas, dirigidas a prestar asistencia a las autoridades nacionales en las tareas de identificación, registro y selección de personas solicitantes de protección internacional en las fronteras exteriores de la Unión. El sistema se implantó como un mecanismo de responsabilidad colectiva entre la UE y todos los Estados miembros que dio lugar a una nueva práctica fronteriza en la UE (Vradis et al. 2019).

Como explica Fernández Rojo, los hotspots pueden ser definidos como "áreas geográficas sujetas a flujos migratorios mixtos repentinos, específicos y excepcionales que los sistemas nacionales de frontera y asilo no pueden procesar de manera efectiva" (2018: 1025). La implementación de estas áreas depende del previo requerimiento realizado por el Estado miembro, y en ellas tienen

---

56 Comisión Europea, Comunicación de la Comisión al Parlamento Europeo, al Consejo, al Comité Económico y Social Europeo y al Comité de las Regiones, relativa al Nuevo Pacto sobre Migración y Asilo (COM/2020/609 final).

lugar las tareas de identificación, registro, reubicación o retorno, desarrolladas por las autoridades nacionales con la cooperación de las agencias europeas a fin de gestionar de manera eficaz la llegada de flujos migratorios mixtos. En palabras de Tsourdi, el sistema de colaboración y coordinación entre agencias y autoridades nacionales da lugar a una suerte de "administración europea integrada" (2016b: 1015; 2017), que constituye una novedad significativa en la política común de asilo.

La Agenda de Migración de 2015 no contiene una definición de "hotspot" pero hace referencia a los diferentes procedimientos que tienen lugar en ellos mediante la actuación integrada de las principales agencias europeas en materia de fronteras, asilo y seguridad:

> "En primer lugar, la Comisión implantará un nuevo enfoque de «puntos críticos», en los que la Oficina Europea de Apoyo al Asilo (OEAA), Frontex y Europol trabajarán sobre el terreno con los Estados miembros situados en primera línea para proceder rápidamente a la identificación, el registro y la toma de huellas dactilares de los migrantes. Los trabajos de las agencias se complementarán mutuamente. Los solicitantes de asilo serán inmediatamente canalizados a un procedimiento de asilo en el que los equipos de apoyo de la OEAA ayudarán a tramitar lo más rápidamente posible los casos de asilo. Para las personas que no necesitan protección, Frontex ayudará a los Estados miembros coordinando el retorno de los migrantes irregulares. Europol y Eurojust ayudarán al Estado miembro de acogida en sus investigaciones con vistas al desmantelamiento de las redes de tráfico y trata de seres humanos."[57]

Según una nota informativa del comisario europeo de Migración Dimitris Avramopoulos, remitida al Consejo de Justicia y Asuntos de Interior con fecha 15 de julio de 2015, un hotspot "se caracteriza por la irrupción de flujos migratorios mixtos que provocan una presión migratoria específica y desproporcionada, estrechamente vinculada al tráfico ilícito de migrantes, ante lo

---

[57] Comisión Europea, Una Agenda Europea de Migración, op. cit., p. 7.

cual los Estados miembros afectados pueden requerir apoyo y asistencia para su gestión"[58].

A partir de 2015, la mayoría de los hotspots fueron instalados en islas italianas y griegas sobre el mar Mediterráneo, que presentaban un elevado número de llegadas (ECRE, 2016), en consonancia con la tendencia a utilizar las islas como espacios de control migratorio (Mountz, 2011). Se proyectó el establecimiento de once hotspots en Italia y Grecia[59], de los cuales a finales de 2021 se encontraban operativos cinco en Grecia (Lesvos, Chios, Samos, Leros y Kos)[60] y cuatro en Italia (en Apulia –Taranto–, y Sicilia –Lampedusa, Pozzallo y Messina–)[61]. El objetivo de esta política es prestar asistencia en las tareas de identificación y examen de la solicitud de asilo. Según el resultado de este

---

58 Comisario Europeo de Migración, Asuntos Internos y Ciudadanía, *Explanatory note on the "Hotspot" approach*, 15.07.2015, p. 3, traducción propia: "A 'Hotspot' is characterized by specific and disproportionate migratory pressure, consisting of mixed migratory flows, which are largely linked to the smuggling of migrants, and where the Member State concerned might request support and assistance to better cope with the migratory pressure". Disponible en: https://www.statewatch.org/media/documents/news/2015/jul/eu-com-hotsposts.pdf.

59 Grecia identificó como hotspots a las islas de Lesbos, Chios, Samos, Leros y Kos, e Italia lo hizo con las zonas de Augusta, Lampedusa, Porto Empedocle, Pozzallo, Taranto y Trapani: European Commission, Factsheet "The hotspot approach to managing exceptional migratory flows", 8.9.2015, disponible en: https://ec.europa.eu/home-affairs/sites/default/files/what-we-do/policies/european-agenda-migration/background-information/docs/2_hotspots_en.pdf; Comunicación de la Comisión al Parlamento Europeo, el Consejo Europeo y el Consejo. Gestión de la crisis de los refugiados: estado de ejecución de las acciones prioritarias con arreglo a la Agenda Europea de Migración, Bruselas, 14.10.2015 COM(2015) 510 final.

60 ECRE - European Council of Refugees and Exiles, *Asylum Information Database (AIDA), Country Report: Greece.* Disponible en: https://asylumineurope.org/reports/country/greece/

61 ECRE - European Council of Refugees and Exiles, *Asylum Information Database (AIDA), Country Report: Italy.* Disponible en: https://asylumineurope.org/reports/country/italy/

examen, se activan los mecanismos de reubicación de solicitantes de protección internacional o de deportación de quienes no tienen derecho a permanecer en el territorio.

En los hotspots, la ayuda a los Estados miembros se canaliza mediante operaciones conjuntas de las agencias de Frontex, Europol y la nueva Agencia de la Unión Europea para el Asilo (European Union Agency for Asylum –EUAA–)[62]. La coordinación se realiza en cada Estado miembro por un Grupo Operativo Regional de la Unión Europea (European Union Regional Task Force -EURTF-), presidido por la Comisión Europea. Entre las diferentes agencias, Frontex desempeña un papel predominante, mientras que EASO tiene un papel secundario, lo que evidencia la prioridad del control fronterizo y migratorio sobre las obligaciones de protección internacional (Rijpma, 2016: 19; Santos Vara, 2018: 161; Fernández Rojo, 2018: 1028 y 1042). Asimismo, la preeminencia de Frontex contradice el concepto de hotspost como un enfoque de convergencia de múltiples actores y agencias europeas (Den Heijer, Rijpma y Spijkerboer, 2016: 628).

En primer lugar, Frontex asiste en las tareas de identificación, determinación de la nacionalidad, toma de huellas dactilares y su registro en el sistema EURODAC, en la recolección de datos de inteligencia sobre las redes de tráfico ilícito de migrantes, y en las operaciones de retorno de aquellos que no puedan permanecer en la UE y deben ser expulsados[63]. En segundo lugar, EASO asiste en el registro y examen de las solicitudes de asilo, y en la canalización de los solicitantes hacia el procedimiento de asilo, reubica-

---

62 Reglamento (UE) 2021/2303 del Parlamento Europeo y del Consejo de 15 de diciembre de 2021 relativo a la Agencia de Asilo de la Unión Europea y por el que se deroga el Reglamento (UE) 439/2010 (PE/61/2021/REV/1) (DO L 468, 30.12.2021, p. 1-54). El 19 de enero de 2022 la EUAA reemplazó a la Oficina Europea de Apoyo al Asilo (EASO, por sus siglas en inglés).

63 Las tareas de Frontex se enmarcan en el artículo 40 del Reglamento 2019/1896, op. cit., que regula el despliegue de equipos de apoyo a la gestión de la migración en los hotspots.

ción o protección internacional. En tercer lugar, Europol reúne la información sobre redes de tráfico y ordena las investigaciones correspondientes.

La toma de huellas dactilares es considerada un paso fundamental en el proceso de identificación y registro, tanto a efectos del proceso de acogida como en el eventual procedimiento de asilo, ya que de ese modo el sistema EURODAC permite determinar el Estado de primera entrada. Asimismo, resulta clave a efectos del retorno de migrantes irregulares, como lo sostuvo la Comisión Europea en su Recomendación de 2017 sobre efectividad del retorno[64]. Al respecto, la Comisión dispone que la negativa a la toma de huellas dactilares debe considerarse como un supuesto de riesgo de fuga que habilita al internamiento[65]. Posteriormente, la clasificación inicial a efectos de la elegibilidad para la protección internacional se realiza en primer lugar con motivo de la nacionalidad, sin considerar en ese momento las circunstancias personales, lo que podría entrar en contradicción con la prohibición de discriminación por motivo del país de origen contemplada en el artículo 3 de la Convención de Ginebra de 1951.

Teniendo en cuenta su función de control en las fronteras exteriores, los hotspots configuran una especie de espacio de tránsito institucionalizado, que debido a la alta presión migratoria y las demoras en los procedimientos se han convertido de facto en centros de detención y deportación (Garelli y Tazzioli, 2016, Tazzioli 2016, Dimitriadi 2017). En los hotspots de Italia y Grecia, las diferencias legales entre privación y restricciones a la libertad de circulación se encuentran difuminadas, de tal modo que en la práctica ambas formas pueden tener lugar dentro de un mismo centro y dependiendo de cada persona o, incluso, una misma persona puede experimentar sendas medidas a lo largo del procedimiento (Majcher, 2018).

---

64 Comisión Europea, Recomendación (UE) 2017/432, de 7 de marzo de 2017, sobre la manera de lograr que los retornos sean más eficaces al aplicar la Directiva 2008/115/CE del Parlamento Europeo y del Consejo (C/2017/1600) (DO L 66, 11.3.2017, p. 15-21).

65 Ibidem, apartado 15.1.

Según Ansems de Vries, Guild y Carrera (2016: 4), la realidad y las prácticas que tienen lugar en estos espacios en Italia y Grecia los han convertido cada vez más en zonas de bloqueo migratorio, centrados en la detención y devolución.

En esta línea, Ansems de Vries y Guild (2018: 2163) sostienen que los hotspots se caracterizan por situaciones de violencia y vulneraciones de derechos que dan lugar a lo que las autoras denominan como "políticas de exhausto" (*politics of exhaustation*). Por tal, las autoras entienden "una forma de violencia estructural que impacta y se intensifica a lo largo del tiempo sobre aquellas personas que son conducidas y retenidas en esta suerte de espacios de tránsito institucionalizados e informales, y que incluyen también otras formas de violencia cotidiana y directa" (Ansems de Vries y Guild, 2018: 2163)[66].

Según la legislación griega, la restricción de libertad de los migrantes en los centros de identificación puede extenderse hasta un período de 25 días[67]. Múltiples denuncias se han dirigido hacia los hotspots activos en Italia y Grecia, con motivo de los plazos prolongados de permanencia, las condiciones de vida en los centros y la ausencia de un régimen legal que ofrezca garantías de protección a los derechos en los procedimientos de migración y asilo (ECRE, 2016; Amnesty International, 2016; Oxfam, 2016; Human Rights Watch, 2016)[68]. En especial, tras la firma de la De-

---

66 Traducción propia: "The politics of exhaustion can thus be understood as a form of structural violence that impacts and intensifies over time as people continue to be pushed across and held up in a range of institutionalised and informal spaces of transit, and which also includes forms of direct, daily violence" (Ansems de Vries y Guild, 2018: 2163).

67 Ley 4375/2016, art. 14 (véase: *Greece: Law No. 4375 of 2016 on the organization and operation of the Asylum Service, the Appeals Authority, the Reception and Identification Service, the establishment of the General Secretariat for Reception, the transposition into Greek legislation of the provisions of Directive 2013/32/EC,* 3.4.2016, disponible en: https://www.refworld.org/docid/573ad4cb4.html).

68 Véase también: *Report of the Special Rapporteur on the human rights of migrants on his mission to Greece,* 24/4/2015, A/HRC/35/25/Add.2, disponible en:

claración UE-Turquía[69], los hotspots de Grecia que inicialmente eran centros abiertos pasaron a ser centros de detención dirigidos a garantizar el cumplimiento del acuerdo en materia de devoluciones de migrantes a Turquía (European Parliament, 2016: 9; Tazzioli, 2016).

A pesar de la importancia atribuida a los hotspots para la gestión eficaz de la presión migratoria, el sistema no cuenta con una base normativa específica que regule su instalación y funcionamiento. Su implementación en 2015 en Italia y Grecia se realizó según las previsiones contenidas en la Agenda Europea de Migración como propuestas presentadas ese mismo año por la Comisión. La ausencia de una regulación clara y precisa podría estar relacionada con el carácter excepcional y urgente con que se abordaron posteriormente las situaciones de presión migratoria en Italia y Grecia.

En su comunicación relativa al cumplimiento de la Agenda Europea de Migración en 2017[70], la Comisión Europea reconoció que no existe un marco claro sobre las funciones y responsabilidades de las agencias europeas en los hotspots. Sin embargo, la Comisión no ha presentado una propuesta de regulación general, sino que ha implementado medidas flexibles y no vinculantes de

---

https://reliefweb.int/sites/reliefweb.int/files/resources/G1709841.pdf; ACNUR, 8/9/2017, "ACNUR insta a que se tomen medidas urgentes para mejorar las condiciones en las islas griegas", disponible en: https://www.acnur.org/noticias/briefing/2017/9/5af2c6fe10/www.html#_ga=2.77621970.732815385.1628088380-1352973626.1622550287; OHCHR, 2/8/2016, "Italy's migrant hotspot centres raise legal questions", disponible en: https://www.ohchr.org/EN/NewsEvents/Pages/LegalQuestionsOverHotspots.aspx

69 Consejo Europeo, Comunicado de prensa, Declaración UE-Turquía, 18.3.2016, disponible en: https://www.consilium.europa.eu/es/press/press-releases/2016/03/18/eu-turkey-statement/

70 Comunicación de la Comisión al Parlamento Europeo, al Consejo, al Comité Económico y Social Europeo y al Comité de las Regiones, relativa al cumplimiento de la Agenda Europea de Migración (COM/2017/0558 final).

acuerdo a las necesidades prácticas y operacionales (Fernández Rojo, 2018: 1028; Santos Vara, 2018: 161).

A pesar de la ausencia de una normativa específica y de la ambigüedad de la regulación jurídica vigente, el enfoque hotspots se ha normalizado de manera progresiva como una herramienta común para la gestión integrada de fronteras y el control migratorio (Majcher, 2018). En la Agenda Europea de Migración de 2015, la Comisión Europea recurre al artículo 78.3 TFUE para activar un mecanismo de intervención de emergencia. En igual sentido se pronuncian el Consejo en las dos Decisiones sobre reubicación, analizadas en el apartado anterior, con base además en el artículo 80 TFUE. Ambas disposiciones del TFUE establecen la posibilidad de que el Consejo, a propuesta de la Comisión y previa consulta al Parlamento, adopte medidas provisionales para asistir a un Estado miembro que enfrenta "una situación de emergencia caracterizada por la afluencia repentina de nacionales de terceros países" (art. 78.3 TFUE), de acuerdo al principio de solidaridad y de reparto equitativo de la responsabilidad entre los Estados miembros (art. 80 TFUE).

Con posterioridad a la implantación de urgencia en 2015, el mecanismo quedó consagrado en los Reglamentos de Frontex (desde 2016)[71] y la EUAA (desde 2021)[72], dos de las tres agencias cuyas funciones operan de manera conjunta en el sistema de hotspots. En cambio, el Reglamento de Europol[73], la tercera agencia llamada a actuar en el sistema de hotspots, no contiene previsiones específicas sobre las funciones que en ellos debe desplegar y se limita a señalar que la agencia tiene como cometido coordinar, organizar y ejecutar actuaciones de investigación y operativas para

---

71 Reglamento (UE) 2016/1624, op. cit.

72 Reglamento (UE) 2021/2303, op. cit.

73 Reglamento (UE) 2016/794 del Parlamento Europeo y del Consejo, de 11 de mayo de 2016, relativo a la Agencia de la Unión Europea para la Cooperación Policial (Europol) y por el que se sustituyen y derogan las Decisiones 2009/371/JAI, 2009/934/JAI, 2009/935/JAI, 2009/936/JAI y 2009/968/JAI del Consejo (DO L 135, 24.5.2016, p. 53-114).

respaldar y reforzar las actuaciones que lleven a cabo las autoridades competentes de los Estados miembros[74].

Los instrumentos que regulan el funcionamiento de Frontex y la EUAA[75] hacen una referencia general a las funciones de asistencia que ambas agencias prestan a los Estados miembros que presenten una alta presión migratoria y que requieran su apoyo. En cuanto a la regulación de Frontex, el Reglamento 2016/1624[76], posteriormente reemplazado por el Reglamento 2019/1896[77], introdujo la siguiente definición de "punto crítico" (hotspot):

"una zona establecida a petición del Estado miembro de acogida en la que el Estado miembro de acogida, la Comisión, los organismos de la Unión competentes y los Estados miembros participantes cooperan con el objeto de gestionar un reto migratorio desproporcionado, existente o potencial, caracterizado por un aumento significativo del número de migrantes que llegan a las fronteras exteriores" (Reglamento 2019/1896, art. 2.23).

En definitiva, como resultado de la "crisis", a partir de 2015 el sistema de hotspots se implantó como una nueva práctica de control fronterizo en la Unión (Vradis et al., 2019), que generó un espacio institucionalizado y al mismo tiempo informal de "administración europea integrada" en los ámbitos de fronteras, migración y asilo (Tsourdi, 2016b: 1015; 2017). Como señala Fernández Rojo (2018: 1046), el enfoque de hotspots

---

74 Reglamento (UE) 2016/794 del Parlamento Europeo y del Consejo, de 11 de mayo de 2016, relativo a la Agencia de la Unión Europea para la Cooperación Policial (Europol) y por el que se sustituyen y derogan las Decisiones 2009/371/JAI, 2009/934/JAI, 2009/935/JAI, 2009/936/JAI y 2009/968/JAI del Consejo (DO L 135, 24.5.2016, p. 53-114), art. 4.1.c.

75 Reglamento (UE) 2021/2303 del Parlamento Europeo y del Consejo de 15 de diciembre de 2021 relativo a la Agencia de Asilo de la Unión Europea y por el que se deroga el Reglamento (UE) no. 439/2010 (DO L 468, 30.12.2021, p. 1-54), arts. 16.2.1 y 21.

76 Reglamento (UE) 2016/1624, op. cit.

77 Reglamento (UE) 2019/1896, op. cit.

ha provocado una expansión de las funciones operativas de las agencias involucradas (Frontex, EASO y Europol) en áreas que con anterioridad y tradicionalmente eran de competencia exclusiva de los Estados. Una de las principales deficiencias del refuerzo de funciones operativas reside en la falta de disposiciones claras y específicas que regulen el funcionamiento de las agencias en la práctica, lo que incrementa la situación de anomia en los espacios fronterizos.

A pesar de las deficiencias de los hotspots, el llamado "Nuevo Pacto Europeo de Migración y Asilo", presentado por la Comisión Europea en septiembre de 2020, propone la introducción de procedimientos en frontera similares a los que tienen lugar en los hotspots. Como se analiza a continuación, entre otras medidas controvertidas, el Nuevo Pacto expande y normaliza la implementación del hotspot como un mecanismo de control migratorio sobre toda persona que cruce o haya cruzado irregularmente una frontera exterior.

3. A vueltas con las reformas: el "Nuevo Pacto Europeo de Migración y Asilo"

El desarrollo del SECA ha seguido diferentes fases. La primera tuvo lugar entre el Tratado de Ámsterdam de 1999, tras la atribución de competencias a la UE en materia de asilo, hasta 2005. La segunda fase finalizó en 2005 tras la reforma de los instrumentos legales que componen el SECA. Actualmente, al momento de la edición de esta obra, la tercera fase se encuentra aún en construcción y en debate, tras la presentación de dos propuestas de reformas legislativas presentadas por la Comisión Europea entre 2015 y 2020. Al respecto, se advierte que esta tercera fase está siendo la más complicada de alcanzar. Los motivos obedecen a varias causas: la mayor complejidad que ha adquirido el sistema a lo largo de su evolución hacia lo común; las mayores reticencias de los Estados miembros en atribuir mayores competencias a la Unión en materia de asilo; la centralidad y la naturaleza controvertida que ha adquirido el sistema de asilo tras la crisis de refugiados en 2015.

En efecto, el primer avance hacia la tercera fase tuvo lugar tras el aumento exponencial de llegadas irregulares en 2015. Con motivo de la crisis, la Comisión Europea desplegó una serie de propuestas de reformas del SECA. Sin embargo, las diferentes posturas de los Estados miembros con relación a la recepción de refugiados en sus respectivos territorios condujeron al estancamiento de las negociaciones. Como se explicó anteriormente, tales resistencias son evidentes al analizar los resultados de las cuotas asignadas en el mecanismo de reubicación, así como los recursos presentados ante el TJUE por parte de Polonia, Hungría y la República Checa contra el carácter obligatorio de ese sistema[78]. Como corolario del fracaso del sistema de solidaridad, varios Estados miembros reestablecieron los controles en sus fronteras interiores. Fueron los casos de Francia, Austria, Alemania, Dinamarca. Esta reintroducción de los controles no puede separarse del fracaso de la reubicación de los solicitantes de asilo en 2016 (Guild, 2021: 29), lo que demuestra la estrecha vinculación entre la política de fronteras y la política de asilo.

En cualquier caso, la crisis de refugiados de 2015 evidenció la necesidad de reformar el SECA y adaptarlo a la realidad de las numerosas llegadas marítimas irregulares, que afectaban principalmente a los Estados periféricos. En consecuencia, a partir de 2016 las medidas propuestas se centraron en la obligación de solidaridad entre los Estados miembros, según lo dispuesto en el artículo 80 del TFUE. En este contexto, la "crisis" fue el desencadenante y, al mismo tiempo, el freno a las reformas de la tercera fase del SECA.

---

[78] TJUE, sentencia de 2 de abril de 2020, Comisión c. Polonia, República Checa y Hungría, asuntos acumulados C-715/17, C-718/17 y C-719/17 (EU:C:2020:257).

El fracaso de las negociaciones sobre los mecanismos de solidaridad entre los Estados miembros condujo a redoblar la apuesta por la cooperación con terceros países. En otras palabras, una vez más la balanza política se inclinó hacia la externalización del control fronterizo y migratorio, principalmente hacia países vecinos. En marzo de 2016 el Consejo Europeo dio a conocer en un comunicado de prensa la Declaración UE-Turquía[79] que, con otro nombre, refleja un acuerdo de control de migrantes y de reparto de refugiados. Ante las deficiencias de la dimensión interna, se apostó nuevamente por la contención de los migrantes en los países de tránsito y la prevención de su llegada. Más allá del reforzamiento de la dimensión externa y la externalización del control, que se analizan más adelante, baste señalar aquí que la "crisis" confirmó una vez más la estrecha relación entre las políticas de fronteras, migración y asilo. El fracaso de las medidas propuestas por la Comisión en 2016, centradas en mejorar los mecanismos de solidaridad en materia de asilo entre Estados miembros, implicó el cierre de fronteras interiores y la externalización del control fronterizo y migratorio hacia terceros países.

Frente a este panorama, en septiembre de 2020 la Comisión Europea presentó el llamado "Nuevo Pacto Europeo de Migración y Asilo"[80], compuesto por un paquete de medidas de reforma. La iniciativa representó un abordaje más amplio e integral, comprensivo de las políticas de fronteras, migración y asilo. Ahora bien, las diferentes medidas se centran principalmente en las fronteras y en su vinculación con el sistema de asilo. Al respecto, Churruca Muguruza explica que "el Pacto, más que un pacto sobre migración y asilo, es un pacto sobre control de fronteras" (2021: 41). Asimismo, debido a la incidencia de las propuestas de reforma en materia fronteriza, la Comisión Europea presentó

---

79 Consejo Europeo, Comunicado de prensa, Declaración UE-Turquía, op. cit.

80 Comisión Europea, Comunicación relativa al Nuevo Pacto sobre Migración y Asilo, op. cit.

también una serie de enmiendas al Código de Fronteras Schengen[81]. Como explica Guild (2021: 30), uno de los objetivos principales del Nuevo Pacto consiste en vincular las solicitudes de asilo a los procedimientos de las fronteras exteriores. Por otro lado, los avances en el ámbito de migración resultan superfluos en lo que se refiere a vías regulares de entrada y de permanencia en el territorio de los Estados miembros.

El Nuevo Pacto Europeo sobre Migración y Asilo incluye cinco propuestas legislativas, que, al momento de la edición de este trabajo, se encuentran aún en negociación:

- Propuesta de Reglamento sobre la gestión del asilo y la migración[82].
- Propuesta de Reglamento por el que se introduce un control de los nacionales de terceros países en las fronteras exteriores[83].
- Propuesta de Reglamento por el que se establece un procedimiento común de protección internacional en la Unión[84].

---

81 Comisión Europea, Propuesta de Reglamento del Parlamento Europeo y del Consejo por el que se modifica el Reglamento (UE) 2016/399 por el que se establece un Código de normas de la Unión para el cruce de personas por las fronteras, 14.12.2021, COM(2021) 891 final 2021/0428 (COD).

82 Comisión Europea, Propuesta de Reglamento del Parlamento Europeo y del Consejo sobre la gestión del asilo y la migración y por el que se modifica la Directiva 2003/109/CE del Consejo y la propuesta de Reglamento (UE) XXX/XXX [Fondo de Asilo y Migración] (COM/2020/610 final).

83 Comisión Europea, Propuesta de Reglamento del Parlamento Europeo y del Consejo por el que se introduce un control de nacionales de terceros países en las fronteras exteriores y se modifican los Reglamentos (CE) nº 767/2008, (UE) 2017/2226, (UE) 2018/1240 y (UE) 2019/817 (COM/2020/612 final).

84 Comisión Europea, Propuesta modificada de Reglamento del Parlamento Europeo y del Consejo por el que se establece un procedimiento

- Propuesta de Reglamento sobre situaciones de crisis y fuerza mayor[85].
- Propuesta modificada de Reglamento sobre la creación de "EURODAC"[86].

A continuación, el análisis se centra en las medidas que impactan especialmente en las personas solicitantes de asilo en las fronteras exteriores: por un lado, el procedimiento de control previo de entrada (*screening*) y los procedimientos rápidos de asilo y retorno; por otro, el mecanismo obligatorio y flexible de solidaridad entre Estados miembros para la distribución de responsabilidades.

En primer lugar, la estrecha relación entre las política de asilo y fronteras en el Pacto se materializa en tres medidas: 1) la introducción del procedimiento de "*screening*" o pre-examen, para un control previo de admisibilidad sobre la entrada y la tramitación de la solicitud de asilo; 2) la extensión de los procedimientos fronterizos más allá de las fronteras exteriores, de tal modo que se puedan realizar incluso en el interior del territorio, siempre que el Estado pueda alegar que la persona entró irregularmente por una frontera exterior; 3) la expulsión inmediata de toda persona

---

común en materia de protección internacional en la Unión y se deroga la Directiva 2013/32/UE (COM/2020/611 final).

85 Comisión Europea, Propuesta de Reglamento del Parlamento Europeo y del Consejo relativo a las situaciones de crisis y de fuerza mayor en el ámbito de la migración y el asilo (COM/2020/613 final).

86 Comisión Europea, Propuesta modificada de Reglamento del Parlamento Europeo y del Consejo relativo a la creación del sistema «Eurodac» para la comparación de datos biométricos para la aplicación efectiva del Reglamento (UE) XXX/XXX [Reglamento sobre la gestión del asilo y la migración] y del Reglamento (UE) XXX/XXX [Reglamento sobre el Marco de Reasentamiento], para la identificación de un nacional de un tercer país o un apátrida en situación irregular, y a las solicitudes de comparación con los datos de Eurodac presentadas por los servicios de seguridad de los Estados miembros y Europol a efectos de aplicación de la ley, y por el que se modifican los Reglamentos (UE) 2018/1240 y (UE) 2019/818 (COM/2020/614 final).

que no tenga derecho a acceder o cuya solicitud de asilo sea rechazada en el pre-examen u otro procedimiento fronterizo.

En la Propuesta de Reglamento sobre control en las fronteras exteriores, la Comisión propone establecer un "procedimiento *fluido* en la frontera, aplicable a todos los ciudadanos de terceros países que circulen sin autorización"[87]. Se trata de un mecanismo que no es realmente "nuevo" en la política de migración, ya que replica el modelo de los hotspots (Jakulevičienė, 2022: 83). Según Campesi, se trata de "vino viejo en botella nueva" (Campesi, 2021)[88]. La diferencia es que normaliza y extiende el hotspot sin limitarlo a situaciones de afluencia masiva por mar ni a la cooperación con los Estados ribereños del Mediterráneo.

Las novedades del Pacto en el diseño de estos procedimientos fronterizos se resumen en dos puntos principales. Por un lado, el conjunto de procedimientos fronterizos (control previo de entrada, asilo y retorno) se desarrollan bajo la ficción de no entrada al territorio. En este sentido, Abrisketa Uriarte (2021a: 315) advierte que el texto de la propuesta no aclara en qué lugar se lleva exactamente el control, lo que es causa de inseguridad jurídica. Por otro, el solicitante de asilo interceptado en la frontera exterior no es transferido directamente al sistema de protección internacional. Conforme a las últimas propuestas de la Comisión, el solicitante de asilo es sometido a un procedimiento previo de identificación y a controles sanitarios y de seguridad, durante el cual podrá formalizar la solicitud de asilo. Posteriormente, se le transfiere a uno de los tres procedimientos: el procedimiento de asilo ordinario para los "auténticos" solicitantes de asilo, un procedimiento fronterizo acelerado para los inmigrantes irregulares "sospechosos" y un procedimiento de retorno para aquellos cuya solicitud ha sido denegada.

---

87 Comisión Europea, Comunicación relativa al Nuevo Pacto sobre Migración y Asilo, op. cit., punto 2.1, p. 4.

88 Campesi (2021): "Old wine in a new bottle" (traducción propia).

Según la versión original de la propuesta de screening presentada por la Comisión, el procedimiento se aplicaría a todo nacional de un tercer país que haya ingresado de forma irregular, ya sea que se encuentre en la frontera, en zonas de tránsito o incluso en el territorio de un Estado miembro. Así, el control fronterizo y la ficción de no entrada se extendería incluso más allá de la frontera exterior. Podría ser aplicado dentro del territorio sobre nacionales de terceros países en situación irregular, cuando existan indicios de que han eludido los controles de frontera y de entrada. Como sostiene Guild (2021: 32), "[e] l solicitante de asilo llevará a sus espaldas la frontera exterior de la UE incluso cuando se encuentre en el corazón de la UE". La propuesta no fija un plazo determinado de permanencia irregular, por lo que la persona podría encontrarse hace años en tal situación y aun así considerarse que nunca ha ingresado a la UE. Al respecto, la Comisión no incluye excepciones basadas, por ejemplo, en el arraigo que pueda tener la persona. Esta circunstancia confirma que en la propuesta del Pacto prima el objetivo del control sobre la protección y sobre las posibilidades de regularizar la situación de migración. Sin embargo, según información de ECRE, la posibilidad de aplicar el procedimiento de screening en el territorio ha quedado eliminada durante las negociaciones de la propuesta que han tenido lugar en el Parlamento Europeo en el primer semestre de 2023[89].

Ahora bien, la novedad de la propuesta consiste en unificar los procedimientos de identificación, asilo y retorno. Así, la Comisión busca asegurar el resultado de la expulsión y eliminar la posibilidad de que la persona permanezca en situación irregular tras el rechazo de la entrada o de la solicitud de asilo. De hecho, la Comisión se refiere ahora en conjunto al "sistema general de asilo

---

[89] ECRE - European Council on Refugees and Exiles. *Weekly Bulletin*, 28.4.2023, "*Editorial: EU Asylum Reform: Parliament Agrees its Positions; Council Enters Wild Terrain*", disponible en: https://ecre.org/editorial-eu-asylum-reform-parliament-agrees-its-positions-council-enters-wild-terrain/

y retorno"[90]. Este procedimiento se realiza bajo la ficción legal de no entrada en el territorio[91]. Como sostiene Campesi (2020):

> "the proposals put forward by the Commission seem to encourage member countries to multiply the sites of border enforcement, transforming EU borders into a space in which 'anomalous zones' will proliferate. This is 'a geographical area in which certain legal rules, otherwise regarded as embodying fundamental policies of the larger legal system, are locally suspended'."

Esta ficción se encuentra en contradicción con lo dispuesto en el Código de Fronteras Schengen (Abrisketa Uriarte, 2021a: 317), que prevé que "por motivos humanitarios, o de interés nacional o por obligaciones internacionales, todo Estado miembro podrá autorizar la entrada en su territorio a nacionales de terceros países que no cumplan las condiciones establecidas en el apartado 1" (art. 6.5). Además, el diseño de este sistema previo de controles y de admisibilidad de la solicitud de asilo fuera del territorio o antes del ingreso pueden estar reñidos con las obligaciones derivadas de la Convención sobre el Estatuto de Refugiados, teniendo en cuenta el retraso que implica en la activación de la protección internacional.

En este sentido, la ficción de no entrada al territorio no deja en claro en qué lugar se realiza el procedimiento: en el puesto fronterizo, en zonas de tránsito, o en centros de detención. Más aún, debido a la insistencia del Pacto en la dimensión externa, no cabe descartar el procedimiento pueda realizarse en territorio fuera de la UE. No sólo el lugar del procedimiento es incierto, sino también la situación en la que se encuentra la persona. La

---

90 Comisión Europea, Comunicación relativa al Nuevo Pacto sobre Migración y Asilo, op. cit., punto 2.1, p. 4.

91 Comisión Europea, Propuesta de Reglamento del Parlamento Europeo y del Consejo por el que se introduce un control de nacionales de terceros países en las fronteras exteriores, op. cit., art. 4.1: "Durante el control, no se autorizará la entrada al territorio de un Estado miembro a las personas mencionadas en el artículo 3, apartados 1 y 2."

Comisión señala que las personas pueden ser "retenidas"[92] en la frontera, sin aclarar las condiciones de la retención, si se trata de una restricción o de una privación de la libertad. En definitiva, de manera deliberada, la Comisión deja libertad a los Estados para completar las lagunas de algunos puntos clave de la propuesta (Thym, 2022: 23).

Todas estas propuestas legislativas incluyen nuevas formas de detención y de expulsión. Es decir, la contención, la inmovilidad y el rechazo, tres elementos típicos de la criminalización como se analiza más adelante, se legalizan y normalizan, en un marco jurídico ambiguo, con escasas garantías procesales contra la arbitrariedad y la no discriminación. La detención se encuentra prevista para todas las etapas en las fronteras exteriores: para el control antes de la entrada, para el traslado de los solicitantes de asilo entre Estados, para la devolución de aquellos cuya solicitud ha sido denegada. Como resultado de la suma de procedimientos, el tiempo de "retención" en frontera puede extenderse durante 6 meses.

Por otro lado, el Pacto contiene propuestas dirigidas a palear las irresueltas deficiencias de los mecanismos de solidaridad entre los Estados miembros. Para ello la Comisión presenta la Propuesta de Reglamento sobre la gestión del asilo y la migración[93], que sustituiría al Reglamento de Dublín III. Sin embargo, como explica Abrisketa Uriarte (2021a: 328), el cambio se limita a la denominación porque mantiene el mismo esquema del sistema Dublín en cuanto al ámbito de aplicación material. La propuesta de Reglamento prevé un mecanismo de solidaridad en favor del Estado miembro objeto de presión migratoria o de desembarcos

---

92 Comisión Europea, Propuesta de Reglamento del Parlamento Europeo y del Consejo por el que se introduce un control de nacionales de terceros países en las fronteras exteriores, op. cit., exposición de motivos, 5.

93 Comisión Europea, Propuesta de Reglamento sobre la gestión del asilo y la migración, op. cit.

tras operaciones de búsqueda y salvamento[94]. Asimismo, la Comisión formula una serie de recomendaciones para aumentar la cooperación entre Estados miembros ante las operaciones de rescate por buques privados[95]. Sin embargo, las propuestas no contienen modificaciones sustanciales al sistema Dublín y mantienen el criterio residual del primer lugar de entrada.

La implementación de un mecanismo permanente de solidaridad serviría para distribuir equitativamente las responsabilidades de protección. Sin embargo, la equidad no queda garantizada ya que el Pacto contiene un sistema de solidaridad flexible o "a la carta" (Sundberg Diez y Trauner, 2021), que permite a los Estados miembros optar entre diferentes formas de contribución. Además de la reubicación de solicitantes de protección, tales contribuciones consistirían en el patrocinio de los retornos de migrantes irregulares; el apoyo operativo y de desarrollo de capacidades en materia de asilo, acogida y retorno; o la cooperación con terceros países para "responder a las tendencias migratorias que afectan al Estado miembro beneficiario"[96]. En definitiva, la distribución de responsabilidades y, en particular, la efectividad del mecanismo de reubicación continúa condicionada a la discrecionalidad de cada Estado miembro y su eficacia puede quedar obstruida por políticas que prioricen la expulsión o la contención de los flujos migratorios fuera de las fronteras exteriores[97].

---

94 Ibidem, arts. 45 a 49.

95 Comisión Europea, Recomendación (UE) 2020/1365 de la Comisión, de 23 de septiembre de 2020, sobre la cooperación entre Estados miembros en relación con las operaciones de búsqueda y salvamento realizadas por buques que sean propiedad de entidades privadas o estén explotados por entidades privadas.

96 Comisión Europea, Propuesta de Reglamento sobre la gestión del asilo y la migración, COM(2020) 610, art. 45.d.

97 Durante las negociaciones de la propuesta del Reglamento de gestión de asilo y migración en el primer semestre de 2023, el Consejo fijó como posición a debatir con el Parlamento Europeo que cada Estado deba admitir un número mínimo de relocalización de 30.000 personas por año. En su defecto, por cada persona cuya relocalización sea inad-

III. CONCLUSIONES

La construcción de la política común de fronteras, migración y asilo ha sido desde un principio una de las áreas más problemáticas y controvertidas a la hora de conjugar las competencias de la Unión y las que corresponden a sus Estados miembros. La integración en este punto ha sido cuestionada por algunos Estados debido a sus avances en perjuicio de la soberanía estatal. Como consecuencia, en la UE, la puesta en común de las fronteras operó inicialmente por impulso del propósito utilitarista propio de la integración europea primigenia, vinculada al objetivo de articular un mercado común, donde estuviera garantizada la libertad de circulación de mercancías, de servicios y de personas en condición de trabajadoras. Progresivamente, la perspectiva mercantilista se ha ampliado hasta alcanzar el objetivo de construir un espacio político y jurídico compartido, desprovisto de (control en) fronteras interiores. No obstante, los Estados no han abandonado sus recelos al atribuir competencias en áreas especialmente sensibles al conjunto de elementos que configuran su entidad e identidad política y que se sustentan en una concepción tradicional de fronteras nacionales. Como consecuencia, a lo largo de este proceso de integración, la soberanía no ha sido mermada, sino que ha mutado sus formas y ha moldeado nuevas líneas y formas fronterizas.

Desde la conformación de los Estados nación en Europa, las fronteras han servido como elementos de defensa del territorio y de la seguridad interior de los Estados. En particular, han actuado como dispositivos de control de las personas que las atraviesan. A partir de esta prerrogativa soberana, los Estados han promulgado sus leyes de inmigración y han regulado las condiciones de

---

mitida, los Estados deberán pagar una cuota de 20.000 euros (Comisión Europea, *Press release*, 8.6.2023, "*Migration policy: Council reaches agreement on key asylum and migration laws*", disponible en: https://www.consilium.europa.eu/en/press/press-releases/2023/06/08/migration-policy-council-reaches-agreement-on-key-asylum-and-migration-laws/).

acceso y de permanencia de personas extranjeras en sintonía con las necesidades de sus respectivas poblaciones y mercados. Como resultado, las fronteras han delineado las características de las sociedades y los márgenes de la ciudadanía, en tanto que elemento subjetivo sobre el que los Estados ejercen sus poderes. En otras palabras, los espacios fronterizos han actuado desde su primera configuración como lugares de ejercicio pleno del *ius includendi* y del *ius excludendi* de los Estados, a los que queda sujeto el *ius migrandi* de las personas. El proceso de reconfiguración de las fronteras europeas no ha cambiado esa esencia.

A lo largo del tiempo, las fronteras europeas han experimentado un notable proceso de deconstrucción y reconfiguración respecto a su sentido original en el Estado nación. Si bien tales fenómenos han acompañado al proceso de globalización a nivel internacional, la particularidad de la abolición del control en las fronteras interiores y de la puesta en común de la gestión de las fronteras exteriores convierten a la UE en un caso paradigmático. El primigenio objetivo del mercado común europeo ha abonado a la postre un espacio de libertad de circulación sin controles entre fronteras interiores. Tras la absorción del Acuerdo Schengen, como un sistema creado originalmente mediante acuerdos multilaterales entre Estados miembros –por fuera de la entonces CE–, la Unión ha configurado el mayor espacio de libertad de circulación entre fronteras internacionales a nivel global. Actualmente, el Espacio Schengen incluye a un grupo heterogéneo de 26 Estados, con diferentes realidades políticas, económicas y sociales, que reúnen a una población de más de 420 millones de personas[98].

La construcción y la expansión de un espacio compartido de libertad de circulación han estado sujetas desde un principio a que existan garantías suficientes de un control reforzado de las

---

98 Comisión Europea, Comunicación de la Comisión al Parlamento Europeo y al Consejo, "Una estrategia para un espacio Schengen plenamente operativo y resiliente" (COM/2021/277 final), 2.6.2021.

fronteras exteriores y a estrictas garantías de preservación de la seguridad interior. Tal control se ha enfocado en la prevención de la criminalidad transfronteriza asociada a la movilidad humana, y como consecuencia en la lucha contra la migración irregular en las fronteras. Para ello, la reconfiguración de las fronteras interiores exige la introducción de medidas y mecanismos que trasladan el ejercicio del control hacia fuera; no sólo hacia los límites geográficos externos de los Estados miembros periféricos, sino también hacia otros espacios internacionales o sujetos a la soberanía y jurisdicción de terceros Estados. A su vez, en las fronteras interiores se han instalado diferentes mecanismos de vigilancia no estrictamente fronteriza pero que hacen también al control de fronteras, tales como los acuerdos de cooperación policial o los acuerdos de readmisión entre Estados miembros.

La libertad de circulación interior y la gestión integrada de las fronteras han sido acompañadas de una política común de inmigración. Esta última consiste en unos mínimos comunes que dejan un amplio margen de discrecionalidad y control a cada Estado miembro. En el campo de la migración, los Estados muestran los mayores recelos soberanistas. En efecto, hasta el momento, el desarrollo de políticas y normas comunes sobre migración regular es escaso y parcializado, principalmente en lo relativo a la apertura y la regulación de vías comunes de acceso y de permanencia en el territorio de los Estados miembros. Por el contrario, la puesta en común de las políticas de inmigración se traduce principalmente en medidas de prevención y rechazo de la migración irregular. Frente al limitado número y la obstrucción de las vías regulares de entrada, se han multiplicado las vías de expulsión.

En cambio, en materia de asilo, la Unión ha desarrollado un sistema conforme al Derecho internacional, de acuerdo a los lineamientos de la Convención y Protocolo sobre el Estatuto de los Refugiados, que limita los poderes de control fronterizo y migratorio de los Estados miembros y los condiciona al cumplimiento de sus obligaciones internacionales. Progresivamente, desde la puesta en común de la política de asilo en el Tratado de Ámsterdam de 1997, se ha desarrollado el SECA, con el objetivo de adoptar reglas uniformes que determinen el Estado responsable, que configuren un sistema homogéneo de reconocimiento y acogida, y que desincentiven los movimientos secundarios de solicitantes de asilo. Sin embargo, tal sistema común de asilo tampoco contiene previsiones especiales sobre las vías regulares de acceso de personas solicitantes de asilo y refugiadas al territorio de los Estados miembros. Las opciones de entrada quedan libradas a la regulación interna sobre inmigración y protección internacional de cada Estado.

La "crisis de refugiados" de 2015 demostró la ausencia de una voluntad política por ampliar los canales de acceso al territorio y colocar la protección internacional por encima de la seguridad fronteriza e interior. La falta de vías regulares y seguras de acceso, tanto en el Derecho de la UE como en los ordenamientos internos de los Estados, desembocaron en un incremento exponencial del número de llegadas irregulares, impulsadas en gran medida por la desestabilización política tras la "Primavera árabe". El impacto no fue igual en todos los Estados miembros, tampoco entre los Estados con fronteras exteriores. Los principales "afectados" por las entradas fueron Grecia e Italia. Las respuestas a la "crisis" desembocaron en un conjunto de regímenes y prácticas fronterizas dirigidos a la contención de los movimientos migratorios en los lugares de tránsito o de primera entrada, como el refuerzo del proceso de externalización o la implementación del sistema de hotspots. Estas respuestas se plantearon en un primer momento como medidas extraordinarias ante una situación de emergencia. Sin embargo, a lo largo del tiempo, la excepción en las fronteras se ha convertido en la regla.

En suma, las fronteras continúan sirviendo como instrumentos fundamentales para la preservación de la seguridad de los Estados y, en el ejercicio de esa función, operan hoy como dispositivos de control social. El primer control de las poblaciones es aquel que se ejerce en los espacios fronterizos al seleccionar los sujetos habilitados a su cruce. El reconocimiento y la atribución de estatutos jurídicos diferenciados opera en las fronteras mediante un proceso de selección de los sujetos que las cruzan. Esta selección se basa en una definición básica por negación: quien no es ciudadano con derecho a entrar y permanecer, es extranjero sujeto a la autorización del Estado. Como se analiza en el siguiente capítulo, a partir de esta clasificación binaria inicial entre ciudadano y extranjero, la seguridad moldea la alteridad a través de un conjunto de categorías subjetivas en las que quedan clasificados los migrantes y que justifican un diferente tratamiento en los procesos de inclusión o exclusión del territorio y en el reconocimiento de los derechos que a cada uno corresponde.

Capítulo 3
CATEGORÍAS SUBJETIVAS: DE LOS DERECHOS POR CIUDADANÍA A LA EXCLUSIÓN POR IRREGULARIZACIÓN

Introducción:

¿Los derechos para quién?

Migración, asilo y frontera son tres conceptos interconectados. Las definiciones de migrante internacional y de refugiado, respectivamente, no se entenderían sin las fronteras que se interponen en el paso de las rutas migratorias. A partir de la centralidad de los espacios fronterizos en la construcción de las identidades, los estatutos de las personas migrantes y refugiadas se bifurcan. Las fronteras operan, en este sentido, como elementos de selección y clasificación de los sujetos que las atraviesan. De este modo, el resultado de la conexión entre migración, asilo y frontera es la creación de categorías migratorias (Crawley y Skleparis, 2018), que resultan determinantes al momento de analizar las mayores o menores facilidades para cruzar los puestos fronterizos, las posibilidades de hacerlo cumpliendo o no las condiciones legales, así como las probabilidades de que el derecho a entrar, salir y gozar de la libertad de circulación sea efectivamente reconocido.

La palabra migrante es un concepto político y sociológico, no definido en los instrumentos legales de Derecho Internacional, ya que no existe una definición universalmente aceptada (OIM, 2019: 133). Siguiendo el Glosario sobre Migración de la OIM (2019: 132), la categoría de "migrante internacional" refiere a cualquier persona que se desplaza o que se ha desplazado a través de una frontera internacional, fuera del Estado del que es ciudadana o nacional (o, en el caso de personas apátridas, fuera de su país de nacimiento o de residencia habitual), de forma permanente o temporal, por medios regulares o irregulares, y debido a una amplia variedad de motivos. Esta definición de migrante es lo suficientemente amplia como para incluir a personas refugiadas, solicitantes de asilo o en búsqueda de protección internacional. Ahora bien, a pesar de la falta de una definición jurídica del concepto de migrante, como explica Barbero (2010: 13), las migraciones internacionales son procesos intrínsecamente jurídicos debido a la superposición de los múltiples ordenamientos jurídicos que construyen la categoría del extranjero-inmigrante.

A diferencia del migrante internacional, la categoría de "refugiado" cuenta con una definición legal, siendo esencial que la persona reúna una serie de requisitos previstos por el Derecho internacional para ser reconocida como tal. Según la Convención de Ginebra de 1951 sobre el Estatuto de los Refugiados[1], la condición de refugiado corresponde a "cualquier persona que, debido a fundados temores de ser perseguida por motivos de raza, religión, nacionalidad, pertenencia a determinado grupo social u opiniones políticas, se encuentre fuera del país de su nacionalidad y no pueda o, a causa de dichos temores, no quiera acogerse a la protección de tal país; o que, careciendo de nacionalidad y hallándose, a consecuencia de tales acontecimientos, fuera del país donde antes tuviera su residencia habitual, no pueda o, a causa de dichos temores, no quiera regresar a él". También aquí la frontera cobra especial importancia, debido al requisito de encontrarse fuera del país, es decir, de haber cruzado fronteras internacionales para poder ser reconocido como refugiado. En este sentido, un refugiado es también –previamente– un migrante internacional.

El abordaje político y teórico de la categoría amplia de "migrante" suele basarse en la distinción entre la movilidad voluntaria y la movilidad forzada como dos modalidades que pueden diferenciarse según los motivos que impulsan a las personas a abandonar sus lugares de origen y trasladar su residencia. La movilidad voluntaria suele estar asociada a la migración por motivos económicos, en búsqueda de empleo y de "mejores oportunidades de vida". Por otra parte, la migración forzada viene asociada a una movilidad coaccionada por temores fun-

---

[1] Convención sobre el Estatuto de los Refugiados, adoptada en Ginebra, Suiza, el 28 de julio de 1951, op. cit.

dados a sufrir persecución o a ser víctima de graves violaciones de derechos humanos.

En el plano legal, las diferentes razones de la movilidad se traducen en la división binaria de migrante y refugiado, como dos categorías legales susceptibles de una distinción tajante y mutuamente excluyente. Al respecto, desde un punto de vista jurídico formal, Dauvergene (2013: 77) señala que la esencia del Derecho internacional de refugiados requiere que éstos no sean considerados ni tratados como migrantes, ya que las obligaciones que derivan de sus disposiciones representan la única limitación al poder soberano de los Estados de controlar la entrada de personas extranjeras a sus territorios. En este sentido, la autora coincide con Hathaway en cuanto a la idea de que los movimientos de refugiados no son una forma de inmigración, e incluso son un terreno en disputa dentro del ámbito de la "migración forzada" (Hathaway, 2007: 354).

Por otro lado, también como consecuencia del Derecho, la categoría de "migrante" es objeto de una segunda clasificación, que distingue entre migración regular e irregular, según el cumplimiento o no de los requisitos legales de entrada y permanencia en el territorio. Según la OIM, "migrante documentado" o regular es aquel "que está autorizado a ingresar y a permanecer en un Estado de conformidad con las leyes de ese Estado o con los acuerdos internacionales en que ese Estado sea parte, y que dispone de los documentos necesarios para probar su situación regular en el país" (OIM, 2019: 133). Por el contrario, el migrante en situación irregular es aquella persona "que se desplaza o se ha desplazado a través de una frontera internacional y no ha sido autorizada a ingresar o permanecer en un Estado de conformidad con las leyes de ese Estado y los acuerdos internacionales en que ese Estado sea parte" (OIM, 2019: 134).

Sin embargo, en la práctica las características de las respectivas categorías se presentan muchas veces de manera difusa y superpuesta. Ante ello, resulta común afirmar que las migraciones tienen una "naturaleza mixta". En este sentido, el ACNUR define a los movimientos migratorios mixtos en los siguientes términos:

> "Un movimiento en el que varias personas viajan juntas, por lo general en forma irregular, utilizando las mismas rutas y medios de transporte, pero por razones diferentes. Las personas que viajan como parte de movimientos mixtos tienen diferentes necesidades y perfiles y pueden incluir a solicitantes de asilo, refugiados y refugiadas, personas objeto de trata, niñas y niños no acompañados o separados y migrantes en situación irregular." (UNHCR, 2016: 281).

Ahora bien, los movimientos migratorios pueden considerarse mixtos no sólo porque en ellos convergen diferentes personas que pueden ser respectivamente clasificadas como migrantes, solicitantes de asilo o refugiadas, sino porque en una misma persona pueden confluir múltiples situaciones no susceptibles de reducción a una única categoría. Así, por ejemplo, una persona LGTBI puede emprender una ruta migratoria en búsqueda de "oportunidades laborales" en otro país, ya que en el suyo no encuentra un trabajo debido a la persecución sufrida por pertenecer a un determinado grupo social.

Como sostiene Schuster (2016), en la realidad, los diversos motivos que impulsan al desplazamiento pueden presentarse de manera solapada, no sólo durante la ruta sino a lo largo de todo el proceso migratorio. De este modo, quienes sufren situaciones de conflicto o graves violaciones de derechos humanos se encuentran en contextos de mayor inestabilidad y pobreza económica, y la idea de un lugar seguro abarca también la búsqueda de oportunidades de trabajo y educación; asimismo, la falta de empleo en el lugar de origen puede estar motivada por situaciones de discriminación por motivo del género, la etnia o la religión (Schuster, 2016: 297). En consecuencia, una buena parte de los desplazamientos forzados a través de las fronteras internacionales no encajan con facilidad y precisión en los requisitos formales del estatuto de refugiado según la Convención sobre el Estatuto de los Refugiados y su Protocolo.

Las migraciones voluntarias y forzadas pueden ser entendidas, entonces, no como una dicotomía sino como un *continuum* (Schuster, 2016: 299; Bivand Erdal y Oepeen, 2018: 981), en el cual el nivel de autonomía en la toma de la decisión migratoria varía entre dos extremos, la voluntariedad y la obligatoriedad sin alternativas. De un extremo a otro, la migración oscila entre movimientos de carácter proactivo (voluntario) o reactivo (forzado). Sin embargo, aún en este último caso existe un cierto grado de autonomía (Schuster, 2016: 300-301). En este *continuum*, la tendencia política de los Estados a restringir la llegada y el cruce de las fronteras a las personas migrantes no sólo coarta las posibilidades de acceso al asilo, sino que incrementa la vulnerabilidad de quienes huyen, ya que, como explica Dauvergne (2013: 77), para ser "efectivos" los desincentivos que colocan los Estados para llegar a sus territorios pueden ser mayores que los motivos de persecución que motivan la huida del lugar de origen.

Como efecto del *continuum* de las categorías en movimiento, se ha señalado que el etiquetamiento de los flujos migratorios como mixtos resulta en una simplificación arbitraria de la enorme complejidad de la movilidad humana y de la multiplicidad de motivos que se superponen en la decisión de migrar (Gauci y Mallia, 2017: 121). Tal simplificación opera a través de la clasificación de las personas que atraviesan fronteras internacionales dentro de las categorías binarias dominantes de migrantes y refugiados, lo que Apostolova (2015) y Crawley y Skleparris (2018) denominan "el fetichismo de las categorías". Como explican López-Sala y Moreno-Amador (2020: 7), el problema es que tales categorías "fracasan en capturar adecuadamente la complejidad de los determinantes políticos, sociales y económicos de la migración y su cambiante significado para los individuos a lo largo del tiempo y el espacio". En definitiva, la ley es incapaz de abarcar la absoluta complejidad y diversidad de las circunstancias personales que impulsan a la migración.

Las clasificaciones legales se basan en el doble y divergente interés del Estado: por un lado, prevenir la migración irregular y garantizar que la entrada y permanencia en el territorio se produzca bajo condiciones de legalidad y, principalmente, en función de las variables económicas del mercado; y, por otro, cumplir con sus obligaciones en materia de protección internacional. En este sentido, al igual que los derechos humanos representan límites al poder de los Estados, el Derecho Internacional de los Refugiados puede ser considerado el único límite legal a la prerrogativa soberana de los Estados de autorizar o no el cruce de sus fronteras y la permanencia en sus territorios (Dauvergne, 2013: 77).

Debido al solapamiento de las condiciones de migrante irregular, solicitante de asilo y refugiado, y teniendo en cuenta la naturaleza mixta de los flujos migratorios, la distinción de categorías podría ir en detrimento de las obligaciones de protección ya que, en definitiva, las restricciones a la migración "voluntaria" o "económica" afectan por igual a todos los migrantes, incluidos aquellos forzados a desplazarse fuera de sus lugares de origen y residencia (Schuster, 2016: 304). Al no responder estrictamente a la realidad, la construcción de categorías legales diferenciadas puede ser contraproducente para garantizar los estándares de protección de derechos.

I. CIUDADANÍA Y ALTERIDAD EN LA UNIÓN EUROPEA

Desde la perspectiva del Estado, la facultad de distinguir entre ciudadanía y extranjería significa la posibilidad de delimitar el sujeto pasivo en el ejercicio del poder. En este sentido, Dauvergne (2004) sostiene que en la era de la globalización el control de la movilidad humana es el último bastión de la soberanía de los Estados. Desde la perspectiva de la persona, el encuadre dentro de una u otra categoría determina el reconocimiento de uno u otro estatuto jurídico de derechos, libertades y obligaciones. La combinación de ambas perspectivas perfila una identidad y un sentido de pertenencia en torno al territorio y al entramado social, cultural, político y jurídico.

En el marco de la UE, uno de los avances más significativos del proceso de integración hacia un espacio político y jurídico común ha sido la configuración de la categoría de "ciudadanía europea", en cuanto estatuto que se reconoce a las personas nacionales de los Estados miembros. El Tratado de Maastricht introdujo esta categoría[2], que fue posteriormente definida por el Tratado de Ámsterdam[3] e incorporada en la Carta de Derechos Fundamentales de la UE (CDFUE)[4]. En virtud del Tratado de Maastricht, el estatuto de ciudadano europeo reconoce los derechos a la libertad de circulación y residencia en el territorio de cualquiera de los Estados miembros, el sufragio activo y pasivo en las elecciones al Parlamento Europeo y en las elecciones municipales del lugar de residencia, el derecho de protección diplomática y consular de Estados miembros en terceros Estados, el derecho de queja ante el Defensor del Pueblo Europeo, y el derecho de petición ante el Parlamento Europeo. Por su parte, el Tratado de Ámsterdam incorporó además el derecho a dirigirse por escrito a cualquiera de las instituciones u organismos y a ser respondidos en las lenguas previstas en el Tratado, y el derecho de acceso a los documentos de instituciones y organismos[5].

---

2 El Tratado de Maastricht (TUE, 1992, op. cit.) señaló como uno de los objetivos de la Unión el de "reforzar la protección de los derechos e intereses de los nacionales de sus Estados miembros, mediante la creación de una ciudadanía de la Unión" (art. B).

3 TCE, op. cit., art. 17.1: "Se crea una ciudadanía de la Unión. Será ciudadano de la Unión toda persona que ostente la nacionalidad de un Estado miembro. La ciudadanía de la Unión será complementaria y no sustitutiva de la ciudadanía nacional."

4 Carta de los Derechos Fundamentales de la Unión Europea (DO C 202, 7.6.2016, p. 389-405), Título V "Ciudadanía", artículos 39 a 46.

5 Sobre las dificultades en la implementación y el desarrollo del estatuto de ciudadanía europea, véase: Liñán Nogueras (2013).

El reconocimiento de una ciudadanía a nivel regional significa la ruptura de esta misma categoría a nivel nacional, tradicionalmente ligada a una competencia exclusivamente estatal y, en particular, a la dicotomía clásica nacional-extranjero (Mangas Martín y Liñán Nogueras, 2016: 149). No obstante, desde su inicio, la ciudadanía europea se perfila como dependiente de la nacionalidad de alguno de los Estados miembros, en cuanto estatuto jurídico añadido al que corresponde dentro del Estado miembro, concediendo un conjunto determinado de libertades y derechos políticos específicos para el espacio comunitario. Por otro lado, la instauración de la ciudadanía europea implica que los nacionales de los Estados miembros dejen de ser considerados, en el ámbito de la Unión, sólo como trabajadores con derechos, para pasar a ser considerados sujetos con capacidad social y política (Melis, 2001: 15). A este respecto, la configuración de una ciudadanía europea, aún como categoría dependiente de la nacionalidad de un Estado miembro permite superar la concepción puramente económica de la integración (para y por el mercado), hasta alcanzar el reconocimiento de un estatuto jurídico y político común de las personas nacionales en el escenario comunitario.

Por tanto, es posible afirmar que la categoría de ciudadano europeo responde al concepto de ciudadanía propuesto por Hanah Arendt (1973), que entiende por tal el derecho a tener derechos y el derecho a pertenecer. En palabras de Melis (2001: 44), la decisión de limitar la ciudadanía europea a los nacionales de los Estados miembros sólo puede justificarse en una pretendida identidad europea basada en una homogeneidad cultural, étnica y racial, de la que no es parte la población extracomunitaria. De este modo, se institucionaliza una identidad subjetiva europea que presupone la existencia de una comunidad europea homogénea, diferenciada y diferenciable con respecto a otras.

A partir del reconocimiento de la ciudadanía europea se perfilan una serie de categorías subjetivas, con diferentes grados en la exigencia de los requisitos y condiciones necesarias para cruzar las fronteras exteriores de la Unión y circular libremente por el territorio de los Estados miembros. Guild (2009: 188-189) señala que los diferentes estatutos en el marco de la UE pueden resumirse en las siguientes categorías:

1. Los ciudadanos de los Estados miembros
2. Los ciudadanos de los Estados miembros que residen en otro Estado miembro (cuya expulsión o exclusión sólo puede justificarse por razones de orden público, seguridad pública o salud pública).
3. Los ciudadanos de la Unión Europea respecto de los cuales existe una suspensión temporal en el ejercicio de los derechos derivados de la inclusión (por ejemplo, la suspensión temporal para ciudadanos de algunos Estados miembros incorporados entre 2004 y 2007).
4. Los nacionales de Suiza, Noruega e Islandia.
5. Migrantes trabajadores turcos en la UE.
6. Nacionales de terceros países con permiso de residencia de larga duración (que gozan de una protección contra la expulsión equivalente a la que corresponde a ciudadanos de la UE que residen en otro Estado miembro).
7. Nacionales de terceros países que se encuentran en la lista "blanca" de visados Schengen (por ejemplo, ciudadanos de Estados Unidos).
8. Nacionales de terceros países que se encuentran en la lista "negra" de visados Schengen pero que cuentan con acuerdos de facilitación de visados (por ejemplo, Rusia hasta 2022)[6].

---

6 Acuerdo entre la Comunidad Europea y la Federación de Rusia sobre la facilitación de la expedición de visados a los ciudadanos de la Unión Europea y de la Federación de Rusia (DO L 129, 17.5.2007, p. 27-34). Por Decisión del Consejo, de 9 de septiembre de 2022, el acuerdo fue suspendido como parte de las sanciones de la UE

9. Nacionales de terceros países que se encuentran en la lista "negra" de visados Schengen y que no cuentan con acuerdos de facilitación de visados (por ejemplo, China); sobre las cuales pesa una presunción de amenaza a la seguridad y, como tales, deben obtener previamente un visado.

10. Nacionales de terceros países que se encuentran en la lista "negra" de visados Schengen y que, además, son considerados países que representan amenazas a la seguridad.

En definitiva, la categorización de sujetos en el espacio político se define según el país de procedencia: aquellos Estados cuyos nacionales disfrutan de una movilidad libre o poco restringida (y que es "atraída", como turistas, estudiantes y profesionales), y aquellos otros Estados que Franko Aas (2013: 30) identifica como "*deviant states*" (Estados desviados), cuyos nacionales se encuentran en situación de movilidad extremadamente restringida (Franko Aas, 2013: 29). Siguiendo a Franko Aas (2013: 34), esta clasificación de Estados se apoya sobre las desigualdades globales, la consecuente división entre Estados del norte y sur global, y la capacidad de los Estados del norte global de convertir la desigualdad en una cuestión de legalidad o ilegalidad. La circunstancia de haber nacido en uno u otro lugar determina las condiciones legales que cada persona debe cumplir, y que serán especialmente difíciles de alcanzar para nacionales del sur global, en particular para aquellas personas en situación económica más desfavorable (Dauvergne, 2008: 17, Aliverti, 2012a).

---

contra Rusia con motivo de la agresión militar rusa contra Ucrania (Decisión (UE) 2022/1500 del Consejo de 9 de septiembre de 2022 sobre la suspensión total de la aplicación del Acuerdo entre la Comunidad Europea y la Federación de Rusia sobre la facilitación de la expedición de visados a los ciudadanos de la Unión Europea y de la Federación de Rusia (ST/12039/2022/INIT) (DO L 234I, 9.9.2022, p. 1-3).

Las categorías subjetivas dan lugar a una especie de pirámide jerárquica que oscila entre la inclusión y la exclusión. Como explica Franko Aas (2013: 30), dicha jerarquía se construye con base en un marcado criterio racial y colonial. En el vértice de la pirámide se ubica la ciudadanía europea, restringida al grupo de nacionales de los Estados miembros que residen en sus territorios y que gozan de todos los derechos civiles, políticos, sociales, económicos y culturales reconocidos por los ordenamientos internos y por la Unión. Los siguientes escalones de la pirámide van descendiendo, a la par que se restringen progresivamente los derechos reconocidos, hasta alcanzar el último peldaño, la categoría de nacionales de terceros países en situación migratoria irregular.

1. La contracara de la ciudadanía europea: la categoría de la persona "nacional de un tercer país"

El lado opuesto a la ciudadanía europea es la categoría de "nacional de un tercer país", cuya definición se conforma a partir de la posesión de la nacionalidad de cualquier Estado que no sea miembro de la Unión. Se trata de una categoría genérica, comprensiva de un amplio abanico de estatutos jurídicos, dentro de los cuales se clasifican a las personas extranjeras (no comunitarias) en la Unión. Como señala del Valle Gálvez (2016: 761), en la práctica, las líneas teóricas que dividen a las diferentes categorías legales se difuminan, provocando una confusión de conceptos y estatutos jurídicos entre migrantes, refugiados, solicitantes de asilo, personas con protección humanitaria o subsidiaria, que refleja la incapacidad del derecho europeo de extranjería para reconocer estatutos, derechos y respuestas claras a las personas que buscan ingresar a la UE.

El binomio ciudadanía-extranjería se construye a partir del sentido de pertenencia o no –en términos de posesión de nacionalidad– a la UE. "Nacional de un tercer país" es sinónimo de persona extranjera. En el plano jurídico, el Reglamento 810/2009, por el que se establece un Código común de visados[7], define la categoría de "nacional de un tercer país" como "toda persona que no sea ciudadano de la Unión en el sentido del artículo 17, apartado 1, del Tratado"[8]. La misma definición es reiterada en el Reglamento 562/2006, por el que se establece el llamado Código de Fronteras Schengen[9], y en el Reglamento 614/2013 (Dublín III), por el que se establece el Estado miembro responsable de examinar la solicitud de protección internacional[10].

La entrada y circulación de las personas nacionales de terceros Estados queda sujeta a las políticas y marcos jurídicos tanto europeo como nacionales de inmigración y asilo. En general, según las circunstancias en las que tienen lugar el acceso y la permanencia en el territorio, las personas extranjeras son catalogadas como migrantes regulares, migrantes irregulares, refugiados y solicitantes de asilo. De este modo, la regularidad o irregularidad del estatus migratorio viene determinada por las condiciones en que se produjo el acceso al territorio europeo, las condiciones posteriores de permanencia, la presentación de una solicitud de asilo y el reconocimiento de algún tipo de protección internacional. La categorización y la atribución de los respectivos "estatutos" se realiza de manera casuística, ya que no existe un marco único de condiciones de entrada y permanencia, sino que la regulación se encuentra diferenciada en gran medida por supuestos y circunstancias particulares.

---

7 Reglamento (CE) 810/2009 del Parlamento Europeo y del Consejo, de 13 de julio de 2009, por el que se establece un Código comunitario sobre visados (Código de visados) (DO L 243, 15.9.2009, p. 1-58).

8 Reglamento (CE) 810/2009, op. cit., art. 2.1.

9 Reglamento (CE) 562/2006 del Parlamento Europeo y del Consejo, de 15 de marzo de 2006, por el que se establece un Código comunitario de normas para el cruce de personas por las fronteras (Código de fronteras Schengen) (DO L 105, 13.4.2006, p. 1-32).

10 Reglamento (UE) 604/2013, op. cit.

En este sentido, la política común de la UE en materia de migración y asilo se ha dirigido principalmente a la producción de normas armonizadoras en materia de asilo (una vez que la persona se encuentra dentro del territorio) y de migración irregular (Düvell, 2011: 277). Por otra parte, la migración regular se ha mantenido sujeta a la competencia de los Estados miembros, ya que éstos conservan un amplio margen de discreción al momento de regular los procedimientos y las condiciones de entrada, así como también el número de personas migrantes que están dispuestos a aceptar. En la práctica, ello viene determinado principalmente en función de la situación de las respectivas economías y mercados laborales nacionales. Como explica Moldovan (2018: 82-83), la atribución de competencias a la Unión en materia de "inmigración económica" ha sido quizás el asunto más controversial de la política común de inmigración, debido al carácter sensible de esta cuestión al interior de los Estados, donde algunos sectores sociales y políticos consideran a la población extranjera como una amenaza a la seguridad, por ejemplo, de los nacionales en el mercado de trabajo.

Ahora bien, a pesar del recelo soberanista de los Estados en la atribución de competencias en el ámbito de las migraciones, la configuración del Espacio Schengen y la (de)construcción de las fronteras exteriores e interiores ha motivado la adopción de un acervo mínimo común en materia de cruce de fronteras y visados. En términos generales, para que el ingreso sea considerado regular se requiere contar con un permiso o documento válido de entrada al territorio de cualquier Estado miembro. Una vez en el interior, la regularidad de la permanencia está subordinada al mantenimiento del permiso o de las condiciones que habilitaron el ingreso, o a su modificación a otro estatuto legal de extranjería dentro del Estado.

Si bien la normativa sobre migración regular es desarrollada en mayor medida por los propios Estados miembros a través de sus respectivas leyes internas de extranjería e inmigración, la normativa europea alcanza a algunos sectores específicos que se pretenden homogeneizar en el marco de la política común de migración. La normativa más amplia en este sentido es la Directiva 2011/98/UE[11], que establece el procedimiento de solicitud de un permiso único de residencia y trabajo y un conjunto común de derechos para los trabajadores nacionales de terceros países. Otras directivas regulan la residencia de larga duración en la UE (Directiva 2003/109/CE[12]), la autorización de residencia de estudiantes e investigadores (Directiva 2016/801/UE[13]), de trabajadores altamente cualificados (Directiva 2009/50/CE[14]), de trabajadores temporeros (Directiva 2014/36/UE[15]), y de trabajadores sujetos a traslados intraempresariales (Directiva 2014/66/UE[16]). Por otro lado, el marco jurídico sobre migra-

---

11 Directiva 2011/98/UE del Parlamento Europeo y del Consejo, de 13 de diciembre de 2011, por la que se establece un procedimiento único de solicitud de un permiso único que autoriza a los nacionales de terceros países a residir y trabajar en el territorio de un Estado miembro y por la que se establece un conjunto común de derechos para los trabajadores de terceros países que residen legalmente en un Estado miembro (DO L 343, 23.12.2011, p. 1-9).

12 Directiva 2003/109/CE del Consejo, de 25 de noviembre de 2003, relativa al estatuto de los nacionales de terceros países residentes de larga duración (DO L 16, 23.1.2004, p. 44-53).

13 Directiva (UE) 2016/801 del Parlamento Europeo y del Consejo, de 11 de mayo de 2016, relativa a los requisitos de entrada y residencia de los nacionales de países terceros con fines de investigación, estudios, prácticas, voluntariado, programas de intercambio de alumnos o proyectos educativos y colocación *au pair* (DO L 132, 21.5.2016, p. 21-57).

14 Directiva 2009/50/CE del Consejo, de 25 de mayo de 2009, relativa a las condiciones de entrada y residencia de nacionales de terceros países para fines de empleo altamente cualificado (DO L 155, 18.6.2009, p. 17-29).

15 Directiva 2014/36/UE del Parlamento Europeo y del Consejo, de 26 de febrero de 2014, sobre las condiciones de entrada y estancia de nacionales de terceros países para fines de empleo como trabajadores temporeros (DO L 94, 28.3.2014, p. 375-390).

16 Directiva 2014/66/UE del Parlamento Europeo y del Consejo, de 15 de mayo de 2014, relativa a las condiciones de entrada y residencia de nacionales de terceros países en el marco de traslados intraempresariales (DO L 157, 27.5.2014, p. 1-22).

ción regular en la Unión ha desarrollado los derechos de las personas extranjeras que mantienen algún vínculo familiar con un ciudadano europeo[17]. En este último supuesto, se configura un estatuto especial de residente comunitario que deriva del vínculo familiar y de su mantenimiento, por lo que a la postre el derecho de la persona extranjera queda condicionado al ejercicio del derecho a la reagrupación familiar por parte del ciudadano europeo.

En definitiva, en el diseño de la política común de inmigración, las instituciones europeas mantienen un enfoque ambivalente, restringido en sus alcances debido a la atribución de competencias en materias sensibles a la soberanía de los Estados. La postura es definida por Lirola Delgado (2010: 48-49) como una "política bifronte". Por un lado, la migración es considerada un reto o, incluso, como un problema en términos de integración o de seguridad. Por otro, la migración es considerada una oportunidad, ligada al factor económico y laboral, que busca incrementar los beneficios económicos que aportan las personas extranjeras como turistas, emprendedoras, trabajadoras sin cualificación o con una cualificación elevada[18]. Asimismo, la atracción de la

---

17 Directiva 2003/86/CE del Consejo, de 22 de septiembre de 2003, sobre el derecho a la reagrupación familiar (DO L 251, 3.10.2003, p. 12-18).

18 Por ejemplo: Comisión Europea, Comunicación de la Comisión al Parlamento Europeo, al Consejo, al Comité Económico y Social Europeo y al Comité de las Regionales. Una Política Común de Emigración para Europa: Principios, medidas e instrumentos, 17.06.2008 COM (2008), 359 final, p. 3: "Aunque, hasta cierto punto, la inmigración podrá mitigar los problemas derivados del envejecimiento de la población, tendrá todavía un mayor papel en ayudar a resolver los problemas futuros del déficit de mano de obra y personal cualificado y en aumentar el potencial de crecimiento de la UE y su prosperidad, en complemento de las reformas estructurales en curso. Por ello, la inmigración se ha convertido en un factor importante en el desarrollo de la Estrategia de Lisboa para el crecimiento y el empleo, que reconoce que una gestión adecuada de la inmigración económica es un factor esencial para la competitividad de la UE.

inmigración regular es considerada por la Comisión Europea como una herramienta para afrontar el descenso de la población activa y los riesgos derivados para los sistemas de pensiones y protección social[19].

2. El último escalón: la categoría de la persona "migrante irregular"

A partir de la segunda mitad del siglo XX, la incorporación de los derechos humanos en declaraciones y tratados internacionales significó un avance fundamental en la protección de las personas con independencia de su nacionalidad, de su lugar de origen o de cualquier otro criterio que pudiera suponer una distinción arbitraria. Si bien los principales tratados de derechos humanos no refieren específicamente a las personas migrantes, el proceso de codificación puede considerarse un hito fundamental para la protección de sus derechos y una salvaguarda frente a los Estados de tránsito y destino. Sin perjuicio de ello, la protección no es

---

Esto también ha sido reconocido por el Consejo Europeo de la primavera de 2008."

[19] Comisión Europea, Comunicación de la Comisión al Parlamento Europeo, al Consejo, al Comité Económico y Social Europeo y al Comité de las Regionales. Una Política Común de Emigración para Europa: Principios, medidas e instrumentos, 17.06.2008 COM (2008), 359 final, p. 2: "En el contexto de una Europa que envejece, la contribución potencial de la inmigración a la eficacia económica de la UE es importante. Los europeos viven cada vez más años, la llamada generación del 'baby boom' (explosión de la natalidad) se acerca a la jubilación y los índices de natalidad son bajos. En 2007, la población activa de la UE en conjunto, es decir, el total de personas con trabajo y personas desempleadas, era de unos 235 millones. Según las últimas proyecciones demográficas, para 2060, la población de la UE en edad de trabajar se calcula que habrá descendido en 50 millones, incluso si se mantiene un nivel de inmigración neta similar a los niveles históricos, y descendería en casi 110 millones si no se mantiene esa inmigración neta. Esta evolución presenta riesgos para la sostenibilidad de los regímenes de pensiones y de protección social y exigiría un mayor gasto público."

total y continúa sujeta en gran medida a la discrecionalidad de los Estados. En otras palabras, a pesar de que la titularidad de derechos se desprende de la condición de ciudadano o nacional de un determinado Estado, no existe un derecho humano a vivir en el territorio de otro país diferente al de la nacionalidad (Dauvergne, 2004: 611).

Partiendo de la ausencia de una definición única y consensuada sobre la condición de migrante, el calificativo "irregular" presenta complicaciones adicionales cuando se intenta esbozar una definición sobre el mismo. Sin embargo, en palabras de Dauvergne (2004: 599), la importancia que ha cobrado la migración irregular en los discursos políticos hace que el término se haya desprendido de su condición de adjetivo o de sus connotaciones exclusivamente jurídicas para convertirse en un sustantivo, en una entidad en sí misma.

La migración irregular se define por negación, comprendiendo todas aquellas situaciones en las que el ingreso se realice sin autorización o en las que, habiendo ingresado con un permiso válido, no se mantienen las condiciones requeridas para la permanencia regular. Según la OIM (2019: 128), la migración irregular puede definirse como un "movimiento de personas que se produce al margen de las leyes, las normas o los acuerdos internacionales que rigen la entrada o la salida del país de origen, de tránsito o de destino." Como resultado, un "migrante en situación irregular" es aquella "persona que se desplaza o se ha desplazado a través de una frontera internacional y no ha sido autorizada a ingresar o permanecer en un Estado de conformidad con las leyes de ese Estado y los acuerdos internacionales en que ese Estado sea parte" (OIM, 2019: 134).

En el marco del Derecho internacional, la Convención sobre la protección de los derechos de todos los trabajadores migratorios y de sus familiares, de 1990[20] contiene una definición de

---

20 Convención internacional sobre la protección de los derechos de todos los trabajadores migratorios y de sus familiares, adoptada por la

trabajadores migratorios "indocumentados o en situación irregular", que comprende a aquellas personas que no han sido autorizadas a ingresar, a permanecer y a ejercer una actividad remunerada en el Estado de empleo de conformidad con las leyes de ese Estado y los acuerdos internacionales en que ese Estado sea parte (art. 5.b).

En el ámbito de la UE, el Código de Fronteras Schengen[21] contiene el régimen común sobre el cruce de fronteras interiores y exteriores de la UE, mediante el cual se establece, entre otros objetivos, el control fronterizo como mecanismo contra la inmigración "clandestina" y la trata de seres humanos[22]. Según lo dispuesto en el artículo 13, la vigilancia de las fronteras exteriores tiene por objeto impedir el cruce no autorizado y adoptar medidas contra quienes las hayan cruzado ilegalmente. Tales medidas deben consistir en sanciones que resulten efectivas, proporcionadas y disuasorias (art. 5.3). Por su parte, el artículo 5 determina las condiciones de entrada de nacionales de terceros Estados en los casos de estancia no superior a tres meses. Tales condiciones consisten en: i) contar con documento de viaje o visado –en el caso de nacionales de países sometidos a la obligación de visado[23] –, documentos que justifiquen el objeto y

---

Asamblea General en su Resolución 45/158, de 18 de diciembre de 1990.

21 Reglamento (CE) 562/2006 (Código de Fronteras Schengen), op. cit.

22 Reglamento (CE) 562/2006 (Código de Fronteras Schengen), op. cit., considerando 6: "El control fronterizo no se efectúa únicamente en interés de los Estados miembros en cuyas fronteras exteriores se realiza, sino en interés del conjunto de los Estados miembros que han suprimido los controles en sus fronteras interiores. El control fronterizo debe contribuir a la lucha contra la inmigración clandestina y la trata de seres humanos, así como a la prevención de cualquier amenaza a la seguridad interior, al orden público, a la salud pública y a las relaciones internacionales de los Estados miembros."

23 Reglamento (UE) 2018/1806 del Parlamento Europeo y del Consejo, de 14 de noviembre de 2018, por el que se establecen la lista de terceros países cuyos nacionales están sometidos a la obligación de visado

condiciones de la estancia, y medios de subsistencia suficientes; ii) no estar inscrito como no admisible en el SIS; y iii) no suponer una amenaza para el orden público, la seguridad interior, la salud pública o las relaciones internacionales de algún Estado miembro.

Ante la ausencia de una definición única y común (Navarro Batista, 2012: 134), la Directiva 2008/15/CE[24], que regula el retorno de los nacionales de terceros países en situación irregular, remite al artículo 5 del Código de Fronteras Schengen y a lo dispuesto en los ordenamientos de cada Estado miembro[25] para determinar qué se entiende por "situación irregular" en el marco jurídico europeo. Según lo dispuesto en el artículo 3.2 de la Directiva 2008/15 de retorno, la "situación irregular" hace referencia a "la presencia en el territorio de un Estado miembro de un nacional de un tercer país que no cumple o ha dejado de cumplir las condiciones de entrada establecidas en el artículo 5 del Código de fronteras Schengen u otras condiciones de entrada, estancia o residencia en ese Estado miembro". Al respecto, el TJUE ha resuelto que la condición de irregularidad se configura por la sola razón de no cumplir las condiciones de entrada, estancia o residencia en el territorio de un Estado miembro, sin que sea necesario un tiempo mínimo de estancia o una intención de permanecer,

---

para cruzar las fronteras exteriores y la lista de terceros países cuyos nacionales están exentos de esa obligación (DO L 303 de 28.11.2018, p. 39-58).

24 Directiva 2008/115/CE del Parlamento Europeo y del Consejo, de 16 de diciembre de 2008, relativa a normas y procedimientos comunes en los Estados miembros para el retorno de los nacionales de terceros países en situación irregular (DO L 348, 24.12.2008, p. 98-107).

25 Directiva 2008/115/CE, op. cit., artículo 3: "Definiciones. A efectos de la presente Directiva, se entenderá por: [...] 2) 'situación irregular' la presencia en el territorio de un Estado miembro de un nacional de un tercer país que no cumple o ha dejado de cumplir las condiciones de entrada establecidas en el artículo 5 del Código de fronteras Schengen u otras condiciones de entrada, estancia o residencia en ese Estado miembro".

incluyendo en consecuencia el mero tránsito por el territorio del Estado miembro[26].

3. La migración irregular como construcción política

La irregularidad migratoria puede ser entendida como una categoría construida por el propio sistema jurídico, derivada del poder de control de los Estados sobre los sujetos habilitados a ingresar y permanecer en sus territorios. En este sentido, la condición irregular en la migración es un producto del poder estatal, de manera similar a lo que ocurre en el ámbito penal con la construcción del delito y las formas de persecución y castigo. La calificación de una determinada actividad como criminal es realizada por el Estado, que ostenta el monopolio de la violencia, de tal modo que es posible afirmar que el delito y el castigo son una construcción social y política en un momento histórico determinado (Christie, 2004). Lo propio ocurre en el ámbito del Derecho de migraciones y, en particular, en la configuración de las infracciones a la normativa administrativa que regula las condiciones de entrada y permanencia en el territorio de los Estados.

Si bien la persona migrante es el principal agente de su movilidad, son los Estados los que producen el conjunto de políticas y normas jurídicas que establecen lo que debe entenderse por regular e irregular. De este modo, cabe advertir sobre la complejidad de las causas y de los actores que intervienen en el proceso de producción de la irregularidad (o "irregularización"), dando lugar a una categoría cuya construcción es social y política. Como explica De Genova (2002: 422), la "ilegalidad" de la migración representa un estatuto jurídico y una relación entre el individuo y el Estado, de tal modo que, al igual que sucede con la ciudadanía, configura una determinada identidad política. Además, la

---

26 Sentencia del Tribunal de Justicia (Gran Sala) de 7 de junio de 2016, asunto C-47/15, *Sélina Affum contra Préfet du Pas-de-Calais y Procureur général de la Cour d'appel de Douai* (ECLI:EU:C:2016:408), párr. 47.

irregularidad es un producto de la propia ley (Düvell, 2011: 248), teniendo en cuenta que la categoría se configura en función del incumplimiento de las condiciones que el Estado decida imponer legalmente.

Como resultado, las categorías regular e irregular devienen del poder de los Estados de controlar a las personas que cruzan sus fronteras y que permanecen en sus territorios. Al respecto, siguiendo a De Genova (2002), la ilegalización, en cuanto proceso de construcción de la condición de irregular (o "ilegal"), es utilizada por el Estado como un mecanismo de control y disciplina social, ya que a tal condición va asociada el constante riesgo de la deportación, al que el autor refiere como "deportabilidad" (*deportability*), Lo propio sucede también con la condición regular (Calavita, 2005; Fabini, 2017), ya que para su mantenimiento es necesario cumplir con una serie de requisitos relacionados con la productividad (por ejemplo, mantener un contrato de trabajo) y buena conducta (por ejemplo, carecer de antecedentes penales).

El poder de decisión del Estado, sobre quién tiene capacidad de ingresar al territorio, comprende las potestades de selección y exclusión. En la práctica, tal poder se materializa en las mayores facilidades o restricciones de acceso y permanencia en el territorio según la nacionalidad de origen. En este sentido, Guild (2009: 15) define el término "migrante irregular" como alguien respecto de quien el Estado ha aprobado una ley que convierte su mera presencia en una infracción legal[27]. A su vez, como explica Foucault (1988: 285) utilizando el ejemplo de los tráficos ilícitos, la existencia de una prohibición legal desencadena otras tantas prácticas ilegales:

> "[L]a existencia de una prohibición legal crea en torno suyo un campo de prácticas ilegalistas [sic] sobre el cual se llega a ejercer

---

[27] Guild (2009: 15), traducción propia: "[A]n illegal immigrant is someone in respect of whose presence of the territory the state has passed a law making mere existence a criminal offence".

> un control y a obtener un provecho ilícito por el enlace de elementos, ilegalistas [sic] ellos también, pero que su organización en la delincuencia ha vuelto manejables. La delincuencia es un instrumento para administrar y explotar los ilegalismos." (Foucault, 1988: 285).

Ahora bien, la dicotomía regular-irregular puede ser difícil de distinguir en la práctica, debido a la misma multiplicidad y complejidad de causas y circunstancias que confluyen en cada caso. Como explica Düvell (2011: 292), el estatuto de migrante puede no ser único y presentar asimetrías que combinen elementos regulares e irregulares sobre una misma persona, como por ejemplo en el caso de un migrante trabajador que cuenta con una autorización de residencia que no le habilita a trabajar, o que le habilita sólo a determinados trabajos, o por una cantidad específica de horas que en la práctica pueden incumplirse.

La irregularidad suele tener lugar en mayor medida una vez que la persona extranjera se encuentra en el territorio tras haber cruzado las fronteras de manera regular. En consecuencia, la especial preocupación de los Estados por la migración irregular en las fronteras no responde necesariamente a la realidad de las personas migrantes que intentan acceder a sus territorios o que ya habitan en ellos. En este sentido, Düvell (2009) identifica las siguientes causas por las que una persona extranjera incurre en una situación irregular, en orden de relevancia cuantitativa: 1) en la mayoría de casos, por superación del tiempo fijado en el permiso de permanencia, o por encontrarse en una situación laboral contraria a las leyes de inmigración; 2) en los supuestos de solicitantes de asilo, por el rechazo de la solicitud sin que opere el retorno o no se pueda proceder a la devolución; 3) por deficiencias administrativas durante los procedimientos de solicitud, renovación o apelación relativos a permisos de residencia y trabajo; 4) por entrada irregular. Por tanto, siguiendo a Düvell (2011: 276), la entrada irregular, aquella que despierta la mayor alarma mediática y política en torno a la migración, es en realidad la causa menos relevante en la producción de la irregularidad.

Ahora bien, la construcción política de la categoría del migrante irregular impacta especialmente en el caso de aquellas personas en búsqueda de protección internacional. El diseño del marco jurídico, tanto internacional como regional, obliga en ocasiones a los solicitantes de asilo a recurrir a las vías irregulares de acceso al territorio a fin de ser reconocidos como tales. Como consecuencia, existe una problemática confluencia de estatutos entre las categorías del migrante irregular, a quien el Estado pretende excluir y contener fuera de su territorio, y del solicitante de asilo y refugiado, a quienes el mismo Estado tiene la obligación de proteger y no sancionar.

II. ENTRE LA IRREGULARIDAD Y LA PROTECCIÓN: LOS SOLICITANTES DE ASILO Y EL ESTATUTO DE REFUGIADO

La vinculación entre la migración irregular y el asilo, tanto en los momentos previos como posteriores a la entrada al territorio es cada vez más estrecha. Durante el itinerario migratorio, principalmente cuando éste transcurre por vías irregulares, la indefinición del estatuto que corresponde a las personas migrantes –entre la (prohibida) irregularidad y la (legítima) búsqueda de protección– les coloca en una situación caracterizada por la denegación del acceso a los derechos reconocidos a los ciudadanos y a los residentes (Soliman, 2019: 233).

Una vez que el migrante se encuentra en la frontera o dentro del territorio, se activa la posibilidad de iniciar el procedimiento de protección internacional, momento a partir del cual se configura el estatus formal de solicitante de asilo. En caso de que el resultado de la solicitud sea negativo, la permanencia en el territorio se convierte en una situación de migración irregular, siendo ésta la segunda causa más común de producción de la irregularidad según las investigaciones de Düvell (2009). Se trata de una consecuencia indirecta o colateral del procedimiento de asilo.

En el ámbito de la UE, tal consecuencia queda reforzada por efecto del SECA, en cuanto impide la opción de solicitar protección internacional en otro Estado miembro (Ghio y Blangiardo, 2019). De este modo, la conexión entre migración irregular y asilo se torna aún más evidente, ya que, como explica Moldovan (2018: 85), la política común de asilo se ha construido con el objetivo principal de prevenir la migración irregular y el abuso del sistema de asilo y garantizar el control y la seguridad de las fronteras. El acceso al asilo se encuentra restringido por el conjunto de políticas y prácticas de los Estados dirigidas a "combatir" el cruce irregular de fronteras. Esto último demuestra que, desde la perspectiva del Estado, el asilo puede ser considerado simplemente como una vía adicional de migración irregular.

En la misma línea, según Craig (2013), la mayoría de los instrumentos legislativos del SECA, sino todos, son incapaces de disociar la protección del asilo del control migratorio, alimentado un proceso de securitización y de exclusión de los solicitantes de asilo por encima de su protección. En el marco de las reglas del sistema común, los Estados cuentan con una amplia discrecionalidad para evitar el cumplimiento de sus obligaciones de protección internacional mediante la aplicación de procedimientos breves y acelerados (Craig, 2013: 55). Como resultado, la política común de asilo no se aleja de la política común de migración y opera en definitiva como una causa adicional en la producción de la irregularidad migratoria. Ambas políticas van orientadas hacia la disuasión y la restricción de los movimientos "no deseados". Como se analiza en el siguiente apartado, las garantías de protección contempladas en la Convención sobre el Estatuto de Refugiado quedan reducidas a la prohibición de sancionar la situación migratoria irregular y al principio de *non-refoulement*, que se tornan operativas cuando el solicitante de asilo consigue cruzar la frontera o se encuentra de cualquier otra forma bajo la jurisdicción o el control efectivo del Estado.

1. Las limitaciones de la protección internacional en la Convención sobre el Estatuto de los Refugiados

La Convención y el Protocolo sobre el Estatuto de los Refugiados son un conjunto de instrumentos vinculantes fundamentales dentro del marco jurídico internacional, no sólo en lo relativo al Derecho internacional de refugiados sino también respecto a la regulación de la movilidad humana en general. La Convención es uno de los primeros instrumentos jurídicos internacionales del orden contemporáneo en establecer obligaciones para los Estados en materia de movilidad humana y, en concreto, de desplazamientos forzados entre fronteras por motivos de persecución. Por otro lado, debido a las escasas normas vinculantes para los Estados en materia de migración a nivel internacional, los tratados de derechos humanos también cobran una relevancia especial al momento de determinar cuáles son las responsabilidades de los Estados y los límites al poder soberano del control fronterizo y migratorio (Wilsher, 2012: xvi).

En este contexto, la Convención sobre el Estatuto de los Refugiados fue aprobada en Ginebra en 1951, tras la Segunda Guerra Mundial, como una respuesta de la comunidad internacional a los desplazamientos forzados producidos por las persecuciones de los regímenes totalitarios en Europa. Uno de los propósitos de los Estados firmantes era distribuir y limitar sus responsabilidades de proteger a las personas que huían y llegaban a sus fronteras. De manera expresa, la Convención circunscribió en un primer momento su alcance a los acontecimientos que tuvieron lugar en Europa antes del 1 de enero de 1951 (art. 1.A.2). Posteriormente, el Protocolo de Nueva York de 1967 eliminó este límite espacial y temporal, de tal modo que la Convención de Ginebra se convirtió en el instrumento básico de protección internacional.

Según la jurisprudencia consolidada del Tribunal Europeo de Derechos Humanos (TEDH), los Estados son titulares de competencias soberanas en el momento de controlar el cruce de sus fronteras y regular las condiciones de ingreso y permanencia en sus territorios. Sin embargo, ese control debe realizarse de manera acorde a las obligaciones de protección de derechos humanos, de tal modo que los intereses nacionales no pueden significar una privación de los derechos reconocidos a personas migrantes según la normativa internacional[28]. Tales restricciones a la soberanía estatal cobran mayor sentido cuando el cruce de fronteras tiene por objeto la búsqueda de protección internacional, aun cuando la persona se encuentre en el lugar donde su vida o libertad están amenazadas.

De este modo, las obligaciones de protección internacional representan excepciones al poder de los Estados y permiten el equilibrio entre soberanía y derechos, que se fundamenta en una interpretación sistemática de la Convención de Ginebra de 1951 sobre el Estatuto de los Refugiados en conjunto con los tratados internacionales de derechos humanos.

El vigente artículo 1.A.2 de la Convención establece las condiciones que debe reunir una persona para que se le reconozca el estatuto de refugiado:

> "Que, [...] debido a fundados temores de ser perseguida por motivos de raza, religión, nacionalidad, pertenencia a determinado grupo social u opiniones políticas, se encuentre fuera del país de su nacionalidad y no pueda o, a causa de dichos temores, no quiera acogerse a la protección de tal país; o que, careciendo de nacionalidad y hallándose, a consecuencia de tales acontecimientos, fuera del país donde antes tuviera su residencia habitual, no pueda o, a causa de dichos temores, no quiera regresar a él."

A pesar del carácter fundamental de la protección reconocida en la Convención de Ginebra de 1951, su ámbito de aplicación presenta limitaciones, principalmente vinculadas a la dependencia de la protección al elemento geográfico. En

---

28 TEDH, Sala, Sentencia de 25 de junio de 1996, *Amuur v. France*, asunto 19776/92, párr. 41.; TEDH, Gran Sala, Sentencia de 28 de febrero de 2008, *Saadi v. Italy*, asunto 37201/06, párr 125.

este sentido, la protección del estatuto de refugiado está condicionada a la entrada y permanencia en el territorio del Estado. La primera limitación se desprende de la definición de persona refugiada, según el artículo 1.A.2, en cuanto requiere que la persona se encuentre fuera de su país de nacionalidad o residencia. Hathaway (2007: 353) explica que el requisito territorial de encontrarse fuera del país responde a una cuestión lógica, ya que es el presupuesto para que la comunidad internacional pueda tomar intervención en términos prácticos. Como consecuencia, la aplicación de la Convención presupone que ha tenido lugar un cruce de fronteras entre Estados, lo que en definitiva configura la situación de migración internacional. A pesar de la lógica jurídica apuntada, existe de todos modos un vacío legal cuando la persona se encuentra fuera del país de origen pero aún no ha llegado ni ha atravesado las fronteras de otro Estado y permanece, por ejemplo, en una zona internacional. En estos espacios, como se analiza más abajo, la garantía de protección queda limitada al principio de *non-refoulement* que, en la Convención de Ginebra, no presenta restricciones geográficas.

A su vez, otros artículos de la Convención condicionan el reconocimiento de derechos a las personas refugiadas o solicitantes de asilo a la simple presencia (arts. 2, 4, 27), la presencia regular (arts. 18, 26, 32) o la residencia regular (arts. 15, 17.1, 19, 21, 23, 24, 28) en el territorio del Estado de destino. Tales términos no se encuentran definidos en la Convención, lo que genera problemas de interpretación. No obstante, aún antes del reconocimiento del estatuto de refugiado, la Convención de Ginebra establece una serie de derechos a los solicitantes de asilo –categoría que no se encuentra definida ni en la Convención ni en su Protocolo– (Wilsher, 2012: 127).

La limitación a la protección internacional derivada del elemento geográfico se acentúa debido a que la Convención no contiene ninguna disposición que contemple un derecho a la entrada y el cruce de fronteras para solicitar asilo. La garantía queda reducida al principio de *non-refoulement* (art. 33) y a la prohibición de sancionar la entrada y permanencia irregular (art. 31). En virtud del principio de *non-refoulement*, el Estado no puede devolver a quien se encuentre en sus fronteras a un lugar donde su vida o libertad se encuentren en peligro. Sin embargo, la Convención no especifica los medios a través de los cuales es posible acceder a tales fronteras ni provee un régimen especial de entrada para solicitantes de asilo. De la literalidad de sus normas, no queda claro si el solicitante de asilo debe cumplir la legislación migratoria como cualquier otra persona extranjera, o si el Estado debería ceder esta cuota de soberanía y ser deferente con la entrada de quien es perseguido y se encuentra en situación de vulnerabilidad (Moreno-Lax, 2008: 344). En cualquier caso, el artículo 31 de la Convención es contundente al prohibir al Estado penalizar al solicitante de asilo por su situación migratoria irregular.

El silencio normativo respecto a las vías de acceso al territorio provoca que, en la práctica, los solicitantes de asilo deban cumplir las condiciones generales de entrada como extranjeros. La tensión entre protección y exclusión queda irresuelta (Craig, 2013: 56). Se trata de una brecha en el sistema de protección internacional, sobre la que los Estados asientan su soberanía para soltarse de los amarres del Derecho Internacional de refugiados. Como resultado de esta colisión entre la aspiración de protección internacional y el control fronterizo ordinario de los Estados, los solicitantes de asilo se ven obligados a recurrir a vías irregulares para el cruce de las fronteras y el acceso al territorio. La ausencia de un régimen especial de entrada para los solicitantes de asilo se convierte así en una causa adicional en la producción de la irregularidad migratoria.

En caso de no cumplir las condiciones generales de entrada, el artículo 31 de la Convención dispone que los Estados no impondrán sanciones penales con motivo de la entrada o la presencia "sin autorización". Al respecto, durante la negociación de la Convención, se señaló que las medidas de inadmisión o expulsión de un solicitante de asilo con motivo de su entrada irregular deberían ser consideradas como sanciones pues, en caso contrario, tales medidas provocarían un efecto contrario al objetivo de la Convención[29]. Siguiendo a Moreno-Lax (2008: 347), si las medidas de interceptación de migrantes son consideradas como prácticas de *refoulement*, podría arribarse a igual conclusión con respecto al sistema de visas y de sanciones a transportistas, que, conforme a una interpretación de buena fe de la Convención, deberían ser inaplicables en el caso de personas refugiadas[30].

Ahora bien, una vez en el territorio del Estado de destino, la Convención de Ginebra se sostiene sobre una pretendida premisa básica de que la identificación de una persona como refugiada no presenta complicaciones en la práctica (Costello y Mouzourakis, 2016: 49). Como consecuencia de esa premisa, la naturaleza del estatuto de refugiado se considera declarativa. Así lo sostiene el

---

29 Sobre el artículo 31 de la Convención, el representante de la Secretaría sostuvo: "In this way measures of expulsion or non-admittance at the frontier, intended to protect law and order, achieve opposite results when an attempt is made to apply them to refugees without taking into account their peculiar position." Por otra parte, el representante francés manifestó que el artículo 31 debía entenderse referido tanto a sanciones de naturaleza penal como administrativa: "The French representative said that the penalties mentioned in the Article should be confined to judicial penalties only. But in so far as non-admission or expulsion had to be regarded as sanctions, they were in the vast majority of cases administrative measures, especially where they were applied at very short notice." (UNHCR, 1990).

30 Moreno-Lax (2008: 347): "If one could subsume interception measures into the wider notion of refoulement, one should reach a similar conclusion: visas and carriers' sanctions applied to refugees without considering their peculiar position reach the opposite result to the one sought by the Convention. They should, hence, be equally dismissed." En este sentido, la aplicación del sistema de visas Schengen y la normativa sobre sanciones a transportistas debería realizarse de tal manera que sea compatible con el derecho a salir del país, incluido el propio, y la prohibición de torturas y tratos o penas inhumanas o degradantes (Moreno-Lax, 2008: 351).

ACNUR en su Manual de procedimientos y criterios para determinar la condición de refugiado:

> "De acuerdo con la Convención de 1951, una persona es un refugiado tan pronto como reúne los requisitos enunciados en la definición, lo que necesariamente ocurre antes de que se determine formalmente su condición de refugiado. Así pues, el reconocimiento de la condición de refugiado de una persona no tiene carácter constitutivo, sino declarativo. No adquiere la condición de refugiado en virtud del reconocimiento, sino que se le reconoce tal condición por el hecho de ser refugiado." (ACNUR, 2019: párr. 28).

Según la Convención, la categoría de refugiado se configura atendiendo a su condición de víctima de una situación de grave vulneración de derechos humanos. Así lo entiende, por ejemplo, el ACNUR al afirmar que por "persecución" cabe entender toda violación grave de derechos humanos por los motivos señalados en la Convención (ACNUR, 2019: párr. 54), de tal modo que "un refugiado es una víctima, o una posible víctima, de la injusticia y no un prófugo de la justicia" (ACNUR, 2019: párr. 56). Como consecuencia, el objetivo de la protección internacional es garantizar la permanencia de la persona en un lugar seguro y evitar colocarla en otro donde su vida, integridad y libertad se encuentren en peligro. La obligación de protección se fundamenta en la situación de desprotección o en la falta de confianza de la persona respecto a la protección que puede brindarle su Estado de nacionalidad u origen. Esta es una de las notas distintivas de la condición de refugiado frente a la de migrante, ya que la situación de vulnerabilidad exige un tratamiento especial y justifica la exoneración de requisitos que de otra forma no podrían ser cumplidos, como se desprende del artículo 6 de la Convención (Hathaway, 2007: 352; Moreno-Lax, 2008: 331).

Sin embargo, en la práctica el reconocimiento del estatuto de refugiado requiere previamente el paso por la categoría de solicitante de asilo. A diferencia de la Convención sobre el Estatuto de Refugiado que no contiene una definición de "solicitante de asilo", el Derecho de la UE expresamente establece que por tal se entiende: "un nacional de un tercer país o un apátrida que haya presentado una solicitud de protección internacional sobre la cual todavía no se haya tomado una decisión definitiva"[31].

Con todo, la Convención sobre el Estatuto de los Refugiados y su Protocolo ofrecen una protección limitada a las personas en búsqueda de asilo antes de que el Estado les reconozca como refugiadas y, principalmente, antes de que arriben al territorio o puedan presentar una solicitud formal de asilo. En tales circunstancias, la protección de la Convención queda circunscrita, por un lado, a la prohibición de imponer sanciones penales con motivo de la situación de migración irregular, según lo dispuesto por el artículo 31, y, por otro, al principio de *non-refoulement*, reconocido en el artículo 33. Este último es la piedra angular del Derecho internacional de refugiados y, de acuerdo al criterio del ACNUR (UNHCR, 1994) configura una norma imperativa de Derecho internacional general (*jus cogens*). A diferencia de otras disposiciones de la Convención, el artículo 33.1 no incluye condiciones territoriales para su aplicación y, como tal, es consecuente con la naturaleza declarativa del estatuto de refugiado. En este sentido, como explica Moreno-Lax (2008: 333), el principio de no devolución configura un derecho a la no deportación o inadmisión en la frontera, e incluso, conforme a una interpretación *pro homine*, el artículo 33.1 implica en alguna medida un derecho de entrada al Estado de acogida.

---

31 Directiva 2011/95/UE del Parlamento Europeo y del Consejo, de 13 de diciembre de 2011, por la que se establecen normas relativas a los requisitos para el reconocimiento de nacionales de terceros países o apátridas como beneficiarios de protección internacional, a un estatuto uniforme para los refugiados o para las personas con derecho a protección subsidiaria y al contenido de la protección concedida (refundición) (DO L 337, 20.12.2011, p. 9-26), art. 2.i.

2. *Sin vías de acceso: las condiciones de entrada a la UE y su (in)aplicación a los solicitantes de asilo*

Como sostienen Den Heijer, Rijpma y Spijkerboer (2016: 618), la dimensión exterior de la política europea común de asilo se caracteriza por las limitadas oportunidades de acceso al territorio de la UE por parte de las personas en búsqueda de protección. El diseño del SECA brinda una protección restringida al ámbito interno, ya que sus disposiciones cobran sentido únicamente cuando las personas solicitantes de asilo se encuentran en el territorio de la UE, pero no prevén vías especiales de acceso que garanticen el cruce regular de las fronteras. Al respecto, Dreyer-Plum (2019: 530) considera que, como resultado de la diversidad de actores e intereses en juego en el diseño de la política común de asilo, los instrumentos del SECA no brindan ninguna facilidad a la entrada de solicitantes de asilo y dejan sin solución el conflicto entre las políticas de control fronterizo y las obligaciones de protección internacional.

El marco jurídico sobre el cruce de fronteras exteriores y la concesión de visados para nacionales de terceros países contempla dos alternativas ambiguas para refugiados que intenten acceder de manera regular a la protección internacional de los Estados miembros de la UE (Moreno-Lax, 2008: 329): i) la autorización discrecional y excepcional de un Estado miembro mediante visados de validez territorial limitada, y ii) la exención *de facto* (y poco probable) del transportista cuando la persona alegue encontrarse en búsqueda de protección internacional. Ambas alternativas están sujetas a la apreciación discrecional del Estado. Como sostuvo el TJUE en el asunto *X y X c. Bélgica*[32], el Derecho de la UE no contempla expresa ni claramente una obligación de los Estados de expedir visados humanitarios para acceder al territorio (Morgades Gil, 2021: 256). Sin embargo, siguiendo el criterio del Tribunal de Luxemburgo en esa misma

---

[32] TJUE, Gran Sala, *X y X c. Bélgica*, sentencia de 7 de marzo de 2017, asunto C-638/16 PPU (ECLI:EU:C:2017:173).

resolución, la posibilidad no se encuentra obstaculizada y puede ser incluida por los Estados miembros en sus ordenamientos internos.

El Reglamento 539/2001[33] contiene en sus Anexos I y II las listas de países a cuyos nacionales se les exige el requisito de visado y aquellos otros que se encuentran exceptuados. Este régimen diferenciado da lugar a la distinción entre países en "lista blanca" (*white list*) y países en "lista negra" (*black list*). Conforme al preámbulo del Reglamento, la determinación de los terceros Estados cuyos nacionales están obligados o exceptuados del requisito de visado se realiza mediante "una evaluación, ponderada caso por caso, de diversos criterios relativos en particular a la inmigración clandestina, al orden público y a la seguridad, así como a las relaciones exteriores de la Unión con los terceros países, teniendo también en cuenta las implicaciones de la coherencia regional y de la reciprocidad" (párr. 5).

Es decir, los criterios para incluir a un país en una u otra lista obedecen a políticas de diplomacia internacional y de control migratorio, sin atender a consideraciones sobre las situaciones de persecución o las necesidades de protección que pueden presentar las personas nacionales de los respectivos Estados (Moreno-Lax, 2008: 324). Por su parte, entre las excepciones al requisito de visado contempladas en el artículo 4 del Reglamento, tampoco se prevén motivos relacionados a la búsqueda de protección internacional. Incluso, los países de procedencia de la mayoría de personas reconocidas como refugiadas en la UE, como son los casos de Afganistán, Irak, Somalia o Sudán, se encuentran comprendidos en la "lista negra" y sus naciona-

---

33 Reglamento (CE) 539/2001 del Consejo, de 15 de marzo de 2001, por el que se establecen la lista de terceros países cuyos nacionales están sometidos a la obligación de visado para cruzar las fronteras exteriores y la lista de terceros países cuyos nacionales están exentos de esa obligación (DO L 81, 21.3.2001, p. 1-7).

les están obligados a presentar un visado de entrada de corta duración (Moreno-Lax, 2008: 324).

El Reglamento (CE) 80/2009, que establece el Código Comunitario sobre Visados[34], tampoco reconoce ninguna excepción para los solicitantes de asilo. Por el contrario, según su artículo 1, el Código "se aplicará a los nacionales de terceros países sometidos a la obligación de visado para cruzar las fronteras exteriores de los Estados miembros, de conformidad con el Reglamento (CE) no 539/2001", reconociendo como excepciones el derecho de libre circulación de nacionales de terceros países que sean familiares de ciudadanos de la UE, o respecto de quienes la UE o sus Estados miembros mantengan acuerdos especiales.

Por otro lado, los Estados miembros y la Unión han desarrollado un marco jurídico mediante el cual una parte importante del control migratorio se delega a las agencias de los servicios de transporte. La clave de efectividad de la delegación consiste en la imposición de sanciones a transportistas que trasladen a personas que no cumplen las condiciones legales de entrada al territorio. Como consecuencia, opera un proceso de privatización del control migratorio (Scholten, 2015). Así, por ejemplo, en los vuelos desde terceros países hacia un Estado miembro, el control de la documentación se realiza con carácter previo a la llegada al territorio de la UE (Convenio de Aplicación del Acuerdo Schengen, art. 4.1) y es encomendado a las empresas transportistas. En caso de incumplimiento, la Directiva 2001/51/CE[35] establece sanciones para los transportistas que trasladen a personas extranjeras sin la documentación

---

34 Reglamento (CE) 80/2009 del Parlamento Europeo y del Consejo, de 14 de enero de 2009, por el que se establece un código de conducta para los sistemas informatizados de reserva y por el que se deroga el Reglamento (CEE) 2299/89 del Consejo (Texto pertinente a efectos del EEE) (DO L 35, 4.2.2009, p. 47-55).

35 Directiva 2001/51/CE del Consejo, de 28 de junio de 2001, por la que se completan las disposiciones del artículo 26 del Convenio de apli-

obligatoria. Moreno-Lax (2008: 322) denomina este supuesto como "interceptación pasiva o administrativa". Para evitar las sanciones, los transportistas deben denegar el embarque de quienes no cumplan las condiciones de entrada. La regulación jurídica de la función de control por parte de los transportistas no incluye expresamente la posibilidad de realizar excepciones cuando se trate de persona que aleguen encontrarse en búsqueda de protección internacional.

Sin embargo, tanto el régimen de visados como la regulación sobre sanciones a transportistas debe integrarse con otras normas que contemplan excepciones basadas en el derecho de asilo y en la obligación de protección internacional (Moreno-Lax, 2008: 319). El Código de Fronteras Schengen establece que, en su aplicación, los Estados deben actuar dentro del pleno respeto de los derechos reconocidos en la CDFUE y del Derecho internacional, incluida la Convención de Ginebra de 1951, y la correlativa obligación de protección internacional y el principio de no devolución (art. 4). Para ello, las reglas sobre cruces de fronteras interiores o exteriores no afectarán a "los derechos de los refugiados y solicitantes de protección internacional, en particular en lo relativo a la no devolución" (art. 3.b). Las obligaciones de protección internacional configuran una excepción a la sanción del cruce no autorizado fuera de los pasos fronterizos y de las horas de apertura (art. 5.3). En tales casos, el Código de Fronteras Schengen reconoce que las condiciones de entrada no pueden significar un obstáculo al cumplimiento de las normas relativas al derecho de asilo y a la protección internacional (art. 14.1).

Además, el Código de Fronteras Schengen establece que "por motivos humanitarios, de interés nacional o por obligaciones internacionales, todo Estado miembro podrá autorizar la entrada en su territorio a nacionales de terceros países que

---

cación del Acuerdo de Schengen de 14 de junio de 1985 (DO L 187, 10.07.2001, p. 45-46).

no cumplan algunas de las condiciones establecidas en el apartado 1" (art. 6.5.c). El Convenio de Aplicación del Acuerdo Schengen contiene una norma similar según la cual la denegación de entrada no se aplicará cuando una Parte contratante "considera necesario establecer una excepción a este principio por motivos humanitarios o de interés nacional o por obligaciones internacionales" (art. 5.2). En ese supuesto, la autorización se realizará mediante la expedición de un visado cuya validez será limitada al territorio del Estado que autoriza la entrada, debiendo advertir de ello a las demás partes contratantes (arts. 5.2 y 16).

Asimismo, al fijar las obligaciones de los transportistas y la imposición de sanciones en caso de incumplimiento, el Convenio de Aplicación del Acuerdo Schengen deja a salvo los compromisos resultantes de la Convención sobre el Estatuto de los Refugiados (art. 26). En línea con tal marco jurídico, el artículo 4.2. la Directiva sobre sanciones a transportistas establece que éstas "se [aplicarán] sin perjuicio de las obligaciones de cada Estado miembro en caso en los que un nacional de un tercer país busque protección internacional"[36].

Siguiendo el razonamiento de Moreno-Lax (2008: 321), la falta de vías legales de acceso al sistema de asilo debe ser subsanada mediante una interpretación sistemática de las normas comunes sobre cruce de fronteras, que adecue los regímenes de migración a las obligaciones de protección internacional. A pesar de la debilidad del régimen jurídico de la UE sobre la introducción de excepciones a las condiciones regulares de acceso al territorio, la conjunción de normas internacionales y regionales permite sostener la primacía de la obligación de protección por

---

[36] En igual sentido, se reconoce en el preámbulo de la Directiva 2001/51/CE, op. cit., párr. 3: "La presente Directiva debería aplicarse sin perjuicio de los compromisos que resultan de la Convención de Ginebra de 28 de julio de 1951 sobre el Estatuto de los Refugiados, tal como fue modificada por el Protocolo de Nueva York de 31 de enero de 1967."

encima del poder de control e irregularización de la categoría de solicitantes de asilo y refugiados.

III. CONCLUSIONES

Las fronteras y el control migratorio, en cuanto dispositivos de vigilancia, provocan como efecto la categorización de las personas que intentan acceder al territorio de los Estados o de aquellas que en ellos habitan. Estas categorías oscilan entre la ciudadanía, a la que se le reconocen plenos derechos, y la migración irregular, a la que el sistema jurídico busca contener fuera y expulsar del territorio. De este modo, la categorización subjetiva construye una especie de pirámide jerárquica de los sujetos según los derechos que les son reconocidos en función de sus respectivas etiquetas. En el vértice de la pirámide se ubica la ciudadanía, cuya primera condición es la posesión de una determinada nacionalidad, a la cual queda aparejada el disfrute del amplio conjunto de derechos civiles, políticos, sociales, económicos y culturales. Los siguientes escalones de la pirámide descienden progresivamente, a la vez que se restringen los derechos reconocidos, hasta llegar a la última categoría del migrante irregular.

Dentro de la UE, uno de los mayores hitos de la integración ha sido la construcción de una categoría autónoma de la ciudadanía europea, que deriva de la nacionalidad de un Estado miembro y que, como tal, presupone la existencia de una comunidad europea homogénea, diferenciada y diferenciable con respecto a otras. En contraposición a la ciudadanía, la categoría de extranjero se construye por negación, como toda aquella persona que no sea nacional de un Estado miembro o, en otras palabras, que sea nacional de un tercer país. Como resultado, ciudadanía y extranjería se presentan como una división binaria basada en la alteridad u "otredad": quien no sea ciudadano (europeo) será extranjero. Por su parte, la categoría de nacional de un tercer país se sujeta a una segunda clasificación binaria, entre regular e irregular, según que la persona extranjera cumpla las condiciones fijadas por la ley para entrar y permanecer en el territorio de cada Estado.

La principal consecuencia de la categorización subjetiva es la atribución de diferentes estatutos jurídicos a cada persona, con diversos grados de reconocimiento de derechos. Con todo, aunque la categoría de irregular se defina por la infracción a la ley, se trata de un producto del propio sistema jurídico. Al igual que sucede en el Derecho penal con la tipificación del delito, entendido como una construcción social, política y jurídica que se consagra como una conducta criminal por la ley, en el Derecho de extranjería la irregularidad tampoco tiene autonomía ontológica. Por tanto, el migrante irregular es un resultado del Derecho. La irregularidad no es un vacío, ni es sólo una zona fuera de la ley, sino que deriva y se encuentra siempre conectada y en dependencia con esta última. Es el propio Derecho el que facilita, dificulta o por completo anula las vías regulares de migración. La irregularidad migrante implica una relación con el Estado, que otorga un determinado estatuto jurídico y que, al igual que sucede con la ciudadanía, configura una determinada identidad política. Como consecuencia, la irregularización es también un proceso legal.

Ahora bien, el conjunto de categorías subjetivas se presenta en la teoría, y en la norma, como una distinción aparentemente clara, cuya aplicación permitiría catalogar fácilmente a cada persona y reconocerle un determinado estatuto jurídico. Sin embargo, en la práctica, los límites de la clasificación se difuminan y los márgenes entre una y otra categoría se desdibujan. En la realidad, las categorías no se presentan como compartimentos estancos sino como un *continuum*. De este modo, las categorías pueden superponerse en una misma persona. Así, por ejemplo, una mujer migrante transexual que recurre a vías irregulares para acceder a un Estado en búsqueda de "mejores oportunidades de vida" puede estar impulsada por la falta de oportunidades de trabajo en su lugar de origen debido a situaciones de persecución con motivo de su identidad de género.

En otros casos, las diferentes categorías pueden sucederse a lo largo del tiempo. Por ejemplo, las personas en búsqueda de protección internacional pueden verse obligadas a recurrir a la migración irregular para salir de sus lugares y cruzar las fronteras del Estado de tránsito o de destino. Así, en la práctica, la categoría del solicitante de asilo supone en muchas ocasiones el tránsito previo por la categoría del migrante irregular, principalmente cuando no existen, o cuando son escasas, las vías regulares de acceso a los sistemas de asilo.

A partir de la segunda mitad del siglo XX, la codificación de los derechos humanos en declaraciones y tratados internacionales significó un avance fundamental en la protección de las personas con independencia de su nacionalidad, de su lugar de origen o de cualquier otro criterio que pudiera suponer una distinción arbitraria. Si bien los principales tratados de derechos humanos no refieren específicamente a las personas migrantes, el proceso de codificación a nivel internacional puede considerarse un avance fundamental para la protección de sus derechos y una salvaguarda frente al poder discrecional de los Estados de tránsito y destino. Sin embargo, la protección no es total y continúa sujeta en gran medida a la discrecionalidad de los Estados. En particular, la Declaración Universal de Derechos Humanos de 1948 (DUDH) y el Pacto Internacional de Derechos Civiles y Políticos de 1966 (PIDCP) recogen el derecho a salir de cualquier país, incluido el propio (DUDH, art. 13.2; PIDCP, art. 12.2), pero ello no supone correlativamente un derecho de entrada al territorio de otro, que en todo caso quedará siempre sujeto a su respectiva regulación. La única garantía de protección en el momento del cruce de fronteras internacionales se reduce, tanto en el Derecho internacional de derechos humanos como en el Derecho internacional de refugiados, al principio de *non-refoulement*. Este principio, en cuanto norma básica de la protección internacional, junto con la prohibición de expulsiones colectivas y la prohibición de sancionar la entrada irregular, representan las únicas excepciones previstas en el marco internacional al monopolio absoluto del Estado en el control fronterizo. No obstante, aun así, la prohibición de devolución tampoco implica necesariamente una autorización de entrada y de permanencia.

La posibilidad de acceder a la categoría del solicitante de asilo por vías regulares depende, entonces, de las leyes de migración y de protección de cada Estado. Para pedir asilo, antes es necesario migrar. Si bien el Derecho distingue el asilo de la migración, como dos supuestos diversos que generan diferentes obligaciones para los Estados, en la práctica ambas situaciones pueden confluir. La acumulación de categorías es una consecuencia lógica derivada del propio sistema jurídico internacional y europeo de protección internacional. La Convención y el Protocolo sobre el Estatuto de los Refugiados no contienen ninguna previsión especial que establezca la obligación de los Estados de habilitar una vía regular de acceso al asilo desde fuera del territorio. De hecho, la Convención y el Protocolo asumen que un solicitante de asilo puede encontrarse en la necesidad de recurrir a la irregularidad, al señalar que los Estados no pueden imponerle sanciones por tal motivo.

Asimismo, en el campo del Derecho de la UE, el SECA tampoco contempla formas especiales de acceso al territorio de los Estados miembros. Las reglas comunes del sistema de asilo en la Unión se limitan a las normas sobre el reconocimiento de las personas merecedoras de protección, las condiciones de su acogida y la determinación del Estado responsable de la tramitación del procedimiento. No existen normas específicas sobre el cruce de fronteras y entrada al territorio de los solicitantes de asilo, salvo una excepción establecida en términos generales en el Código de Fronteras Schengen, según la cual su aplicación será conforme a la CDFUE y al Derecho internacional, incluida la Convención y el Protocolo sobre el Estatuto de los Refugiados. Por el contrario, al igual que estos dos últimos instrumentos, el Reglamento Dublín III asume que los solicitantes de asilo pueden verse obligados a ingresar de manera irregular, al establecer el primer lugar de entrada irregular como el criterio residual de determinación del Estado responsable del procedimiento. Por fuera de esta disposición específica del Reglamento Dublín III, no existen otras normas en el SECA que hagan referencia a cómo las personas extranjeras pueden ingresar para solicitar protección. Según la jurisprudencia del TJUE analizada en este capítulo, los Estados pueden establecer canales de entrada para solicitantes de asilo que se encuentran en terceros países, por ejemplo mediante la expedición de visados humanitarios en las embajadas, pero el Derecho de la UE no los obliga a ello. Como resultado de la anomia relativa al acceso, la protección internacional se habilita tras el cruce de la frontera. Hasta entonces, el solicitante de asilo que no cumpla las condiciones de entrada será catalogado como un migrante irregular.

Más allá de los conflictos epistémicos derivados del llamado “fetichismo de las categorías”, el principal problema de la superposición o la sucesión concatenada de etiquetas se presenta con relación a la efectiva protección de los derechos. Este problema se agrava en el caso de las personas que se encuentran en búsqueda de asilo, cuya vulnerabilidad se exacerba en caso de no poder cumplir los requisitos necesarios para una migración regular. El reconocimiento de sus derechos queda condicionado a que los solicitantes de asilo por sí mismos puedan abandonar la categoría de migrante irregular, tras cruzar las fronteras sorteando la aplicación de las leyes de migración, y presentar formalmente una solicitud de asilo que les permita “pasar” de categoría. En este sentido, en situaciones de irregularidad, las fronteras se convierten en espacios “sin derechos” o de “Derecho contra-migratorio”, que se perpetúan y se expanden posteriormente a lo largo del territorio.

Frente a este contexto, como se analiza en el siguiente capítulo, las tendencias políticas imperantes en la gobernanza migratoria a nivel global se caracterizan actualmente por una serie de procesos que obstaculizan seriamente el paso de la migración irregular a la solicitud de protección. Los Estados del llamado Norte global externalizan sus controles, mediante la aplicación extraterritorial del control migratorio y mediante la atribución de responsabilidades de contención de la migración irregular a los países del Sur global, considerados lugares de origen y de tránsito. En simultáneo, estos últimos importan las lógicas y herramientas del control fronterizo y migratorio, y los aplican de manera concomitante en relación con otros países que son también lugares de origen y espacios de tránsito.

Como se estudia a continuación, la "preocupación" de los Estados por la prevención de la migración irregular se manifestó notablemente a partir de las décadas de 1970 y 1980, tras los años de recesión económica generalizada en Estados Unidos, Europa y América Latina, con el objeto de regular el acceso a los mercados de trabajo. En el caso específico del Espacio Schengen, además, esta preocupación se multiplicó debido a la puesta en marcha del sistema de libertad de circulación entre fronteras interiores a partir de 1990. Sin embargo, las políticas actuales de gobernanza migratoria se definieron sustancialmente a partir de los primeros años del siglo XXI, y en particular desde los atentados terroristas que se sucedieron en Nueva York y en diferentes ciudades europeas a partir de 2001 en adelante.

Desde entonces, la percepción de las migraciones como una amenaza a la seguridad exterior e interior produjo una serie de procesos "en cascada": si la migración –irregular– es una amenaza (securitización), es necesario prevenirla y contenerla lejos (externalización)y, si llega, es preciso detenerla, reprimirla y expulsarla (criminalización). Este conjunto de procesos de securitización, externalización y criminalización, que se analizan en los siguientes capítulos, provocó un mayor bloqueo en el cruce de las fronteras. Como resultado, estas últimas incrementaron su función de dispositivos de control y categorización de las personas para la preservación de la seguridad. Ante la percepción de inseguridad, los Estados han respondido mediante el método tradicional del poder penal como herramienta de defensa. En el ámbito de las migraciones, el monopolio soberano de los Estados en la vigilancia de las fronteras y el control sobre las personas que las atraviesan confluye con el monopolio para la preservación de la seguridad exterior e interior y el empleo del poder penal para hacer frente a cualquier riesgo o amenaza que ponga en entredicho el llamado orden público.

Capítulo 4
LAS RESPUESTAS A LA MIGRACIÓN COMO "AMENAZA A LA SEGURIDAD": CONTROL MIGRATORIO HACIA FUERA, PODER PENAL HACIA DENTRO

Introducción:

Securitización, externalización y criminalización como procesos en cascada

Las políticas de control migratorio de los Estados del norte global presentan en general una naturaleza compleja, en cuanto buscan abordar de manera fusionada las múltiples y diferentes problemáticas que giran en torno a la movilidad humana a través de las fronteras. Con especial intensidad desde el final de la Guerra Fría, tales políticas se han caracterizado por sus tendencias hacia la externalización, la privatización y la securitización de las estrategias y los mecanismos de control (Spikerboer, 2018: 453). Como resultado, la complejidad del fenómeno migratorio suele quedar reducida a la prevalencia del interés por preservar la seguridad del Estado, cuya prioridad se coloca por encima de la seguridad humana de las personas migrantes, las posibilidades de acceso al territorio en condiciones regulares y las necesidades de protección internacional de eventuales solicitantes de asilo (Noll, 2003a, 2018; Goldner Lang, 2018: 2). Estas dinámicas se han acentuado notablemente durante las últimas dos décadas. El énfasis sobre la preservación de la seguridad a través del control migratorio se ha materializado mediante la expansión del proceso de criminalización de la migración, esto es la asociación de los movimientos migratorios y de las personas migrantes a situaciones de criminalidad y su tratamiento mediante mecanismos propios del poder penal.

Desde los albores del siglo XXI, la gestión de la movilidad humana se desarrolla en un contexto de creciente securitización, es decir, la percepción y el tratamiento de la persona migrante como un potencial problema de seguridad. Ello exacerba la función de selectividad que cumplen las fronteras como dispositivos de control sobre los flujos migratorios. El Estado busca expandir el alcance de sus fronteras para enfrentar a las migraciones entendidas como amenazas a la seguridad. De este modo, como explica Menjivar (2014: 355), la seguridad del Estado es la raíz de una expansión multidireccional de las fronteras, tanto hacia dentro como hacia fuera del territorio.

Hacia fuera del territorio, los Estados persiguen evitar la llegada de flujos migratorios no deseados a sus territorios, mediante la implementación de técnicas y dispositivos de "control remoto" (*remot control*: Zolberg, 2003: 195) o de "vigilancia a distancia" (*policing at distance*: Bigo y Guild, 2005: 204). Para ello, los Estados de destino "exportan" sus políticas y legislaciones migratorias restrictivas hacia los países de tránsito y de origen (Lo Coco y González Hidalgo, 2021: 80), además de desplegar agentes de control –públicos y privados– en el territorio de otros Estados o en zonas internacionales. Como resultado, la categoría de "migrante irregular" ya no se circunscribe sólo a los límites del Estado de destino, sino que se expande temporal y geográficamente más allá (Menjivar, 2014: 363), materializándose durante todas las etapas de la movilidad, tanto al momento de la entrada o permanencia en el territorio del Estado de destino como también durante el tránsito e, incluso, frente a una potencial y eventual salida.

Los argumentos del Estado (y de la UE) para sostener la legitimidad de las políticas de control migratorio más allá de las fronteras exteriores giran en torno al objetivo de evitar los peligros ínsitos en las vías irregulares de migración (Fassin, 2005; Campesi, 2011b; Walters, 2011; Cuttitta, 2014, 2018). En el diseño y la implementación de las políticas extraterritoriales subyace una lógica dual que oscila entre la protección de las personas migrantes, la impermeabilidad de las fronteras y la obstrucción al acceso al territorio. De este modo, el control migratorio concentra intereses que pueden entrar en tensión: por un lado, aprovechar los beneficios derivados de la movilidad humana y, por otro, conservar el poder del Estado de controlar la entrada y permanencia de la población en su territorio (Spijkerboer, 2018: 456). La desavenencia entre el efecto deseado (la protección, en el discurso) y el efecto producido (la restricción, en el discurso y en la práctica) resulta especialmente problemática cuando las consecuencias de la externalización recaen en la movilidad forzada de personas en búsqueda de protección internacional. Como resultado, la protección de solicitantes de asilo en tránsito se debilita no sólo ante el riesgo de ser víctimas de delitos transfronterizos, sino también de las propias medidas adoptadas por los Estados para combatir esa misma criminalidad (Gammeltoft-Hansen y Tan, 2016: 638).

En simultáneo, la implementación de políticas securitarias es el paso previo a la activación de mecanismos de poder penal para afrontar el "peligro" ("la migración irregular") al bien jurídico especialmente protegido ("la seguridad interior/exterior"). Tradicionalmente, el poder penal se erige como la respuesta automática del Estado ante cualquier fenómeno que se construya en torno a las ideas de inseguridad y criminalidad. De este modo, el proceso de securitización se relaciona de manera directa con el fenómeno de la criminalización de los movimientos migratorios ("*crimmigration*"). El poder penal se activa para garantizar la preservación de las fronteras y el territorio (seguridad exterior) y de la ciudadanía (seguridad interior y control social).

Sin embargo, en el ámbito del control migratorio, la activación del poder penal suele operar como medida extraordinaria o de excepción, de tal modo que no incluye todo el conjunto de garantías procesales. Como observa Soliman (2021: 230), en este campo el Estado despliega un poder soberano que encuadra en la definición de soberanía de Agamben (2016), entendida como el poder de suspender la ley y decidir cuándo se aplica.

Este capítulo tiene por objeto de estudio las tendencias políticas que rigen actualmente a las migraciones, atendiendo especialmente a su aplicación en el ámbito de la UE. El objetivo consiste en evidenciar que los procesos de securitización, externalización y criminalización, generalmente analizados como procesos independientes, pueden considerarse un "proceso en cascada". El primer nivel, de securitización, tiene lugar inicialmente mediante la percepción de la migración (irregular) como una amenaza para la seguridad del Estado y al conjunto de la UE. El segundo nivel, de externalización, opera como consecuencia de la securitización, que justifica que la migración (irregular) sea prevenida y contenida fuera de sus fronteras, en los países de origen y de tránsito. Por último, el tercer nivel, de criminalización, se activa en caso de fallas en el nivel anterior que permitan al migrante irregular entrar o permanecer en el territorio. Este proceso en cascada agrava sus efectos en el caso de solicitantes de asilo, especialmente cuando su categoría se superpone a la del migrante irregular.

I. LA SECURITIZACIÓN DE LAS MIGRACIONES

El concepto de securitización hace referencia al proceso constructivista y al carácter performativo de la (in)seguridad. En otras palabras, como explica Campesi (2012: 5), se trata del proceso mediante el cual una cuestión se transforma en un problema de seguridad, con total independencia de su naturaleza objetiva, o de la relevancia específica de la supuesta amenaza. El término securitización fue acuñado por Ole Wæver tras el final de la Guerra Fría, momento de transición en los estudios sobre seguridad (Bigo, 2016: 1072; Guild, 2009: 8)[1]. En el ámbito académico de las Relaciones internacionales, la ruptura de la dicotomía entre los dos grandes bloques de países enfrentados, occidental y comunista, provocó la reflexión sobre cuáles eran los problemas de seguridad política internacional en el nuevo orden mundial. En este contexto, durante la década de

1 Al respecto, Wæver (1995) considera el final de la Guerra Fría como un movimiento de de-securitización (Guild, 2009: 8).

1990, tuvo lugar el desarrollo de un conjunto heterogéneo de estudios críticos en el ámbito de la seguridad (C.A.S.E. Collective, 2006: 444).

Hasta entonces, los análisis sobre la seguridad desde las Relaciones internacionales se habían formulado siguiendo la línea de las llamadas teorías realistas y neorrealistas (*Strategic Security Studies*). Conforme estas teorías, la noción de seguridad respondía a la preservación y la defensa de la integridad territorial del Estado, como objeto referente frente a otros Estados. Estas teorías tradicionales se dirigían al estudio de las políticas centradas en la acción bélica y en los recursos militares y geoestratégicos orientados a la protección de la identidad física y política del Estado nación como único objeto referente de la seguridad. Desde esta perspectiva, la seguridad era entendida como "seguridad nacional" (o seguridad del Estado como entidad política), como la ausencia de guerra y conflicto, y como una condición para la paz y el orden público (Bigo, 2016: 1073). En este entendimiento, las amenazas a la seguridad tenían un carácter objetivo, en el sentido de que podían presentarse y materializarse en la realidad como si se trataran de fenómenos naturales.

En contra de los postulados de las teorías realistas y neorrealistas, las teorías críticas pusieron en evidencia que la palabra "seguridad" es un concepto dúctil, que no se limita sólo a la descripción de la realidad, sino que tiene capacidad por sí misma para construir dicha realidad. De este modo, los nuevos estudios críticos ampliaron los márgenes de la noción de seguridad más allá de su acepción político militar. Así, el objeto referente de seguridad comprende no sólo al Estado y su integridad territorial, sino también a la sociedad y al individuo. Desde esta perspectiva crítica, los estudios sobre seguridad han derivado en una serie de teorías (Balzacq, Léonard y Ruzicka, 2016: 517) que, desde diferentes enfoques y sobre diversos casos empíricos, persiguen la comprensión de la securitización, es decir, el proceso mediante el cual un determinado ámbito de la realidad es abordado desde sus posibles o supuestas implicaciones contra la seguridad.

Las teorías de la securitización toman como punto de partida la construcción intersubjetiva de los términos seguridad, amenaza e inseguridad, así como también de las políticas dirigidas a tales ámbitos. En este sentido, el término securitización evoca constructivismo: la (in)seguridad no representa una situación fáctica y objetiva, no comprende una realidad tangible *per se*, sino que es una construcción hecha por actores sociales (van Munster, 2009: 5). A su vez, el reconocimiento del carácter constructivista de la seguridad por parte de estas teorías implica, en definitiva, una crítica a la despolitización del concepto y una apuesta por su enfoque desde el ámbito político (C.A.S.E. Collective, 2006: 445).

A partir de allí, estas teorías se preguntan cómo opera la construcción de una situación o realidad como "amenaza" que pone en peligro la seguridad. Las respuestas a tal interrogante han dado lugar a diferentes corrientes teóricas en torno a la securitización. Con carácter pedagógico, los diferentes abordajes son categorizados en "escuelas", para dar cuenta ya sea de una evolución de las teorías en el tiempo, o bien para enfatizar su perspectiva de aproximación –más centrada hacia lo filosófico o lo sociológico–. No obstante, según Balzacq, Léonard y Ruzicka (2016: 498), tal categorización resulta cuestionable, ya que los aportes de los diferentes autores no se ajustan estrictamente a los tipos ideales de cada escuela en abstracto, sino que sus desarrollos teóricos suelen combinar los diferentes enfoques. Asimismo, los análisis empíricos sobre la securitización en ámbitos específicos de la realidad (por ejemplo, las migraciones, el cambio climático, la salud global) requieren el estudio de diferentes dimensiones para llegar a una comprensión completa del problema (Balzacq, Léonard y Ruzicka, 2016: 517). En definitiva, si bien la clasificación de escuelas presenta ventajas para la comprensión de los estudios sobre la seguridad, las diferentes corrientes no son antagónicas, sino complementarias para un abordaje más completo de la complejidad inherente al proceso de securitización.

1. Las teorías sobre securitización

La explicación histórica del marco teórico sobre securitización suele tomar como punto de partida el aporte crítico de la Escuela de Copenhague a las teorías realistas y neorrealistas de las Relaciones internacionales. En esta línea, las ideas formuladas por la Escuela de Copenhague son posteriormente desarrolladas, rebatidas y ampliadas por las demás corrientes, agrupadas en torno a la denominada Escuela de París (con una aproximación más centrada en la perspectiva sociológica) y en la Escuela de Aberystwyth (que indaga sobre alternativas a la securitización) (C.A.S.E. Collective, 2006). Estas tres "escuelas" principales se relacionan y comparten una base teórica común: la (in)seguridad no representa una situación fáctica y objetiva, ni tiene realidad objetiva *per se,* sino que responde a una construcción social e intersubjetiva.

La formulación inicial de la teoría de la Escuela de Copenhague se centra en el proceso de securitización a través del discurso (*speech acts*). En este sentido, Wæver (1995: 54) señala que "por definición, algo es un problema de seguridad cuando las élites declaran que así sea"[2]. En consecuencia, la Escuela de Copenhague aborda la securitización desde el análisis retórico, haciendo especial énfasis en la comunicación y las narrativas. Los elementos que intervienen en el proceso son los siguientes: i) agentes de securitización, ii) actos discursivos (*speech acts*), iii) audiencia, y iv) adopción de medidas extraordinarias.

---

2 Wæver, 1995: 54, traducción propia: "By definition, something is a security problem when the elites declare it to be so".

En líneas generales, el proceso inicia mediante el señalamiento por parte del agente de securitización (*securitizing actor*), a través de su discurso, de un determinado ámbito de la realidad como amenaza a la seguridad de un objeto de referencia (*reference object*). Al respecto, las teorías sobre securitización han centrado su atención en el Estado o la nación como objetos de referencia. Por ello, los agentes de securitización generalmente cuentan previamente con un ámbito de poder y legitimación para definir la (in)seguridad y adoptar medidas extraordinarias para su abordaje. A partir de allí, el carácter intersubjetivo de la securitización implica que el proceso, para ser efectivo, requiere la aceptación de ese discurso por parte de la audiencia, como paso previo a la adopción de medidas extraordinarias, por fuera o más allá de la "política normal", para enfrentar la amenaza. Dicha aceptación da lugar a lo que se denomina el "movimiento securitizador" (*securiting movement*). Las medidas extraordinarias consisten principalmente en la restricción de las libertades, el incremento del control y la vigilancia, y la erosión de las garantías.

La importancia de la intersubjetividad en el proceso de securitización, como uno de los principales postulados de la Escuela de Copenhague, es a su vez uno de los principales motivos de crítica debido a la ambigüedad en la que puede resultar (Léonard y Kaunert, 2019: 22). La dependencia de la efectividad de la securitización a la aceptación de la audiencia plantea interrogantes que pueden debilitar la capacidad explicativa de la teoría. En este sentido, se han formulado críticas en torno al concepto de audiencia (¿quién/quiénes se encuentran comprendidos/as? ¿hay una única audiencia o múltiples audiencias?) así como también a la aceptación del *speech act* (¿cómo y cuándo se manifiesta?).

Tales observaciones críticas han permitido el desarrollo de teorías conexas que han enfatizado en las prácticas de securitización. Desde esta óptica, el proceso de construcción de un determinado ámbito de la realidad como (in)seguro opera no sólo mediante el discurso, sino también a través de las prácticas que desarrollan los agentes de securitización, lo que permite soslayar la ambigüedad que se cierne sobre la identificación de la audiencia y su aceptación.

Con intención pedagógica, las teorías que se desarrollan a partir de los análisis de la Escuela de Copenhague se enrolan en otras dos. Por un lado, la Escuela de París, cuya aproximación se realiza principalmente desde la sociología, con una marcada inspiración en las teorías de Bourdieu (en particular, el concepto de *habitus*) y Foucault (en particular, los conceptos de *gubermentalidad* y *dispositif*). Por otro, la Escuela de Aberystwyth, que critica a las teorías anteriores su perspectiva centrada en el Estado y propone modificar el punto de mira hacia las personas. En este sentido, desde una aproximación teórica neomarxista, señala que el Estado es un agente productor de inseguridades, frente a lo cual la seguridad humana requiere de la emancipación de las personas.

Se advierte que los diferentes abordajes académicos sobre la securitización pueden conducir a resultados dispares. La constatación de que un determinado ámbito de la realidad se encuentra securitizado depende del elemento sobre el que se haga énfasis. De este modo, las diferentes bases teóricas pueden llevar a diferentes resultados. Para explicarlo, Balzacq y Guzzini (2015: 98) ponen como ejemplo el caso de la migración después del atentado terrorista en Estados Unidos el 11 de septiembre de 2001 ("11S"): desde un análisis centrado en el lenguaje, es posible cuestionar la producción de un proceso de securitización, mientras que las prácticas implementadas a partir de entonces denotan un claro proceso de securitización. Ante ello, Balzacq, Léonard y Ruzicka (2016) advierten que ambos enfoques son válidos, aunque pueden resultar incompletos o contradictorios por sí solos. Por tal motivo, estos autores proponen recurrir a herramientas que permitan acercar posiciones para obtener una aproximación integral al fenómeno, como la teoría foucaltiana de la gubermentalidad (*gubernmentality* o *analytics of government*), que puede servir de puente de unión de ambos enfoques, a fin de alcanzar una comprensión más completa del proceso de securitización.

Además, el proceso de securitización varía según el ámbito de la realidad a la que se dirige. A continuación, el estudio se centra en la securitización de los movimientos migratorios. Para ello, la atención se coloca en el ámbito de la UE, considerando las particularidades que adquiere el proceso de securitización en el marco de la integración europea, con motivo del tipo de agente securitizador, el objeto de referencia que se pretende resguardar, y el movimiento securitizador que deriva de la combinación de competencias entre la UE y los Estados miembros.

2. La securitización de los movimientos migratorios

A la hora de estudiar la gobernanza migratoria contemporánea, el proceso de la securitización constituye un factor fundamental a tener en cuenta. En este sentido, la percepción de las migraciones como un problema de seguridad de los Estados es cada vez más evidente y explícita en el discurso y las respuestas políticas y jurídicas implementadas para el control migratorio tanto dentro como fuera de las fronteras (Spijkerboer, 2018: 453). En especial, los atentados terroristas que tuvieron lugar a inicios del siglo XXI en Nueva York, Londres y Madrid, arraigaron con firmeza la tendencia política hacia el tratamiento de la migración como un asunto de seguridad interior (Bigo, 2005; Huysmans, 2006; Bosworth y Guild, 2008). A partir de entonces, los atentados despertaron un miedo a la "globalización de la violencia" (Bigo y Guild, 2005: 253). A su vez, el miedo al terrorismo internacional quedó solapado con el miedo a la migración irregular (Dauvergne, 2004: 588).

Desde la Teoría del Estado y el Derecho internacional, la concepción de las fronteras como elementos de protección de la "seguridad nacional" no es novedosa ni contemporánea. Desde el siglo XVII, la delimitación fronteriza en el proceso de formación de los Estados nación ha servido o se ha justificado por motivos de seguridad del territorio, la ciudadanía y la preservación del orden público. En este sentido, según Melossi (2003: 371), la criminalización de las personas migrantes ha sido una característica constante en la historia de la modernidad. En palabras de Foucault, el Estado, en cuanto soberano del territorio, es un "arquitecto del espacio", desde cuya posición desempeña una función de disciplina, de regulación y de garantía de distintos tipos de circulación: personas, mercancías, etc. (Foucault, 2008: 39). De este modo, Foucault señala que, así como el problema de la soberanía durante la Edad Media era la ampliación y la conservación del territorio, a partir del siglo XVII la preocupación de la soberanía girará en torno a la regulación de la circulación, y con dicho objetivo se configurarán diferentes mecanismos de seguridad:

> "[...] vemos aparecer un problema muy distinto: ya no fijar y marcar el territorio, sino dejar fluir las circulaciones, controlarlas, seleccionar las buenas y las malas, permitir que la cosa se mueva siempre, se desplace sin cesar, vaya perpetuamente de un punto a otro, pero de manera tal que los peligros inherentes a esa circulación queden anulados. Ya no la seguridad del príncipe y su territorio, sino la seguridad de la población y, por consiguiente, de quienes la gobiernan." (Foucault, 2008: 74).

Desde mediados del siglo XX en adelante, la globalización ha distendido progresivamente las fronteras nacionales en algunos aspectos, pero también las ha reforzado en otros. A pesar de las dificultades que supone definir el término globalización[3], el proceso puede ser entendido como la propensión a una mayor interconexión internacional (Hirst y Thompson 2002: 247). A partir del final de la Guerra Fría, como advierten las escuelas de los Estudios críticos sobre seguridad, las fronteras han perdido progresivamente su función de defensa militarizada frente a los ataques de otros Estados y, en contrapartida, se han convertido

---

3 Dauvergne (2004: 592) sostiene que la globalización escapa a cualquier intento de ser definida.

en elementos de prevención y en espacios de lucha ante otros tipos de amenazas, provenientes de actores no estatales como, por ejemplo, las redes de criminalidad transnacional (Campesi, 2015b; Bosworth y Guild. 2008). De este modo, las transformaciones de la noción de frontera han venido acompañadas por un proceso de securitización como paradigma dominante (Bigo, 2002).

En este contexto, las políticas de migración evidencian la contradicción en las lógicas de la globalización (Fassin, 2011: 214). La tensión se produce debido al enfrentamiento entre, por un lado, la libertad de circulación de bienes, servicios, capitales y personas (trabajadoras), por la que aboga el modelo globalizador del sistema económico, y, por otro lado, la protección de la seguridad de las personas (ciudadanas), del Estado y del propio sistema económico. Siguiendo a Menjivar (2014: 354), mientras las reglas del comercio mundial se liberalizan, las políticas de migración (no deseada) se endurecen. Como señala Barbero (2010), se observan dos tendencias contrapuestas: por un lado, la desregularización y la ausencia del Estado en determinados ámbitos como en el medio ambiente, la economía, las telecomunicaciones, y, por otro lado, la reafirmación del poder del Estado a través del control cada vez más estricto sobre las migraciones. En especial, la racionalidad del sistema económico globalizado ha intensificado los controles migratorios en contextos de crisis del capitalismo global (Fernández-Bessa y Brandariz, 2016; Perelló Carrascosa, 2018: 300).

Como efecto de la securitización de la migración, las fronteras de los Estados se vuelven más selectivas y centradas en el control de las personas extranjeras que intentan cruzarlas, principalmente cuando el cruce se produce de manera irregular (Gerard y Pickering, 2013: 597). Huysmans (2006: 64) identifica tres esferas en las que la migración es considerada una amenaza en términos de seguridad y que explican el carácter multidimensional de su securitización: 1) la seguridad interna, que justifica la intervención de las agencias policiales en el control migratorio; 2) la identidad cultural, que presenta a la migración como un problema de integración social y política; y 3) el sistema de seguridad social o de Estado de bienestar, en el que las personas migrantes y refugiadas son señaladas como responsables del carácter cada vez más competitivo del sistema.

En definitiva, el proceso de securitización de las migraciones encierra una tensión entre la preservación de la "seguridad" (como función de la entidad con soberanía nacional) y la "libertad" de circulación (como ejercicio de un derecho humano). En términos más generales, esa tensión se puede entender como una parte más de la tradicional dialéctica entre el poder y los derechos, que ha dado lugar a los cambios sistémicos más importantes a lo largo de la historia.

3. La securitización de las migraciones en la Unión Europea

El proceso de construcción y evolución de los Estados europeos, desde la Paz de Westfalia hasta la actual integración en la UE, constituye un caso paradigmático, y a la vez particular, dentro del estudio sobre las mutaciones de los conceptos y el sentido de las fronteras (nacionales / internas / externas), la ciudadanía (europea) y la alteridad (extranjera). En la combinación de estas tres nociones entran en disputa las tensiones entre seguridad ("soberanía") y libertades ("derechos") de circulación; entre la potestad del control de las migraciones y las obligaciones de protección internacional de los Estados. Con las fronteras como elementos de referencia del poder, la "seguridad" funciona como un filtro que clasifica a las personas que intentan cruzarlas y circular el territorio. Al respecto, como explica Guild (2009: 2), la seguridad es un componente esencial para la delimitación de las categorías subjetivas que se construyen desde la frontera, con especial énfasis en la categoría del "migrante irregular". Esta última se diseña en función de la prevención, la represión y la expulsión de los sujetos considerados como productores de inseguridad.

Las corrientes teóricas sobre la securitización han centrado gran parte de su atención en los movimientos migratorios, principalmente en Europa y, en particular, en los Estados miembros de la UE. Incluso, una de las críticas contra estas teorías se dirige a su marcada perspectiva occidental y eurocéntrica (Wæver, 2004; Buzan & Hansen, 2010; Bilgin, 2010). No obstante, en las últimas décadas el marco teórico ha expandido sus horizontes hacia otras latitudes, para el análisis de la securitización de las migraciones en América y Oceanía, en especial hacia los principales Estados industrializados receptores de migración, como Estados Unidos, Canadá (Bourbeau, 2011; Atak, Hudson y Nakache, 2018) y Australia (Humphrey, 2013; Kampmark, 2017; Ghezelbash *et al.*, 2018).

En el ámbito de la UE, la construcción de la política común de asilo e inmigración se inscribe en la tendencia global hacia la intensificación de la securitización de los movimientos migratorios. A partir de la década de los ochenta, tras la recesión económica en Estados Unidos, Europa y América Latina, la preocupación por la regulación de las vías de entrada y permanencia en el territorio de los Estados se justificaba principalmente por razones económicas propias del mercado de trabajo. Sin embargo, en el caso especial de los Estados europeos, la progresiva conformación del Espacio Schengen motivó también el incremento del control fronterizo y migratorio a partir de las preocupaciones generadas a raíz de la abolición del control en las fronteras interiores.

Como resultado de la reconstrucción de las fronteras de la Unión y los Estados miembros, el Espacio Schengen intensificó el proceso de securitización de las migraciones. La eliminación de los controles en las fronteras internas reforzó la función de las fronteras exteriores como instrumentos de control fronterizo (Mitsilegas, 2009). Al respecto, Walters (2002: 570) señala que en el Espacio Schengen las amenazas a la seguridad ya no provienen de las relaciones geopolíticas con otros Estados, sino de personas, generalmente racializadas y no cristianas. En este sentido, el funcionamiento del Espacio Schengen sigue una lógica dual, provocada por la tensión entre la liberalización de las fronteras (hacia lo interno) y la securitización (hacia lo interno y, en especial, hacia lo externo) de los movimientos migratorios (irregulares).

En consecuencia, la construcción del marco jurídico común sobre fronteras y migración es el resultado de múltiples variables solapadas, y a veces contradictorias (van Munster, 2009: 11). Tales variables giran en torno a mecanismos y objetivos diversos: i) la supresión de controles y la libertad de circulación sin discriminación por nacionalidad (UE) hacia lo interno (y por tiempo limitado al permiso de residencia en el caso de nacionales de terceros Estados –residentes de larga duración UE–); ii) el reforzamiento de controles hacia lo externo (respecto a nacionales de terceros países); iii) la libertad de residencia y trabajo para ciudadanos de la Unión; y iv) las restricciones en las vías de acceso a permisos de residencia y trabajo para nacionales de terceros países. Como explica Basaran (2011: 63), el desafío para el Estado liberal es crear un orden legal que justifique las limitaciones a las libertades fundamentales en su territorio. En este sentido, la combinación de las cuatro variables mencionadas encierra la paradoja de introducir prácticas restrictivas y excluyentes en regímenes de corte liberal que promueven una movilidad transfronteriza sin controles.

La profundización del modelo globalizador y, en particular, los atentados terroristas a nivel internacional que marcaron los primeros quince años del siglo XXI (Nueva York, Madrid, Londres, París), reforzaron la securitización de la migración de terceros países hacia la UE. En este contexto, de manera progresiva, el debate político en torno a las migraciones ha sido cooptado en buena medida por los grupos conservadores antinmigración. Como sostienen Gonzalo y Fanjul, en la arena política europea, el resurgimiento de corrientes políticas de extrema derecha y su irrupción en las instituciones democráticas han provocado que los valores y principios fundacionales de los Estados de derecho, entre ellos "derechos escritos en piedra como el de asilo y refugio" sean puestos en cuestión (Gonzalo y Fanjul, 2021: 2).

En definitiva, como resultado de la securitización de las migraciones, las fronteras exteriores operan como instrumentos de defensa ante la "amenaza". De ahí la especial preocupación de las instituciones de la UE y los Estados miembros en el control de las fronteras exteriores, hacia donde se dirigen las principales estrategias y políticas de control migratorio. Un amplio conjunto de dispositivos y mecanismos de seguridad se despliegan; por ejemplo, como explican Ahmed y Tondo, 2021), mediante el desembolso de cientos de millones de euros en dispositivos tecnológicos de vigilancia (radares, cámaras térmicas, drones, sensores de movimientos, etc.), que configuran un "muro digital" a lo largo de las fronteras marítimas y terrestres de la UE. El discurso es aquí también ambivalente, oscilando entre la defensa de la seguridad y la protección de los derechos de las personas que arriesgan sus vidas por cruzar las fronteras. Esta ambivalencia, propia del denominado "humanitarismo" (*humanitarianism*), legitima la implementación de técnicas de control que ocultan su naturaleza excluyente bajo una narrativa de protección de derechos (Walters; 2011; Franko Aas y Gundhus, 2015: 2).

Asimismo, el discurso humanitarista sirve de justificación para la expansión de las políticas de externalización y del poder penal como herramientas para la gobernanza migratoria (Bosworth, 2017b; Lohne, 2018). De esta forma, los procesos de securitización y criminalización de la migración se alimentan tanto dentro como fuera de las fronteras. El Estado recurre, en primer lugar, a herramientas políticas para prevenir las llegadas irregulares y contenerlas fuera de su territorio. En segundo lugar, ante quienes hayan conseguido sortear el control externalizado, el Estado recurre a la persecución y el castigo de la criminalidad asociada a la movilidad humana. El discurso humanitarista argumenta que la externalización y el uso del poder penal permiten prevenir las vulneraciones de derechos que sufren las personas migrantes en las vías irregulares. Como corolario, las políticas de control migratorio y fronterizo caen en un círculo vicioso en el que el mismo control incrementa los peligros para la vida humana y deja a los derechos en situación de desprotección.

II. LA EXTERNALIZACIÓN DE LAS FRONTERAS Y LA DIMENSIÓN EXTERNA DE LAS POLÍTICAS DE MIGRACIÓN Y ASILO

En el ámbito de la UE, la "crisis de refugiados" de 2015 fue el inicio de un nuevo proceso de discusión y reforma de la política europea común de inmigración y asilo. Sin embargo, las dificultades en la toma de decisiones y el fracaso en alcanzar consensos sobre la dimensión interna explosionaron la tendencia a la externalización del control fronterizo y migratorio. Así, las políticas de migración y asilo viraron cada vez más hacia la delegación de responsabilidades a otros actores públicos y privados y la proyección extraterritorial del poder del Estado (y la UE) sobre las personas (eventualmente) migrantes. En este sentido, la externalización del control fronterizo y migratorio actúa en dos direcciones que se complementan y retroalimentan. Por un lado, la externalización opera mediante prácticas extraterritoriales desplegadas por el propio Estado interesado fuera de sus fronteras. Por otro, se externaliza el control con relación a los actores responsables, de tal modo que las tareas de vigilancia y gestión de los movimientos migratorios se transfiere hacia otros sujetos, ya sean agentes privados (por ejemplo, transportistas) u otros Estados (principalmente países vecinos con fronteras compartidas)[4].

---

[4] Para un análisis sobre las diferentes medidas de externalización en la UE, véase: Nagore Casas, 2017: 34-48.

Como explican Moreno-Lax y Lemberg-Pedersen (2019: 5), la externalización del control fronterizo en la UE puede ser definida como un conjunto de procesos mediante los cuales las instituciones europeas y los Estados miembros persiguen complementar sus políticas territoriales de control migratorio mediante un control extraterritorial desarrollado a su favor a través de otros países y órganos en lugar de los propios[5]. En definitiva, el interés de la UE y los Estados miembros en el despliegue de políticas de externalización consiste en que la gestión de los flujos migratorios se realice fuera de sus territorios, e incluso en algunos casos sin necesidad de toma de contacto (*contactless control*: Moreno-Lax y Giuffré, 2017: 4), como mecanismo para prevenir y contener la llegada de la migración "no deseada".

Tales medidas presentan particularidades en cuanto suponen una proyección del control fronterizo que configura "fronteras virtuales" (Abrisketa Uriarte, 2017: 129) en los territorios de otros Estados convertidos en "guardianes" de las fronteras de destino. En palabras de Guild (2001), como consecuencia de las actuales políticas de fronteras (particularmente en el ámbito de la UE), los límites del control sobre la movilidad humana no coinciden con la demarcación estrictamente territorial de los Estados. De este modo, se produce una ruptura en la vinculación tradicional entre soberanía, jurisdicción y territorio, presupuestos tradicionales de la responsabilidad internacional de los Estados.

En efecto, desde el punto de vista jurídico, la externalización del control fronterizo y migratorio suscita el problema de la responsabilidad de los Estados, principalmente ante eventuales vulneraciones de derechos humanos que ocurren fuera del

---

5 Traducción propia: "The externalization of European border control can be defined as the range of processes whereby European actors and Member States complement policies to control migration across their territorial boundaries with initiatives that realize such control extraterritorially and through other countries and organs rather than their own." (Moreno-Lax y Lemberg-Pedersen, 2019: 5).

territorio pero como consecuencia de la ejecución del control externalizado. En este sentido, los Estados utilizan la geografía para escapar de las obligaciones derivadas del Derecho internacional de refugiados (Mountz, 2011: 120). Como resultado, el control migratorio extraterritorial y externalizado convierte a las fronteras en espacios cortafuegos entre los derechos de las personas migrantes y las obligaciones de los Estados en materia de protección.

1. Las fronteras como espacios cortafuegos entre los derechos y las obligaciones de protección

Las políticas de externalización del control fronterizo y migratorio, centradas en la seguridad y el cierre de las fronteras exteriores, soslayan su impacto sobre la efectividad de los derechos de las personas migrantes, obstruyendo la determinación de responsabilidades del Estado. Como corolario, un amplio conjunto de derechos humanos queda en entredicho, tales como el derecho a salir del país de origen, el principio de *non-refoulement,* la prohibición de tortura, tratos inhumanos, crueles o degradantes, y el derecho a la tutela efectiva (Abrisketa Uriarte, 2017: 129; Moreno-Lax, 2017: 474; ECRE, 2014: 33; Triandafyllidou y Dimitriadi, 2014: 15). Como agravante, en el caso de personas migrantes en búsqueda de protección internacional, los mecanismos de externalización impiden la llegada a las fronteras del Estado de destino y el acceso al sistema de asilo, dando lugar a lo que Hyndman y Mountz (2008: 250) denominan "*neo-refoulement*".

En este sentido, en su análisis sobre el impacto de las estrategias de externalización en las personas solicitantes de asilo, Hyndman y Mountz (2008) sostienen que, al externalizar el control, los Estados despliegan de facto prácticas susceptibles de vulnerar el principio de *non-refoulement.* Con motivo de su naturaleza extraterritorial, las prácticas de externalización impiden la activación de la prohibición de devolución, ya que la persona no ha podido arribar a la frontera, o no se encuentra bajo la jurisdicción del Estado de destino, sino que permanece en el lugar de origen o de tránsito (Abrisketa Uriarte, 2017; UNHCR, 2007: párr. 24).

Como resultado, los migrantes quedan sujetos a prácticas de *pull-back* o *push-back by proxy* que pueden contravenir las obligaciones de los Estados en materia de derechos humanos y protección internacional. En primer lugar, el refuerzo del control migratorio en los Estados de origen y tránsito obstaculizan el derecho a salir del país (Abrisketa Uriarte, 2017: 151; Noll, 2003a: 278). En segundo lugar, se produce la denegación extraterritorial de acceso al sistema de asilo, ya que la restricción de llegadas a las fronteras de los (eventuales) países de recepción torna inaplicables la Convención sobre el Estatuto de los Refugiados y las obligaciones que puedan derivar de otros instrumentos europeos e internacionales de derechos humanos, en cuanto éstos requieren que la persona solicitante de asilo se encuentre fuera de su país de origen o bajo la jurisdicción del Estado. Las políticas de externalización de fronteras producen una ruptura de las concepciones de soberanía y jurisdicción, tradicionalmente ligadas al elemento territorial del Estado. En la práctica se configuran espacios de "jurisdicción múltiple" (Franko Aas y Gundhus, 2015: 14), que difuminan la determinación de responsabilidades entre los actores involucrados[6].

En este sentido, el control migratorio externo plantea la necesidad de definir cuándo existe ejercicio de jurisdicción o control efectivo fuera del territorio. Ante ello, de manera concomitante al desarrollo de la externalización como tendencia

---

6 Guild, 2010: 14: "Article 2 of Protocol No. 4 to the ECHR provides that everyone shall be free to leave any country, including his own. While there is no right of entry into another country, where member states collude or incite third countries to prevent their nationals from leaving their states of origin (or current residence) out of fear that the individuals might become 'illegal' immigrants in a European state, there is certainly a question of liability under this Article."

política, a nivel internacional se ha consolidado una nutrida jurisprudencia sobre el ejercicio del poder más allá de los confines del Estado y los alcances de la jurisdicción extraterritorial como presupuesto de responsabilidad[7]. Esta jurisprudencia ha desarrollado criterios casuísticos de responsabilidad internacional de los Estados por el ejercicio extraterritorial de jurisdicción o de control efectivo[8]. Sin embargo, permanece abierta

---

[7] Por ejemplo: TEDH, Gran Sala, *Hirsi Jamaa and Others v. Italy*, Sentencia de 23 de febrero de 2012, asunto 27765/09 (ECLI:CE:ECHR:2012:022 3JUD002776509), párr. 92; Comité contra la Tortura, *J.H.A. v. España*, Resolución de 10 de noviembre de 2008, Comunicación No. 323/2007, CAT/C/41/ D323/2007, párr. 6.1.

[8] En este sentido, jurisprudencia del TEDH, TJUE, Corte Interamericana de Derechos Humanos (CorteIDH), Comisión Interamericana de Derechos Humanos (CIDH), Comité Contra la Tortura (CCT): TEDH, *Soering c. Reino Unido*, asunto 14038/88, 7 de julio de 1989; TEDH, *Louzidou c. Turquía (Objeciones Preliminares)*, asunto 15318/89, 23 de marzo de 1995; TEDH, *Amuur c. Francia*, asunto 19776/92, 25 de junio de 1996; TEDH (Gran Sala), *Bankovic y otros c. Bélgica y otros*, asunto 52207/99, 12 de diciembre de 2001; TEDH, *Issa y otros c. Turquía*, asunto 31821/96, 16 de noviembre de 2004; TEDH, *Women on Waves y otros c. Portugal*, asunto 31276/05, 3 de mayo de 2009; TEDH, *Al-Saadoon y Mufhi c. Reino Unido*, asunto 61498/08, 30 de junio de 2009; TEDH, *Al-Saadoon y Mufdhi c. Reino Unido*, asunto 61498/08, 2 de marzo de 2010; TEDH, *Medvedyev y otros c. Francia*, asunto 3394/03, 29 de marzo de 2010; TEDH (Gran Sala), *Al-Skeini y otros c. Reino Unido*, asunto 55721/07, 7 de julio de 2011; TEDH (Gran Sala), *Al-Jedda c. Reino Unido*, asunto 27021/08, 7 de julio de 2011; TEDH (Gran Sala), *Hirsi Jamaa y otros c. Italia*, asunto 27765/09, 23 de febrero de 2012; TEDH (Gran Sala), *Hassan c. Reino Unido*, asunto 29750/09, 16 de septiembre de 2014; TEDH (Gran Sala), *Jaloud c. Países Bajos*, asunto 47708/08, 20 de noviembre de 2014; TEDH (Gran Sala) *Khlaifia c. Italia*, asunto 16483/12, 15 de diciembre de 2016. TJUE (Gran Sala), *Parlamento Europeo contra Consejo de la Unión Europea*, C-355/10, EU:C:2012:516, de 5 de septiembre de 2012; TJUE (Gran Sala), *X y X c. Bélgica*, C-638/16 PPU, EU:C:2017:173, de 7 de marzo de 2017. CorteIDH, Opinión Consultiva OC-25/18, de 30 de mayo de 2018; CorteIDH, *Caso Familia Pacheco Tineo Vs. Bolivia. Excepciones Preliminares, Fondo, Reparaciones y Costas.* Sentencia de 25 de noviembre de 2013.

la definición sobre el alcance de la responsabilidad que pueden generar los acuerdos de control migratorio externo, por ejemplo, en casos de actuación de terceros Estados en presencia de Estados miembros, o bajo coordinación o por delegación de estos últimos (Goodwin-Gill, 2011, 2007; Liguori, 2016, Pijnenburg, 2019). Al respecto, según el informe del Relator Especial contra la tortura y otros tratos o penas crueles, inhumanos o degradantes, las medidas de *pull-back* pueden dar lugar a situaciones de complicidad o de responsabilidad compartida por las posibles vulneraciones de derechos humanos que tengan lugar[9].

Asimismo, la delegación de funciones de control migratorio supone otorgar poderes de intervención y discreción a terceros Estados sobre la salida del país de origen o tránsito de eventuales solicitantes de protección internacional, que puede entrar en colisión con el derecho a salir de cualquier país, incluido el propio (DUDH, art. 13.2; PIDCP, art. 12.2). La delegación de poderes implica correlativamente un traspaso de responsabilidad para evitar el ejercicio de jurisdicción (Kneebone, 2008). El problema se agrava ante el riesgo de devoluciones indirectas o, más aún, en el caso de acuerdos con terceros Estados "no

---

Serie C No. 272. CIDH, Report 51/96, Decision of the Commission as to the merits of case 10 675 (*Haitian Interdiction case*), de 3 de marzo de 1997. CCT, *J. H. A. c. España,* 21 noviembre 2008, Comunicación 323/2007, CAT/C/41/D323/2007; CCT, *Sonko c. España,* 20 de febrero de 2012, Comunicación 368/2008, CAT/ C/47/D/368/2008.

9 Informe del Relator Especial sobre la tortura y otros tratos o penas crueles, inhumanos o degradantes, A/HRC/37/50, 23 de noviembre de 2018, párr. 57: "En resumen, los Estados de destino no puede eludir sus propias obligaciones internacionales externalizando o delegando sus prácticas de control de las migraciones a otros Estados o agentes no estatales que escapan a su control jurisdiccional; por el contrario, con su instigación, apoyo o participación pueden incurrir en complicidad o responsabilidad conjunta en las operaciones de retención ilegal y en las consiguientes violaciones de los derechos humanos, incluidos la tortura y los malos tratos."

seguros", ya que pueden significar una delegación de control a las mismas autoridades causantes de la persecución que motiva la solicitud de asilo.

2. La externalización de las fronteras y el control migratorio de la UE

Durante el proceso de integración de la UE, las fronteras de los Estados miembros han experimentado una significativa mutación tanto en su dimensión interna, a través de la conformación del espacio Schengen (Walters, 2002), como en su dimensión externa, mediante las políticas de externalización del control migratorio (Guild, 2009: 179; Moreno-Lax, 2017: 154). En sendas dimensiones existe una tensión en la relación tradicional entre fronteras territoriales, soberanía y control migratorio. A su vez, ambas dimensiones se complementan (Chetail, 2016: 4): la eliminación de controles entre las fronteras interiores de los Estados miembros ha conducido a un incremento de los controles sobre el cruce de las fronteras exteriores por nacionales de terceros países. Las tareas de control migratorio, antes concentradas dentro de las fronteras de un mismo Estado, se reparten ahora entre diferentes entidades, de tal modo que los Estados con fronteras terrestres y marítimas exteriores cumplen una función especial de contención y prevención de los flujos migratorios (Weber *et al.*, 2019: 3).

La tendencia a la externalización no es exclusiva de la UE, sino que se advierte a nivel global en las políticas de migración y asilo adoptadas por otros países receptores, como Australia (McAdam, 2013; Bar-Tuvia, 2018), Estados Unidos (Morris, 2003; Frelick, Kysel y Podkul, 2016) y Canadá (FitzGerald, 2020). Este fenómeno a nivel global es definido por Gammeltoft-Hansen y Tan (2016: 638) como el "paradigma de la disuasión" (*deterrence paradigm*)[10]. No obstante, el caso de la UE presenta una particularidad adicional debido a su naturaleza de organización intergubernamental y supranacional, que en materia de fronteras, asilo e inmigración debe regirse por principios de cooperación, solidaridad y reparto equitativo de responsabilidades entre los propios Estados miembros[11].

Sobre la base del artículo 78.2.g) del Tratado de Funcionamiento de la Unión Europea (TFUE), las Conclusiones del Consejo Europeo de Tampere de 1999[12] señalaban que la "colaboración con los países de origen" representa un elemento fundamental para la construcción de una política común europea de migración y asilo. Los otros tres elementos necesarios consisten en la creación de "un sistema común de asilo", la garantía de un "trato justo a nacionales de terceros países" y la "gestión de flujos migratorios" en todas sus etapas. En teoría, la combinación de los cuatro elementos reseñados pretende una aproximación integral al fenómeno de la movilidad humana, que permita el abordaje de manera conjunta por parte de los países de origen, tránsito y destino, en el marco del control migratorio como ejercicio legítimo de soberanía[13]. La apuesta

---

10 Gammeltoft-Hansen y Tan (2016: 638): "As a result, asylum policy in the developed world today is best characterised as a deterrence paradigm, wherein policy-makers employ a wide array of non-entree measures in response to asylum-seekers arriving in developed states".

11 TFUE, art. 80. Al respecto, véase: Thym y Tsourdi (2017), Tsourdi (2019: 87).

12 Consejo Europeo, Conclusiones de la Presidencia, Consejo Europeo de Tampere, 15 y 16 de octubre de 1999, op. cit.

13 Sobre la legitimidad del ejercicio del control migratorio: TEDH, *Abdulaziz, Cabales and Balkandali c. Reino Unido*, asuntos 9214/80, 9473/81 y 9474/81, 28 de mayo de 1985, párr. 67: "[...] as a matter of well-established international law and subject to its treaty obligations, a State has the right to control the entry of non-nationals into its territory".

por la externalización fue posteriormente reiterada en las Conclusiones del Consejo de Sevilla de 2002[14].

En especial, a partir del aumento de la presión migratoria entre 2013 y 2016 debido al incremento del número de llegadas irregulares a las fronteras exteriores de la UE (principalmente este y sur), el desarrollo de la dimensión interna del SECA quedó bloqueado, mientras que el recurso a la externalización se acentuó exponencialmente. La estrategia se centró en particular en los acuerdos de colaboración en las tareas de control migratorio con terceros Estados vecinos, como son los casos de Turquía, Libia y Marruecos. En este contexto, los acuerdos de cooperación con países vecinos del sur europeo se han desarrollado en paralelo al reforzamiento de políticas de vigilancia y control fronterizo, incluyendo la construcción de muros y barreras fronterizas (como en el caso de Ceuta y Melilla en España –Barbero, 2020: 101–). De este modo las políticas migratorias en las fronteras exteriores, y especialmente en el mar Mediterráneo, se rigen por una lógica dual de cohesión y fragmentación del territorio (Ferrer-Gallardo y Kramsch, 2016: 162). Siguiendo a Ferrer-Gallardo y Kramsch (2016: 164), los países vecinos son invitados a participar del Espacio Schengen sólo para reforzar la vigilancia de las fronteras exteriores de la UE, sin acceder a los beneficios de la libertad de circulación por las fronteras interiores.

Una buena parte de las políticas de externalización se centra en la celebración de acuerdos bilaterales entre Estados miembros (principalmente aquellos con fronteras exteriores) y terceros países de origen y de tránsito, dirigidos a que las agencias de estos últimos desarrollen tareas de control y contención de las personas que atraviesan sus territorios con dirección a la UE. A cambio, la UE ofrece y garantiza medidas de coopera-

---

14 Consejo Europeo, Conclusiones de la Presidencia del Consejo Europeo de Sevilla, 21 y 22 de junio de 2002, 24.10.2002, DOC 13463/02, párr. 27.

ción con los terceros Estados, que se materializan en capacitación, financiación y equipamiento de las agencias policiales, militares o de control fronterizo (Nagore Casas, 2021: 223), así como en el aseguramiento de ventajas comerciales o en la liberalización del régimen de movilidad para los nacionales de tales terceros Estados. A través de este tipo de acuerdos con terceros países de origen y de tránsito, el interés de los Estados de la UE en la prevención de la inmigración irregular se convierte en el control de la emigración irregular de otros, poniendo en cuestión la eficacia del derecho a salir del país (García Andrade, 2010: 321).

Resulta especialmente complejo analizar el contenido específico de los acuerdos de control migratorio, ya que en buena medida se desarrollan en el marco de acuerdos diplomáticos que no son objeto de publicación oficial. No obstante, a partir de los objetivos perseguidos en los instrumentos de la política común de migración de la Unión, se desprende que la finalidad de los acuerdos con terceros Estados es de naturaleza compleja en cuanto, a corto plazo, se dirigen al reforzamiento de las capacidades de control migratorio por parte de las autoridades de los terceros Estados, y, a largo plazo, tienen como propósito afrontar las causas de la migración mediante la prestación de cooperación al desarrollo[15]. En lo inmediato, la política de colaboración busca promover la participación de terceros Estados y reforzar sus capacidades en las tareas de control y seguridad de las fronteras exteriores de la UE. Para ello, los acuerdos se concentran en la readmisión de migrantes irregulares expulsados de los Estados miembros, el ejercicio compartido del

---

15 Tales objetivos son señalados, por ejemplo, en el plan presentado en 2016 por la Comisión Europea sobre el "Nuevo marco de asociación en materia de inmigración", inspirado a su vez en la Agenda Europea de la Migración de 2015: Comisión Europea, "Comunicación de la Comisión sobre la creación de un nuevo Marco de Asociación con terceros países en el contexto de la Agenda Europea de Migración" (COM/2016/385 final, 7.6.2016).

control de vías regulares de salida y entrada de los respectivos territorios, el cierre, vigilancia y prevención de vías irregulares, y la lucha contra delitos transfronterizos asociados a las rutas migratorias, tales como la trata y el tráfico ilícito de personas, el narcotráfico o el terrorismo.

Como se analiza a continuación, las respuestas a la mencionada criminalidad transfronteriza producen el entrecruzamiento del control migratorio y el poder penal. La percepción de la migración irregular como un problema de seguridad, derivada de la criminalidad en las fronteras y expandida hacia el territorio de los Estados, activa mecanismos tradicionales de poder penal. El proceso en cascada se extiende un paso más hacia el ámbito punitivo.

III. EL PODER PENAL COMO HERRAMIENTA DE CONTROL: LA CRIMINALIZACIÓN DE LA MIGRACIÓN

La creciente conexión entre las políticas de control migratorio y el poder penal ha despertado el interés de diferentes disciplinas por comprender el funcionamiento y los fundamentos del proceso de criminalización de la migración. Los diversos desarrollos teóricos en torno al fenómeno han dado lugar al campo de estudio de la "criminología de la movilidad" (*criminology of mobility*) (Franko Aas, 2011; Franko Aas y Bosworth, 2013; Aliverti, 2012b; Bosworth, 2017a), como una nueva rama de la criminología crítica[16] cuyo objeto de análisis se centra en las relaciones entre el sistema penal y el sistema migratorio.

---

16 Walton y Young (1998: vii): "Radical criminology [...] has since proliferated, developed and flourished. The various currents that form its past, whether Marxist, radical feminist or anarchist, continue in fierce dispute but have in common the notion that crime and the present-day processes of criminalization are rooted in the core structures of society,

En términos generales, la criminología crítica (*critical criminology*, o *radical criminology* en Estados Unidos) busca responder cómo y por qué se producen los procesos de criminalización, a partir de la identificación de las causas estructurales que, a nivel político, jurídico, social y cultural, subyacen a la construcción de lo criminal. A partir de esta definición, DeKeseredy (2015: 240) añade que esta preocupación de la criminología crítica por la identificación de las causas estructurales de la criminalización busca la prevención de la criminalidad a través de medidas que tiendan a la promoción de sociedades más equitativas.

En esta línea de la criminología crítica, ante el fenómeno de la criminalización de la migración en particular, Bosworth (2017a) señala que la pregunta de investigación de la "criminología de la movilidad", o criminología de la migración, podría resumirse en cómo los Estados han puesto el sistema penal al servicio del control de la movilidad humana.

> "The criminology of mobility is interested in the processes of inclusion and exclusion at the borders of and within states which draw from and extend arsenals usually reserved for the criminal justice system, law enforcement and the military without their usual protections" (Pickering, Bosworth y Franko Aas, 2015: 382).

El enfoque de la criminología sobre las migraciones ha abierto un campo emergente que tiene su origen en el progresivo trasvase de mecanismos tradicionalmente penales a los controles fronterizos y migratorios (Miller, 2003: 613), lo cual ha convertido a estos últimos en objetos de interés y de estudio para la criminología (Bowling, 2013). Los antecedentes de este campo teórico se encuentran en los estudios sobre raza, etnia, postcolonialismo y feminismo desarrollados a lo largo del siglo

---

whether it is class nature, its patriarchal form or its inherent authoritarianism."

XXI y, en particular, a partir de la década de 1970 (Pickering, Bosworth y Franko Aas, 2015).

Desde los primeros años del siglo XXI, la literatura da cuenta de la acentuación del proceso de criminalización de la movilidad humana, y en especial de la migración irregular, señalando que en torno a ésta se genera una idea de peligrosidad (Bosworth y Guild 2008: 703; en el caso de solicitantes de asilo: Bathia, 2015) y, como resultado, una "dinámica de hiper-criminalización" ("*dynamic of hypercriminalisation*") (De Giorgi, 2010: 152). Siguiendo la teoría de Simon (2007) sobre la funcionalidad de la política criminal como estrategia de gobernanza, los diferentes análisis persiguen responder cómo y por qué se produce la asociación entre las migraciones y la criminalidad, identificando los medios y los argumentos a través de los cuales opera el proceso de criminalización de las personas migrantes.

La fusión se produce entre dos ámbitos de sensible interés para los Estados, ya que se trata de campos de poder en los cuales éstos ostentan un monopolio de acción y regulación: el monopolio del uso legítimo de la fuerza y la violencia (Weber, 2016) y el monopolio del control de las fronteras y la circulación (Torpey, 2000). Las mutaciones que provoca la fusión entre movilidad humana y criminalidad suscitan interrogantes en torno la transformación de las funciones que desempeñan el derecho penal y el derecho de migración o extranjería (Pickering y Ham, 2015). Como señalan Gerard y Pickering (2013: 587), la aparición en escena del sistema penal como herramienta de gobernanza de las migraciones "atomiza" los factores estructurales que influyen en el fenómeno migratorio (por ejemplo, conflictos armados, economía global, cambio climático, etc.) y los reduce a una decisión individual de cruzar las fronteras de manera irregular.

La intensificación de la movilidad humana, como resultado de la globalización, no se ha traducido en mejores condiciones para el ejercicio del derecho a la libertad de circulación. Por el contrario, las fronteras han cobrado un nuevo sentido y han reafirmado su centralidad en la preservación del poder de control de los Estados, en la construcción de las identidades nacionales y en la reafirmación de la pertenencia y la exclusión social. En estos términos, la persona migrante es considerada un "otro" a quien, en función de sus circunstancias (formalmente por su lugar de origen y nacionalidad, pero materialmente condicionado también por perfiles étnicos y raciales –Palidda, 2011; Gliszczyńska-Grabias y Klaus, 2018–), se le atribuye o no el derecho de ingresar, transitar y permanecer en el territorio del Estado. La denegación de tal derecho activa una serie de mecanismos penales dirigidos a la prevención de la movilidad y la expulsión del territorio. La criminalización deviene así en un instrumento de construcción y refuerzo de identidades nacionales (Bosworth y Guild, 2008).

Aquellos sin derecho son impulsados hacia condiciones de irregularidad que incrementan sus posibilidades de ser considerados como "amenazas" a la seguridad del Estado y de la sociedad. Los análisis en torno a esta asociación entre (in)seguridad y migración ha generado un lugar de encuentro para las relaciones internacionales y la criminología, disciplinas tradicionalmente diferenciadas por considerar que sus respectivos objetos de investigación eran inconexos al responder a diferentes niveles: un nivel macro, el de los Estados, en el caso de las relaciones internacionales; y un nivel micro, el de los individuos, en el caso de la criminología. Como señala Bigo (2016), la comprensión de la securitización de las migraciones implica la conjunción de estas dos perspectivas tradicionalmente disociadas: por un lado, las relaciones internacionales, centrada en el análisis de los conflictos o guerras entre Estados, donde existen amenazas o enemigos externos; y, por otro, la criminología, enfocada en el estudio de la criminalidad por parte de individuos dentro de las fronteras de un Estado[17].

---

17 Bigo (2016) sostiene que es necesario "decolonizar" el concepto seguridad de las relaciones internacionales (guerra y seguridad externa) y de la criminología (criminalidad y seguridad interna), de un modo tal que

La activación del poder penal como dispositivo de control de las migraciones opera a partir de una perspectiva eminentemente securitaria (García Hernández, 2018: 214), que justifica la exacerbación de los mecanismos de vigilancia sobre personas migrantes que son consideradas posibles amenazas a la seguridad y que han alcanzado las fronteras del Estado. En el ámbito jurídico, el proceso de criminalización da lugar al desarrollo de normas propias de un "derecho penal del enemigo" según la teoría formulada por Günter Jakobs (Guia, 2012; Brandariz e Iglesias Skulj, 2012; Jakobs, 1997), esto es un sistema jurídico penal en el que la ilicitud se configura en el autor antes en el acto, y que impone sanciones penales o de intensidad similar sin brindar las garantías sustantivas y procesales propias del derecho penal.

1. Aproximaciones al proceso de criminalización de la migración

Los diferentes enfoques sobre la criminalización de la migración coinciden en su aproximación al fenómeno desde una posición crítica, que propone la observación y comprensión de sus causas, funcionamiento y consecuencias. Estos análisis difieren en los elementos que consideran comprendidos en el término "criminalización". En este sentido, el proceso de criminalización de la migración opera en diferentes niveles. Como sostienen van der Woude y van Berlo (2017: 63), es posible identificar un nivel político, en el que crimen y migración son asociados cada vez con mayor frecuencia en los debates y discursos político-institucionales; un nivel legislativo, a través de la interconexión entre las normativas relativas a la migración y el derecho penal; y un nivel práctico, el de la realidad material de los procedimientos y los modos de ejecución del control por parte de los actores estatales.

---

sus respectivos análisis se complementen sin caer en una fusión que haga perder sus diferencias.

De este modo, si bien el Derecho es una herramienta clave para la combinación entre migración y poder penal, la criminalización no es un concepto estrictamente jurídico, sino que en él confluye una serie de otros factores políticos y sociales de mayor amplitud. Los alcances del término varían en cada enfoque según los elementos que sean tenidos en cuenta, desde una perspectiva amplia (más allá del Derecho, comprensiva de las narrativas y las prácticas) hasta una perspectiva formalista ceñida a la ley.

1.1. Las teorías sobre *crimmigration*: la fusión entre el Derecho de migración y el Derecho penal

A partir de los primeros años del siglo XXI, la creciente conexión entre el derecho penal y el derecho de inmigración activó un proceso de "criminalización del derecho de migración" (Miller, 2003: 616). Las líneas de separación entre ambas ramas se difuminaron y su diferencia se tornó nominal. Desde entonces, dentro del campo de la criminología, se ha desarrollado una nueva rama en torno a la movilidad humana, que indaga sobre la relación entre el control migratorio y el sistema penal. Si bien se trata de un campo de análisis relativamente novedoso, sus bases abrevan en corrientes teóricas de largo recorrido sobre un abanico de cuestiones que, con anterioridad, parecían inconexas y segmentadas, como son los estudios relativos a la exclusión, la integración y la identidad (Pickering, Bosworth y Ass, 2015: 3).

En 2006, Juliet Stumpf introdujo el término *crimmigration* para hacer referencia a la fusión entre el derecho de inmigración y el derecho penal en Estados Unidos (Stumpf, 2006). El estudio de Stumpf buscaba desentrañar el cómo y el porqué de la convergencia de estas dos ramas jurídicas, centrándose en los efectos que produce esta asociación con relación a la teoría de la pertenencia social (*membership theory*). Este análisis seminal toma como punto de partida el hecho de que, a diferencia de otras ramas del Derecho centradas en la regulación de relaciones civiles o comerciales entre individuos, el derecho de inmigración y el derecho penal se dirigen a regular la relación entre el individuo y el Estado, configurando en su esencia sistemas de inclusión y exclusión (Stumpf, 2006: 380).

A partir de esa base, Stumpf centra la atención en la fusión entre migración y criminalidad en el campo jurídico. Al respecto, señala que dicha fusión se manifiesta en tres sentidos (Stumpf, 2006: 381): i) el solapamiento de normas sustantivas (por ejemplo, la incorporación de sanciones que afectan a la situación migratoria –como la deportación– a modo de penas en los delitos comunes cometidos por migrantes; o la tipificación de delitos especiales por infracciones al derecho de inmigración –como la entrada irregular, la contratación de trabajadores migrantes irregulares, o los matrimonios de conveniencia–); ii) la semejanza de los mecanismos de aplicación; y iii) la semejanza entre los procedimientos penales y los procedimientos de enjuiciamiento de infracciones al derecho de inmigración.

Según Stumpf, estas conexiones entre el Derecho penal y el Derecho de inmigración resultan tanto extrañas como lógicas (Stumpf, 2006: 379). Por una parte, la extrañeza deviene de la unión de ámbitos que presentan diferente naturaleza jurídica y finalidad: el derecho penal persigue la resolución de conflictos sociales y la protección de intereses públicos o privados de especial sensibilidad para el Estado y la ciudadanía, mientras que el derecho de inmigración se dirige a regular las condiciones de entrada, permanencia y salida del territorio del Estado por parte de personas extranjeras. A pesar de dicha extrañeza, Stumpf observa que la fusión de ambos campos resulta lógica si se atiende a la funcionalidad política y social que ambas ramas jurídicas están llamadas a cumplir. Tanto el derecho penal como el derecho de inmigración cumplen una función de selección social, a través de la cual el Estado determina la pertenencia al entramado social y la inclusión o exclusión de los sujetos habilitados al ejercicio de la libertad de circulación. En ambos sistemas, la reacción a la infracción consiste en una sanción basada en la exclusión: en el derecho penal la exclusión opera tradicionalmente a través de la prisión (u otras formas de privación de la libertad de movilidad) y en el derecho de inmigración a través de la deportación o expulsión del territorio (Stumpf, 2006: 396-397). Ambos tipos de sanción comportan en definitiva una segregación del ámbito social. Asimismo, si bien con diferente intensidad, la segregación es espacial o territorial: la prisión recluye en un espacio determinado que extrae a la persona del terreno social, mientras que la deportación o la expulsión conllevan una separación absoluta del territorio del Estado.

A partir del estudio seminal de Stumpf, se han desarrollado numerosos estudios en torno a lo que desde entonces se conoce como *crimmigration*. Los diferentes análisis difieren en los alcances del proceso de criminalización. A modo didáctico, con el objetivo de comprender qué se entiende por criminalización de la migración, distinguimos a continuación los análisis que atienden al proceso en un sentido amplio, en un sentido restringido y en el contexto particular de las fronteras.

1.2. La criminalización en un sentido amplio: la asociación migración-criminalidad más allá de lo legal

Los estudios sobre criminalización en un sentido amplio hacen referencia a la asociación migración-criminalidad que opera no sólo a través del Derecho sino también de otros medios, como los discursos, narrativas y prácticas desplegadas por parte de los múltiples actores políticos, judiciales y sociales que entran en juego en el campo de las migraciones. En este sentido, el proceso de criminalización trasciende el ámbito estrictamente legal y, en consecuencia, su análisis no puede desarrollarse de manera aislada a las consecuencias prácticas que derivan de la aplicación de la ley (*law enforcement*) y al contexto político, institucional y social en el que tiene lugar (van der Wouden y van der Leun, 2013, 2017; van der Wouden, van der Leun,

Nijland, 2014). En esta línea, por ejemplo, Palidda (2011: 23) considera que la criminalización de la migración es un fenómeno social que se produce en un "contexto polisémico":

> "By the criminalization of migrants, we mean all the discourses, facts and practices made by the police, judicial authorities, but also local governments, media, and a part of the population that hold immigrants/aliens responsible for a large share of criminal offences."

En esta misma línea, Cholewinski (2007) hace referencia a la criminalización de la migración irregular en un sentido amplio comprensivo de la "cultura de la sospecha y la desconfianza" alrededor de la movilidad humana y, en especial, de la migración irregular:

> "'Criminalisation' [...] is understood not only in the narrow dictionary sense of 'making an activity illegal' by the imposition of penal sanctions on the migrant where there were none previously, or to reflect the increased involvement of international criminal groups in irregular migration movements, but more broadly to encompass the culture of suspicion and distrust surrounding the movements of third country nationals, and irregular migrants in particular. To a certain degree, this culture of distrust has been generated and then reinforced by the developing EU migration law and policy, particularly in the adoption of measures that stigmatise migrants, in the absence of a more principled approach based on detailed human rights guarantees." (Cholewinski, 2007: 302).

Esta noción amplia de criminalización tiene la ventaja de trascender la norma jurídica y permitir un análisis más profundo de la realidad en la que opera el Derecho. De tal modo, resulta especialmente útil para comprender el proceso de *crimmigration* en la práctica, identificar el rol de otros actores claves como las agencias de control y los medios masivos de comunicación en la construcción y el mantenimiento de imaginarios, prejuicios y estereotipos sociales e institucionales en torno a la migración.

Asimismo, la criminalización entendida en sentido amplio puede ser útil para determinar cuáles son las bases y los objetivos implícitos en las políticas de control de la población migrante. Así, por ejemplo, el estudio de Palidda (2011) se enfoca en el factor racial que subyace al proceso de criminalización. Asimismo, esta perspectiva amplia permite identificar las fluctuaciones en la aplicación de las normas jurídicas y determinar los factores coyunturales (políticos, económicos, sociales) que intervienen en la aceleración o desaceleración del proceso de criminalización en un determinado momento. En este sentido, por ejemplo, Palidda advierte que la proliferación de discursos de criminalización no obedece a un incremento en las tasas de criminalidad ni a una mayor cantidad de población migrante en el territorio, sino a situaciones de crisis económicas. Por su parte, en una línea similar, Melossi (2003) añade la incidencia de crisis políticas y sociales.

Respecto al papel que desempeña el Derecho, la criminalización entendida en un sentido amplio es principalmente el resultado de la aplicación de la ley por parte de los agentes de control (policía, policía de inmigración, policía de fronteras), quienes cuentan con un amplio poder de discrecionalidad y selectividad al momento de ejercer el control criminal y migratorio (Fabini, 2017; van der Woude y van der Leun, 2017). De este modo, los estudios sobre el ejercicio discrecional del poder por parte de los agentes de control advierten sobre la naturaleza dinámica y multiescalar del control (Wonders, 2017; Brandariz y Fernández-Bessa, 2020); y, asimismo, permiten romper con la idea del Estado como una entidad homogénea, para comprenderlo como una entidad compuesta por múltiples actores con diversos intereses, por ejemplo en el nivel municipal, provincial y nacional (Moffette, 2020). De tal modo, la gobernanza migratoria y, en particular, la conexión entre migración y poder penal se presentan como procesos dinámicos y asimétricos, de una complejidad que excede lo estrictamente legal y que requiere una comprensión integral de un fenómeno intrínsecamente político y social.

1.3. La criminalización en un sentido restringido: la ilegalidad como producto del Derecho

Los estudios sobre criminalización en un sentido restringido se desarrollan principalmente desde un *enfoque jurídico crítico*, que estudia el papel del Derecho como herramienta de la asociación migración-criminalidad. Dentro de esta perspectiva pueden incluirse los estudios seminales sobre criminalización de la migración en Estados Unidos, como los de Teresa Miller (2003), Juliet Stumpf (2006) y Stephen Legomsky (2007), que estudian las reformas de la legislación migratoria y la paulatina fusión de las infracciones y sanciones en el sistema penal y en el derecho de inmigración.

Desde esta perspectiva ceñida al análisis de la norma jurídica, la criminalización es producto del Derecho, ya sea como resultado de la tipificación de la "conducta migratoria" como delito o por la previsión de una sanción de naturaleza penal. Debido a la complejidad del proceso de criminalización, como sostiene Brandariz (2021), no existe consenso sobre cuáles son las medidas que resultan de la fusión entre control penal y control migratorio. Sin embargo, en términos generales es posible sostener que la criminalización en sentido restringido opera cuando:

i) la norma califica como delito una determinada conducta relacionada a la migración (por ejemplo, el cruce de frontera sin visado u otro documento habilitante), de modo que sólo una persona extranjera en condición de migrante puede ser sujeto activo del delito;

ii) la norma impone, ante un delito común (cuyo sujeto activo puede ser cualquier persona), una sanción que produce efectos en el régimen de migración cuando el sujeto activo es una persona extranjera (por ejemplo, ante la comisión de un delito contra la propiedad, la norma prevé como sanción la deportación).

iii) la norma califica como delito una conducta que puede cometer cualquier persona y que supone la involucración con una persona migrante (por ejemplo, el delito de facilitación de la migración irregular según el Derecho de la UE, que se estudia en el capítulo 5).

A la par de los análisis sobre criminalización en sentido jurídico restringido, encontramos una tercera aproximación que podríamos clasificar como *perspectiva jurídica material*. Ésta adopta el enfoque jurídico formalista y añade la posibilidad de que la asociación migración-criminalidad derive de la aplicación y de los efectos de una norma no penal. Con independencia de su calificación jurídica, una norma puede "criminalizar" cuando en su aplicación y en sus efectos intervienen agentes (de seguridad, policiales, militares), o se producen prácticas (deportaciones, detenciones), o se generan consecuencias (restricciones severas de libertades y derechos), que suelen desplegarse en el contexto del sistema penal. Esta aproximación presenta la ventaja de combinar la perspectiva jurídico formalista con una visión realista, que atiende no sólo a la literalidad de las normas (penales y no penales) sino también a sus consecuencias.

Por tanto, conforme a la aproximación material, las sanciones contenidas en normas no penales, como por ejemplo en normas administrativas, pueden provocar efectos de intensidad suficiente para desdibujar los márgenes de la naturaleza jurídica no penal, de modo que las restricciones de derechos derivadas de sanciones administrativas pueden suponer un castigo de tipo penal[18]. En este sentido, por ejemplo, la detención administrativa de migran-

---

18 Como se analiza más adelante, desde la sentencia dictada en el caso *Engel and other v. The Netherlands*, el TEDH ha desarrollado criterios específicos para definir los alcances de los términos "acusación en materia penal" y "pena" contenidos en los artículos 6 y 7, respectivamente, del CEDH. Tales criterios hacen referencia a la calificación jurídica de la infracción, la naturaleza de la infracción y la naturaleza e intensidad o gravedad de la sanción (TEDH, *Engel and other v. The Netherlands*, Sentencia de 8 de junio de 1976, asuntos 5100/71,

tes en las fronteras puede ser entendida como una manifestación del proceso de criminalización. Así lo sostiene Parkin (2013) en su análisis sobre los estudios en torno a la criminalización de la migración en la UE, al distinguir tres áreas del proceso: criminalización discursiva (*discursive criminalisation*), intersecciones entre derecho penal y control migratorio, y detención de migrantes.

Asimismo, desde una perspectiva material, Majcher (2013: 3) identifica dos dimensiones del proceso de criminalización de la migración: una dimensión formal, relativa a la aplicación del derecho penal para el enjuiciamiento de infracciones a la norma administrativa de extranjería; y una dimensión material, relativa a la aplicación de mecanismos tradicionalmente asociados al derecho penal para el control migratorio (como, por ejemplo, la detención). Como sostiene García Hernández, ambas dimensiones se interrelacionan:

> "Given shifts in the substantive and procedural frameworks governing immigration law and criminal law, it is not surprise that law enforcement tactics have similarly altered course. Confinement, long as feature of traditional criminal punishment but rarely used to regulate migration, has become commonplace in immigration operations." (García Hernández, 2018: 198).

En esta aproximación material es posible ubicar también a los estudios de Mitsilegas (2019, 2015) sobre la criminalización de la migración en la UE. Mitsilegas (2015: 2) define la criminalización de la migración en los siguientes términos:

> "the threefold process whereby migration management takes place via the adoption of substantive criminal law, via recourse to traditional criminal law enforcement mechanisms including surveillance and detention, as well as via the development of mechanisms of prevention and pre-emption."

En este trabajo, el análisis sobre la criminalización responde a una definición material como la propuesta por Mitsile-

---

5101/71, 5102/71, 5354/72, 5370/72, ECLI:CE:ECHR:1976:0608JUD000510071, párr. 82).

gas. Desde una perspectiva jurídica crítica, se trata del enfoque apropiado para realizar un análisis del Derecho que refiera tanto a la coherencia y congruencia normativa como a las consecuencias derivadas del sistema jurídico más allá de la literalidad de las normas.

1.4. La criminalización de la migración en las fronteras y por fuera del territorio

Los análisis sobre *crimmigration* se han centrado principalmente en la persecución y punibilidad de las personas migrantes dentro del territorio del Estado. Como quedó señalado anteriormente, estos enfoques dirigen su atención al impacto que produce la aplicación de mecanismos de derecho penal sobre personas extranjeras, evidenciando la creación de herramientas de control, ilicitudes y sanciones especiales en función del sujeto activo: se trata de infracciones que sólo pueden cometer personas extranjeras, o de mecanismos de control o sanciones que sólo se pueden aplicar a ellas por su situación migratoria.

En paralelo al desarrollo de los estudios centrados en el territorio, la implementación de nuevos mecanismos de control fronterizo, a través de las políticas de externalización y privatización, ha ampliado el foco de atención de algunos autores hacia el proceso de criminalización que opera en las fronteras e incluso, fuera de éstas, en los propios Estados de origen y tránsito. Estos análisis han desarrollado la llamada "criminología de frontera" (*border criminology*) (Franko Aas y Bosworth, 2013; Bosworth, Franko Aas y Pickering, 2018), según la cual las fronteras se han convertido en dispositivos de control social y castigo (Bowling, 2013), a través de la convergencia entre sistema penal y políticas migratorias. Como resultado, advierten que también las fronteras precisan ser analizadas desde una perspectiva criminológica. Esta aproximación criminológica permite introducir un factor disruptivo de los límites epistemológicos tradicionales del derecho penal y la criminología, asentados en la dimensión interna de las respuestas a la criminalidad (dentro del territorio del Estado), con la finalidad de comprender los alcances del proceso de criminalización en el marco de la globalización (en las fronteras y fuera de ellas).

La concepción tradicional de las fronteras, entendidas como espacios geográficos fijos, ha mutado a través de las políticas centradas en la externalización y privatización del control fronterizo. En cuanto dispositivos de control, las fronteras no son sólo un espacio de demarcación geográfica, sino un elemento móvil que opera hacia dentro y fuera de los límites estrictamente espaciales (Weber, 2006: 24). La exportación de mecanismos penales hacia las fronteras y fuera de ellas expande los límites del sistema penal, tradicionalmente ceñidos al territorio del Estado y al mantenimiento del orden público "interior". En gran medida, las fronteras han dejado de ser espacios de defensa frente a ataques de otros Estados para convertirse en espacios de prevención y lucha contra la criminalidad de actores no estatales (Soliman, 2021: 229). En particular, frente a la deslocalización del control migratorio a través de la difusión territorial de normas y actores involucrados, la criminología de frontera advierte la proyección de la criminalización de la migración hacia las fronteras y por fuera de las mismas.

En este sentido, la geopolítica cobra relevancia para comprender el funcionamiento del control migratorio y el control penal (Franko Aas, 2013: 27), tornando necesario el diálogo entre los ámbitos de estudio de las relaciones internacionales y la criminología (Bigo, 2016). Poco después de darse a conocer la teoría pionera de Stumpf sobre el proceso de *crimmigration*, Franko Aas sostuvo que la criminología debía tomar en consideración los cambios sociales provocados por la movilidad humana a nivel global, ya que se evidenciaba un emergente orden de estratificación global que afectaría las nociones relativas al ámbito penal (Franko Aas, 2007: 284). La inequitativa distribución geopolítica de poderes entre los Estados del norte y el sur global conlleva un diferente trato a las personas en movimiento según su lugar de origen y nacionalidad: la movilidad de algunos ciudadanos es incentivada (como turistas, estudiantes, trabajadores, emprendedores), mientras que la de otros es rechazada, condicionando la entrada a requisitos de difícil cumplimiento (Dauvergne, 2008: 2; Franko Aas, 2013: 29), de tal modo que se crea una estratificación de Estados en función de la "desviación" de sus ciudadanos en términos de (in)seguridad (Franko Aas, 2013: 29). Como sostiene Campesi (2015b: 9), la frontera, tradicionalmente entendida como instrumento de delimitación política, muta su sentido y despliega ahora una función de "jerarquización social" (*gerarchizzazione sociale*). La prioridad del control en la frontera, y por fuera de ella, se realiza con independencia de los motivos que impulsen el tránsito migrante, pudiendo entrar en colisión con las obligaciones de protección internacional que tienen los Estados con relación a las personas en búsqueda de asilo que se encuentran aún fuera del territorio.

2. Vigilar sin proteger: La criminalización de (eventuales) solicitantes de asilo

En el ámbito del Derecho internacional de refugiados, la primera conexión con el sistema penal se produjo a través de la introducción de las cláusulas de exclusión en la Convención sobre el Estatuto de los Refugiados, que operan como causas de justificación de la no protección de personas autoras de delitos graves, tales como crímenes de guerra o crímenes de lesa humanidad, u otros hechos reñidos con los valores de Naciones Unidas (Bond, 2012: 39). Precisamente, los redactores de la Convención de Ginebra de 1951 tomaron especiales precauciones para que la protección del estatuto de refugiado no entorpeciera el juzgamiento de criminales (Dauvergne, 2013: 82), contemplando como supuesto de exclusión la comisión de graves delitos comunes (sin carácter político) antes del reconocimiento del estatuto de refugiado (artículo 1.F.b). Esta conexión formal entre derecho penal y derecho de asilo, contemplada por la Convención, ha recibido especial atención por parte de la doctrina, así como también por parte del ACNUR al momento de interpretar los alcances de la Convención[19]. De este modo, las cláusulas de exclusión son especialmente atendidas al momento de evaluar una solicitud de asilo y el reconocimiento o no del estatuto de refugiado.

Asimismo, la preocupación de los Estados en materia de seguridad permea incluso en el principio angular del Derecho internacional de refugiados. De una lectura combinada de los dos incisos del artículo 33 se desprende que, acto seguido de reconocer el principio de *non-refoulement* como una garantía esencial del sistema de protección, existen excepciones basadas en que la persona refugiada pueda representar una amenaza a la seguridad del Estado. Así, el principio de *non-refoulement* no puede ser argüido por una persona sobre quien existan "razonables sospechas" de representar un peligro para la seguridad del país, o que, debido a una condena por la comisión de un delito grave, pueda constituir un "peligro" para la comunidad del país. Como principio general, la persona no puede ser devuelta simplemente por estar implicada en actividades criminales, sino que debe tratarse de determinados tipos de ilícitos caracterizados por su especial gravedad, y que además supongan que la persona configura un peligro para la comunidad (Dauvergne, 2013: 83).

---

19 ACNUR, "Directrices sobre Protección Internacional Nº 5: La aplicación de las cláusulas de exclusión: El artículo 1F de la Convención de 1951 sobre el Estatuto de los Refugiados", HCR/GIP/03/05, 4 de septiembre de 2003, párr. 2: "La lógica de las cláusulas de exclusión –que ha de tomarse en consideración para su aplicabilidad– se fundamenta en que ciertos actos son tan graves que vuelven a sus autores indignos de recibir protección internacional como refugiados. El propósito primario de estas cláusulas es privar a los culpables de atrocidades y delitos comunes graves de la protección internacional normalmente brindada a los refugiados. Con ello se impediría que tales personas abusen de la institución del asilo para evadir la rendición de sus cuentas ante la justicia."

Progresivamente, y en especial a partir de los atentados terroristas que marcaron los inicios del siglo XXI, la conexión entre el derecho de refugiados y el derecho penal ha ampliado su alcance a través de la sospecha instalada sobre el asilo como una vía de acceso para personas vinculadas con organizaciones o acciones terroristas (Dauvergne, 2013: 78; Kaushal y Dauvergne, 2011; Léonard y Kaunert, 2019: 129). Las sospechas contra personas solicitantes de asilo recaen sobre cuáles son sus intenciones para acceder al territorio, o bien que su situación de huida es en realidad un acto de evasión del sistema judicial de sus países de origen.

Más allá de esa vinculación formal de las cláusulas de exclusión del estatuto de refugiado con la comisión de delitos, Dauvergne (2013: 76) sostiene que la criminalización del asilo se ha puesto en marcha desde la década de 1990, a través de los acuerdos de "países seguros" (*safe third country agreements*), las sanciones contra transportistas, los regímenes de visados, las restricciones al acceso a servicios sociales, la imposición de condiciones de elegibilidad como requisitos de acceso a los sistemas de asilo, y principalmente la proliferación de la detención como parte del procedimiento de solicitud de asilo. Como manifestación de la combinación entre securitización y criminalización, tanto en el ámbito de la migración como en el del asilo, el poder penal ha implementado sus mecanismos pero no sus garantías. La problemática conexión de sistemas se complejiza, además, teniendo en cuenta sus diferentes niveles de formación: el sistema penal y el sistema de migración, con una sólida base nacional; el sistema de asilo, con una fuerte impronta internacional.

Léonard y Kaunert (2019) consideran que en la UE existe un proceso de securitización del asilo debido a su asociación a la migración irregular. Si bien el desarrollo del derecho de refugiados, tanto a nivel internacional como en el de la UE, ha tendido hacia la consolidación de derechos y garantías en los sistemas de asilo, la creciente asociación de entre migración irregular y asilo permite sostener que este último queda sometido a lógicas securitarias similares a las que imperan en la primera. Lo mismo sucede con el proceso de criminalización. De hecho, la criminalización puede ser entendida como una consecuencia derivada del proceso de securitización: frente al tratamiento de un determinado ámbito de la realidad (en este caso, la migración irregular y, por extensión, el asilo) como amenazas a la seguridad, la respuesta tradicional de los Estados ha consistido en la activación de los mecanismos de poder penal, en cuanto instrumentos del monopolio del uso legítimo de la fuerza y la violencia que detentan los gobiernos.

Como producto de la asociación entre solicitantes de asilo y migrantes irregulares, el proceso de criminalización del asilo se desarrolla de manera simultánea al de la inmigración irregular. Ello refleja la importancia de incluir la intersección entre el derecho de refugiados y el derecho penal como una parte sustancial en las nuevas teorías que se desarrollan desde la criminología de la migración (Dauvergne, 2013: 89). En definitiva, ambos sistemas guardan relación con las restricciones de acceso al territorio de los Estados y el conjunto de mecanismos y dispositivos que tienden al rechazo de las personas extranjeras cuya migración es "no deseada". Las circunstancias que impulsan el desplazamiento de una gran parte de los solicitantes de asilo conducen a migrar en condición irregular, exponiendo a las personas a infringir las normas que regulan el acceso y la permanencia en el territorio. Según los imperativos y estándares del Derecho internacional de refugiados, tales infracciones no podrían ser motivo de enjuiciamiento en contra de la persona solicitante de asilo. No obstante, en la práctica, la confluencia entre la búsqueda de protección y la migración irregular se traduce en un mismo proceso de criminalización. En tales circunstancias, la persona refugiada es un migrante irregular hasta poder formalizar su solicitud de asilo.

IV. CONCLUSIONES

Las políticas de control fronterizo y migratorio imperantes a nivel global y, en particular, en el ámbito de la UE, configuran una serie de procesos concatenados de securitización, externalización y criminalización. La percepción de las migraciones como amenazas a la seguridad activa un conjunto de respuestas por parte de los Estados que se desarrollan como un proceso en cascada. En primer lugar, determinados movimientos migratorios son asociados, a través de discursos y prácticas, a situaciones de riesgo para la seguridad y el orden público. Ante ello, los Estados receptores han implementado mecanismos de control migratorio dirigidos a prevenir la llegada de los movimientos "no deseados" y contenerlos en los lugares de origen y de tránsito. Los agentes del mismo Estado desarrollan sus funciones de control fuera del territorio, o bien atribuyen responsabilidades de vigilancia y contención a los agentes de terceros Estados (de origen y tránsito) o a agentes privados (por ejemplo, empresas de transporte de pasajeros). El objetivo consiste en evitar las llegadas irregulares. En caso de que aun así consigan llegar, los Estados activan en sus fronteras y dentro de sus territorios mecanismos tradicionalmente penales, para controlar, detener, clasificar y expulsar a quienes no se les reconozca el derecho de entrada y permanencia.

Las fronteras son un elemento esencial en el desarrollo de los tres procesos. Su función como herramienta de preservación de la "seguridad nacional" no es novedosa. De hecho, la delimitación fronteriza en la formación de los Estados nación obedeció a la necesidad de protección frente a amenazas externas, a la conservación de la seguridad dentro del territorio y al mantenimiento de un determinado orden público. Superados los procesos de expansión territorial durante la Edad Media y la Edad Moderna, a partir del siglo XVII los Estados han cumplido principalmente la función de regular la circulación por sus territorios ya definidos y demarcados geográficamente. Precisamente con el objetivo de garantizar una mayor y más fluida circulación de capitales, desde finales del siglo XX, la globalización ha distendido progresivamente la rigidez de las fronteras. Al mismo tiempo, el control ha sido reforzado en otros ámbitos, principalmente aquellos dirigidos a prevenir la criminalidad transfronteriza. El cierre de vías de circulación para los movimientos "no deseados" –esto es, de aquellos que pueden "entorpecer el normal funcionamiento" de las economías internas y la configuración social y cultural del Estado– ha alimentado un contexto de criminalidad asociada a la movilidad humana. Así, como advierten las escuelas de los estudios críticos sobre seguridad, las fronteras han perdido progresivamente su función de defensa militarizada frente a los ataques de otros Estados y se han convertido en elementos de prevención y en espacios de lucha contra otro tipo de amenazas, provenientes de actores no estatales como las redes de criminalidad transnacional.

Ante la intensificación de la movilidad humana, producto de la globalización, las fronteras han cobrado un nuevo sentido que reafirma su centralidad en la preservación del poder de control de los Estados, en la construcción de las identidades nacionales y de las dinámicas de pertenencia y de exclusión social. En este contexto, el migrante es un "otro" a quien, en función de sus circunstancias (formalmente por su lugar de origen y su nacionalidad, pero materialmente condicionado también por su perfil étnico y racial), se le atribuye o no el derecho de ingresar, transitar y permanecer en el territorio del Estado. La ausencia o la denegación de tal derecho activan una serie de mecanismos securitarios y penales dirigidos a la prevención de la movilidad y eventualmente la expulsión del territorio. Aquellos sin derecho son impulsados hacia condiciones de irregularidad que incrementan sus posibilidades de ser catalogados como "amenazas" a la seguridad.

En el caso particular de la UE, las fronteras de los Estados miembros han mutado notablemente, tanto en su dimensión interna, a través de la conformación del Espacio Schengen, como en su dimensión externa, mediante las políticas de externalización del control migratorio. En ambas dimensiones la concepción tradicional de frontera ha cedido frente a la tensión constante entre la abolición del control en las fronteras entre Estados miembros, por un lado, y el reforzamiento del control en las fronteras exteriores, por otro. La condición para la eliminación de controles en las fronteras interiores ha consistido en incrementar los controles sobre el cruce de las fronteras exteriores por parte de nacionales de terceros países. Las tareas de control migratorio, antes desarrolladas por cada Estado de manera independiente, se reparten ahora entre diferentes agentes de la UE, de los Estados miembros, de terceros Estados y del sector privado. Todos estos actores en conjunto desarrollan una función especial de contención y prevención de los movimientos irregulares. La efectividad de sus prácticas de control y seguridad, principalmente en las fronteras exteriores, se erige jurídicamente y políticamente como un presupuesto para la libre movilidad entre fronteras interiores.

Los argumentos de los Estados (y de la UE) para sostener la legitimidad de las políticas de control migratorio por fuera de sus fronteras exteriores giran en torno al objetivo de evitar los peligros ínsitos en las vías irregulares de migración. Además del argumento de la peligrosidad por las condiciones materiales de las rutas migratorias irregulares, los Estados legitiman sus prácticas de control fronterizo y migratorio en la prevención de los riesgos que para los migrantes supone la criminalidad asociada a la movilidad transfronteriza, tales como la posibilidad de ser víctimas de delitos de trata y tráfico ilícito de personas. Asimismo, el control se justifica en la lucha contra otras formas de criminalidad transfronteriza, tales como el narcotráfico o el terrorismo. Estos argumentos se multiplicaron desde los inicios del siglo XXI, tras los atentados terroristas en ciudades como Nueva York, Madrid, Londres y París. Asimismo, en el caso particular de la UE, las medidas de prevención del tráfico ilícito de migrantes se incrementaron notablemente tras la "crisis de refugiados" desde 2015. El elevado número de muertes e incidentes en las rutas migratorias impulsaron la implementación de políticas de control con una lógica ambivalente, que oscila entre la protección de las personas migrantes, la impermeabilidad de las fronteras y la obstrucción de las vías de acceso al territorio de los Estados.

Las preocupaciones en torno a la seguridad marcaron la configuración del Espacio Schengen desde sus inicios. La garantía de la preservación de la seguridad es desde entonces el requisito primero para el funcionamiento del sistema de libre circulación, y ello ha permeado toda la política común de gestión integrada de fronteras, migración y asilo. No obstante, desde la crisis de refugiados de 2015, el "movimiento securitizador" de las migraciones se tornó aún más evidente. El aumento exponencial de las llegadas irregulares, principalmente por vía marítima, fue considerado una amenaza susceptible de poner en riesgo el normal funcionamiento del Espacio Schengen y del SECA. Como se analizará en el siguiente capítulo, las llegadas irregulares fueron asociadas a redes de tráfico ilícito de migrantes, y levantaron las alarmas de la seguridad interior de los Estados miembros. En estas circunstancias, el proceso de securitización tuvo lugar principalmente a través de las prácticas de las agencias de la UE y de los Estados. Por este motivo, tras analizar en este capítulo las propuestas teóricas de las diferentes escuelas de la securitización, el caso especial de la UE puede ser comprendido principalmente desde los análisis de la Escuela de París, en cuanto atiende no sólo al discurso sino también a las prácticas. Por el contrario, la propuesta de la Escuela de Copenhague por sí sola no resulta suficiente, ya que los discursos, narrativas y normativa de la UE se caracterizan por su apego a las reglas del Estado de Derecho, los principios democráticos y humanistas, y la protección de los derechos de las personas.

En el siguiente capítulo se analizará cómo las respuestas a la "crisis" encuadran dentro de los procesos de securitización y criminalización. Ante la percepción del aumento exponencial de llegadas como una amenaza a la seguridad, especialmente a partir de 2015, las estrategias de la UE en la dimensión exterior se concentraron en la externalización mediante la celebración de acuerdos de control migratorio con terceros países, como refleja el acuerdo de cooperación entre el conjunto de Estados miembros y Turquía o el memorándum de entendimiento entre Italia y Libia. Asimismo, la vigilancia de las fronteras exteriores se incrementó mediante la implantación de varias operaciones a cargo de Frontex. En Grecia e Italia, como los países receptores del mayor número de llegadas, se instalaron hotspots como lugares de retención de las personas interceptadas o rescatadas en el mar Mediterráneo para su clasificación entre migrantes irregulares o legítimos solicitantes de asilo. Por otro lado, la asociación de las llegadas irregulares a redes de tráfico ilícito de migrantes motivó la aplicación de la Directiva de Facilitación de la migración irregular, cuya definición amplia del delito expande los márgenes del marco jurídico penal internacional sobre tráfico ilícito de personas.

La complejidad de los fenómenos migratorios queda reducida a la primacía de la seguridad interna, por encima de la seguridad humana de las personas migrantes, aun cuando ello pueda suponer coartar las posibilidades de acceso en condiciones regulares a personas en necesidad de protección internacional. Las fronteras expanden y exacerban sus funciones de control de entrada, que se propagan hacia fuera del territorio del Estado mediante las políticas de externalización, y hacia dentro mediante la fusión entre el control migratorio y el poder penal. En especial, la expansión de las fronteras hacia fuera opera mediante la exportación del control migratorio hacia terceros países y actores privados en el exterior. Como consecuencia, también se exportan las categorías subjetivas, de tal modo que la etiqueta del migrante irregular se coloca incluso antes de llegar a destino. Como producto de la securitización, aunada a la externalización, se construye la figura del migrante "eventualmente" irregular. La irregularización se expande hacia todas las etapas de la movilidad, no sólo en el destino sino también durante el tránsito e, incluso, ante una potencial salida. Por su parte, el "eventual" solicitante de asilo es detenido en origen o en tránsito, antes de poder arribar a las fronteras del Estado de destino en búsqueda de protección. En tales condiciones, queda obstruida la activación de los mecanismos del Derecho internacional de refugiados, incluida la garantía más elemental del principio de *non-refoulement*.

Como corolario, la securitización del asilo tiene lugar por su asociación a la migración irregular. Ante la falta de vías regulares de acceso al territorio, los solicitantes de asilo quedan expuestos a las lógicas securitarias y restrictivas que imperan en el control de la migración irregular. En igual sentido se desarrolla el proceso de criminalización del asilo, que alcanza a los solicitantes de protección por asociación a su previa condición de migrantes irregulares. Estos procesos de asociación entre migración irregular y asilo se refuerzan, además, mediante la "cultura de la sospecha" sobre el asilo como un canal de regularización de la migración irregular. Esta idea se asienta en la constante desconfianza de que los migrantes irregulares utilizan fraudulentamente el sistema de asilo para acceder al territorio. A partir de esta premisa, los sistemas de asilo implementan mecanismos securitarios y tradicionalmente punitivos, como por ejemplo la detención de los solicitantes de protección. El recurso a tales mecanismos queda legitimado, desde la perspectiva del Estado, por la necesidad de clasificar entre migrantes irregulares y solicitantes de asilo, y comprobar que estos últimos sean "auténticos".

El proceso en cascada de las políticas migratorias, de la securitización a la criminalización, reúne dos ámbitos de poder particularmente sensibles para el Estado: por un lado, el monopolio del control de las fronteras y la circulación en el territorio; y, por otro, el monopolio del uso legítimo de la fuerza y la violencia. Si bien pueden presentarse como dos manifestaciones diferentes de soberanía, tanto el control migratorio como el poder penal cumplen una función de selección social, de especial interés para el Estado ya que le permiten moldear el elemento constitutivo de la población, determinar la pertenencia al entramado social y la inclusión o exclusión de los sujetos que ingresan, circulan y permanecen en su territorio. La creciente vinculación entre ambos campos de poder genera nuevos interrogantes en torno a sus respectivas funcionalidades. La búsqueda de respuestas a tales interrogantes convoca y reúne a variadas disciplinas que hasta el momento generaban sus reflexiones de manera independiente. Entre tales disciplinas, la criminología crítica resulta de particular interés para comprender las dinámicas de control, pertenencia y exclusión, y las mutaciones que se producen en el control migratorio y el poder penal a través de su fusión. En particular, el análisis criminológico permite develar situaciones en las que el poder punitivo se expande sin estar acompañado de las garantías propias del derecho penal. El llamado "derecho penal del enemigo", característico por ejemplo de las respuestas a delitos de terrorismo desde un marco punitivo extraordinario y de excepción, se propaga hacia el control migratorio.

Capítulo 5

LA EXPANSIÓN DEL DERECHO PENAL MIGRATORIO: EL DELITO DE AYUDA EN LAS FRONTERAS

Introducción:

La puesta del Derecho penal al servicio del control migratorio

El control migratorio en la UE se ha convertido en un objetivo prioritario para el mantenimiento del ELSJ. El control se despliega mediante la combinación de una serie de mecanismos de naturaleza administrativa y penal, contenidos en un entramado jurídico complejo que se integra por diferentes tipos de normas. En términos generales, las infracciones a la normativa administrativa sobre entrada y permanencia en el territorio habilitan la activación de los mecanismos de persecución y sanción. Tales mecanismos tienen diferente naturaleza, administrativa o penal, según la conducta de que se trate y también según el sujeto al que se dirigen.

Como se analizó en el capítulo anterior, la implementación de mecanismos de naturaleza penal da lugar a un proceso de criminalización en torno a la migración irregular, que despierta una multiplicidad de análisis por parte de un amplio conjunto de disciplinas científicas. Entre ellas, la criminología crítica se pregunta, en primer lugar, si es legítimo recurrir al poder penal para controlar los flujos migratorios. En segundo lugar, en caso de que fuera legítimo, el siguiente interrogante es hasta qué punto resulta eficaz. Las respuestas sobre la legitimidad y eficacia dependerán, en gran medida, de cuál sea la finalidad perseguida al utilizar el poder penal como medio. En esta línea, cabe preguntarse cuál es el interés protegido por la "política criminal migratoria" y cuáles son los efectos del proceso de criminalización. En caso de considerarse una política eficaz, los siguientes interrogantes apuntarían a cuáles son sus efectos colaterales sobre los derechos de las personas, hasta qué punto es posible admitir restricciones sobre estos últimos sin desvirtuarlos. Por último, la pregunta general se puede resumir en qué resultados y qué información provee la implementación de este tipo de política criminal con relación a los valores de las sociedades contemporáneas.

Resulta evidente que en la UE existe un proceso de securitización en torno a la migración irregular y, por asociación, de las personas solicitantes de asilo y refugiadas (Léonard y Kaunert, 2019). Este proceso tiene lugar principalmente en el momento de la llegada irregular de migrantes a las fronteras exteriores, cuando el ejercicio del poder penal como parte del control migratorio se justifica en aras de la prevención y represión de delitos transfronterizos, como la trata de personas y el tráfico ilícito de migrantes, y de la protección de las personas que son víctimas u objeto de tales conductas ilícitas, de conformidad con los tratados internacionales para la erradicación de este fenómeno delictivo. Al respecto, durante la llamada "crisis de refugiados", el Parlamento Europeo estimaba que la mayoría de las personas solicitantes de asilo en 2016 habían ingresado con la ayuda de traficantes (European Parliament, 2016: 12). Ante las exiguas competencias atribuidas a la UE en materia de migración, la política y la legislación común se dirige en gran medida a la prevención y la lucha contra la inmigración irregular. En particular, el enfoque se concentra en la dimensión exterior, a través del refuerzo del control migratorio en las fronteras exteriores y en la cooperación con terceros Estados, especialmente con los principales países de origen y tránsito.

La interconexión entre sistema penal y control migratorio puede resultar en dos grandes grupos de delitos: por un lado, aquellos que sólo las personas migrantes pueden realizar, y, por otro, aquellos que puede realizar cualquier persona por el hecho de involucrarse con la persona migrante (Parkin, 2013: 7). El régimen penal de la UE se concentra en el segundo grupo, dirigiéndose a establecer reglas mínimas y comunes para la tipificación y sanción de conductas que producen o atraen situaciones de migración en condición irregular. Como resultado, el proceso de criminalización en la UE, en un sentido restringido o jurídico formal, no se dirige directamente contra las personas migrantes, sino contra personas que, de diferentes modos, faciliten la entrada, el tránsito y la permanencia de personas migrantes en situación irregular (Mitsilegas, 2015: 48). Por tanto, gran parte de las medidas para combatir la inmigración irregular se dirigen a la prevención y represión del tráfico ilícito de migrantes (Mitsilegas, 2019: 68). En este campo, la normativa de la UE establece un régimen penal amplio que castiga la ayuda a entrar, transitar o permanecer de manera irregular, aun cuando la acción no reúna todos los elementos necesarios para ser considerada tráfico ilícito de migrantes según la normativa internacional. Asimismo, se contemplan sanciones penales para los transportistas que, a través de canales regulares de entrada, trasladen hasta las fronteras exteriores a personas extranjeras sin la documentación que habilite su ingreso[1]. Una vez en el territorio, el castigo penal en sentido estricto se dirige contra quienes contraten a migrantes irregulares como trabajadores[2].

De este modo, en el marco jurídico de la UE, las conductas ilícitas en torno a la migración irregular comprenden tanto las infracciones *administrativas* de las personas migrantes al ingresar, transitar o permanecer de manera irregular en el territorio, como las infracciones *penales* de las personas (nacionales o extranjeras) que les "ayuden" a hacerlo, con o sin ánimo de lucro dependiendo de la acción. Ante ello, cabe preguntarse cuál es el fin adicional de este control migratorio a través de la expansión del castigo penal hacia la sociedad civil cuando actúa sin ánimo de lucro. Como hipótesis, es posible sostener que la activación de mecanismos penales en tales casos obedece a una lógica de securitización, criminalización y deshumanización de la migración irregular, según la cual se prioriza la seguridad de las fronteras y la contención de los flujos migratorios antes que la protección de las personas.

---

1 Directiva 2001/51/CE del Consejo, de 28 de junio de 2001, por la que se completan las disposiciones del artículo 26 del Convenio de aplicación del Acuerdo de Schengen de 14 de junio de 1985 (DO L 187, 10.7.2001, p. 45-46).

2 Directiva 2009/52/CE del Parlamento Europeo y del Consejo, de 18 de junio de 2009, por la que se establecen normas mínimas sobre las sanciones y medidas aplicables a los empleadores de nacionales de terceros países en situación irregular (DO L 168, 30.6.2009, p. 24-32).

En la regulación de los delitos de facilitación y transporte de migrantes irregulares, como expresiones del proceso de criminalización en sentido jurídico penal estricto que tiene lugar en las fronteras, el poder penal encuentra su justificación en el poder soberano de los Estados de imponer condiciones a la entrada de personas extranjeras y prevenir la criminalidad transfronteriza. Sin embargo, para ser conforme con las obligaciones de protección internacional, el marco jurídico debería prever excepciones que no criminalicen la entrada de personas en búsqueda de asilo y de quienes asistan a personas migrantes en peligro en las fronteras. Al respecto, la mayoría de las personas rescatadas en el mar en 2015 han sido reconocidas como refugiadas (Ghezelbash *et al.*, 2018: 317), y las nacionalidades de la mayoría de las personas rescatadas suele coincidir con las principales nacionalidades a las que se les reconoce el asilo[3].

En este capítulo se identifica el conjunto de mecanismos penales previstos en la normativa de la UE con fines de control migratorio en las fronteras exteriores. El análisis apunta principalmente a la dimensión exterior de las políticas de control migratorio y poder penal, esto es, la activación de mecanismos penales ante las conductas consideradas ilícitas al momento del cruce de fronteras. El estudio se centra en la regulación del delito de facilitación de la migración irregular. Previamente se realiza un análisis general sobre los regímenes jurídicos impulsados por las Naciones Unidas y la UE sobre los delitos de trata de personas y tráfico ilícito de personas, con el propósito de identificar sus puntos en común y diferencias. El objetivo es, por un lado, analizar los efectos que tiene la combinación entre el poder penal y control migratorio, y, por otro lado, determinar si configura un proceso de criminalización de la migración irregular –y, por asociación, del asilo– en las fronteras exteriores de la Unión.

---

[3] Ver, por ejemplo, datos de los informes de Frontex, 2016 y 2020.

I. LAS COMPETENCIAS DE LA UNIÓN EUROPEA SOBRE CONTROL MIGRATORIO Y PODER PENAL

Desde la atribución de competencias a la UE en materia de migración y asilo, a través del Tratado de Maastricht en 1992, los Estados miembros han mantenido su interés compartido en la "lucha contra la inmigración, la estancia y el trabajo irregulares de nacionales de los terceros Estados en el territorio de los Estados miembros"[4]. Este interés común sobre la inmigración irregular puede ser considerado una consecuencia directa de la supresión de controles en las fronteras interiores tras la adopción del sistema Schengen por parte de la UE en el propio Tratado de Maastricht.

Posteriormente, el Tratado de Ámsterdam[5] de 1997 otorgó competencias al Consejo de la UE para adoptar medidas para la prevención y la lucha contra la delincuencia en el cruce de fronteras. De este modo, se materializó la atribución de un poder penal a la Unión frente a la criminalidad transfronteriza. En este sentido, las competencias de la UE cumplen una función coercitiva y disuasoria. Este carácter "excepcional" (penal, policial, militar) de las competencias de las instituciones europeas en materia de migración irregular puede explicarse por su falta de competencias de carácter "ordinario" sobre la regulación de las vías regulares de entrada y permanencia en los Estados miembros. La sensibilidad de esta cuestión para la soberanía de los Estados y sus regímenes internos conlleva que la UE no cuente con mayores competencias sobre las autorizaciones de entrada o el número y los criterios de admisión de personas extranjeras. Por tanto, las políticas comunitarias sobre migración se centran en el "combate" de la irregularidad sin aumentar las alternativas legales para la migración regular (Ilies, 2009: 5-6).

Dicho "combate" se materializa a través de la implementación de mecanismos tradicionalmente penales. El poder penal se convierte en una herramienta para la pretendida eficiencia del control

---

4 Tratado de Maastricht, op. cit., artículo K.1, apartado 3.c.

5 Tratado de Ámsterdam, op. cit.

migratorio (Mitsilegas, 2018). La combinación da lugar a lo que podría llamarse "política criminal migratoria". Esta política de la UE apunta a dos objetivos: por una parte, a la prevención y sanción de delitos asociados al cruce de fronteras, como son la trata de personas o el tráfico ilícito de migrantes; y, por otra parte, al control migratorio. A su vez, este segundo objetivo persigue: 1) evitar la llegada de personas extranjeras sin la documentación necesaria y/o el cruce de fronteras por lugares no habilitados (sin puestos de control), y 2) expulsar a las personas extranjeras que se encuentren en situación irregular dentro del territorio.

	Criminalización formal		**Criminalización material**
Migrantes			Retorno
			Prohibición de entrada
			Detención
			Vigilancia
Sociedad civil	Facilitación de la migración irregular	Entrada	
		Permanencia	
	Sanciones a transportistas		
	Sanciones a empleadores		

Tabla 4. Mecanismos de criminalización formal y material en la UE. Elaboración propia.

Los primeros instrumentos que combinan control migratorio y poder penal en el ámbito de las fronteras exteriores fueron aprobados entre los años 2001 y 2002, por decisión unánime del Consejo en consulta al Parlamento Europeo. Sólo la Directiva sobre trata de seres humanos[6] fue aprobada en el año 2011, cuando ya se encontraba vigente el procedimiento de mayoría cualificada y codecisión, en sustitución de la anterior Decisión marco[7]. En general, las herra-

6 Directiva 2011/36/UE del Parlamento Europeo y del Consejo, de 5 abril de 2011, relativa a la prevención y lucha contra la trata de seres humanos y a la protección de las víctimas y por la que se sustituye la Decisión marco 2002/629/JAI del Consejo (DO L 101, 15.4.2011, p. 1-11).

7 Decisión marco 2002/629/JAI del Consejo, de 19 de julio de 2002, relativa a la lucha contra la trata de seres humanos (DO L 203, 1.8.2002,

mientas penales de control migratorio en las fronteras exteriores no se dirigen directamente a las personas migrantes, sino a los transportistas y a quienes "ayuden" a personas extranjeras a entrar o que, una vez dentro del territorio, les permitan permanecer, en contravención a la normativa administrativa. En consecuencia, los sujetos activos del delito pueden ser nacionales de terceros países o de Estados miembros de la UE.

La penalización a los transportistas se encuadra en el proceso de externalización y privatización del control migratorio, ya que traslada la responsabilidad a la persona o empresa transportista, que será la encargada de realizar el control al momento y en el lugar de la salida. El régimen jurídico penal contra transportistas se contiene en el Convenio de aplicación del Acuerdo de Schengen de 14 de junio de 1985[8] (art. 26) y, en particular, en la Directiva 2001/51/CE del Consejo, de 28 de junio de 2001, por la que se completan las disposiciones del artículo 26 de dicho Convenio[9]. La infracción consiste en transportar a una persona que no cuenta con los documentos necesarios para la entrada. El transportista infractor es sancionado con multas y se le impone la obligación de devolver a la persona al lugar de procedencia. Las sanciones son aplicables aun cuando la persona extranjera solicite protección internacional[10].

Por otro lado, el régimen jurídico sobre facilitación se concentra en dos normas que se conocen como el "Paquete de Facilitación" (*Facilitation Package*): 1) la Directiva 2002/90/CE del Consejo, de 28 de noviembre de 2002, destinada a definir la ayuda a la entrada,

---

p. 1-4).

8 Acervo de Schengen–Convenio de aplicación del Acuerdo de Schengen de 14 de junio de 1985 entre los Gobiernos de los Estados de la Unión Económica Benelux, de la República Federal de Alemania y de la República Francesa relativo a la supresión gradual de los controles en las fronteras comunes (DO L 239, 22.9.2000, p. 19-62).

9 Directiva 2001/51/CE, op. cit.

10 Directiva 2001/51/CE, op. cit., art. 4.2: "El apartado 1 se aplicará sin perjuicio de las obligaciones de cada Estado miembro en caso en los que un nacional de un tercer país busque protección internacional."

a la circulación y a la estancia irregulares[11], y 2) la Decisión marco del Consejo 2002/946, de 28 de noviembre de 2002, destinada a reforzar el marco penal para la represión de la ayuda a la entrada, a la circulación y a la estancia irregulares[12]. Ambas normas fueron aprobadas tras la entrada en vigor del Tratado de Ámsterdam, siguiendo las disposiciones de sus artículos 61 y 63[13], mediante el sistema de decisión unánime del Consejo en consulta al Parlamento Europeo, previsto en el artículo 67 de dicho Tratado de 1997. Se trata de un conjunto de normas dictado en el ejercicio de competencias del primer y tercer pilar, lo que explica a su vez las diferentes fuentes jurídicas utilizadas para regular una misma materia. La Directiva 2002/90 se inscribe en el ejercicio de competencias sobre políticas de migración y asilo. Por su parte, la Decisión marco 2002/946 se aprobó recurriendo a las competencias derivadas de los antiguos artículos 29, 31.e y 34.2.b del TUE (actualmente, artículos 67 y 82 del TFUE) para la armonización de las sanciones penales. Por otra parte, como quedó señalado, la normativa sobre trata de personas fue desarrollada inicialmente mediante el mismo sistema, pero posteriormente fue sustituida por nuevas normas aprobadas mediante el sistema de mayoría cualificada y codecisión.

---

[11] Directiva 2002/90/CE del Consejo, de 28 de noviembre de 2002, destinada a definir la ayuda a la entrada, a la circulación y a la estancia irregulares (DO L 328, 5.12.2002, p. 17-18).

[12] Decisión marco 2002/946/JAI del Consejo, de 28 de noviembre de 2002, destinada a reforzar el marco penal para la represión de la ayuda a la entrada, a la circulación y a la estancia irregulares (DO L 328, 5.12.2002, p. 1-3).

[13] Tratado Constitutivo de la Comunidad Europea (vigente hasta el 1 de diciembre de 2009), art. 63: "El Consejo, con arreglo al procedimiento previsto en el artículo 67, adoptará, en el plazo de cinco años a partir de la fecha de entrada en vigor del Tratado de Ámsterdam: [...] 3. Medidas sobre política de inmigración en los siguientes ámbitos: a) Condiciones de entrada y de residencia, y normas sobre procedimientos de expedición por los Estados miembros de visados de larga duración y de permisos de residencia, incluidos los destinados a la reagrupación familiar; b) La inmigración y la residencia ilegales, incluida la repatriación de residentes ilegales."

Los instrumentos dirigidos al castigo de la "facilitación" definen la conducta ilícita como la "ayuda" a entrar, transitar y permanecer en el territorio de un Estado miembro. La acción típica de facilitación responde a la del delito de tráfico ilícito de migrantes según la normativa internacional de Naciones Unidas, con dos importantes diferencias que provocan una significativa asimetría y ampliación del espectro de conductas comprendidas: 1) el delito de facilitación de entrada o tránsito irregular no requiere que la acción persiga la finalidad de obtener un beneficio económico o material; 2) el delito de facilitación de permanencia irregular puede cometerse utilizando medios tanto legales como ilegales, a diferencia del Protocolo de Naciones Unidas sobre el tráfico ilícito de migrantes[14] que sólo refiere a medios ilegales. Por otro lado, respecto a la diferente terminología utilizada para hacer referencia al delito, como "facilitación de la migración irregular" o "tráfico ilícito de migrantes", llama la atención que los instrumentos jurídicos de la UE utilizan el término amplio de "facilitación" (Directiva 2002/90, Decisión Marco 2002/946), mientras que en otros instrumentos de naturaleza política se hace referencia al "tráfico ilícito de migrantes" (Agenda Europea de Migración de 2015[15], Agenda Europea de Seguridad de 2015[16], Plan de Acción contra el tráfico ilícito de migrantes 2015-2020[17]).

---

14 Protocolo contra el tráfico ilícito de migrantes por tierra, mar y aire, op. cit., que complementa la Convención de las Naciones Unidas contra la delincuencia organizada transnacional. Resolución 55/25 de la Asamblea General, de 15 de noviembre de 2000, A/RES/55/25, Anexo III.

15 Comisión Europea, Comunicación de la Comisión al Parlamento Europeo, al Consejo, al Comité Económico y Social Europeo y al Comité de las Regiones. Una Agenda Europea de Migración (COM/2015/0240 final, 13.5.2015).

16 Comisión Europea, Comunicación de la Comisión al Parlamento Europeo, al Consejo, al Comité Económico y Social Europeo y al Comité de las Regiones. Agenda Europea de Seguridad (COM/2015/0185 final, 28.4.2015).

17 Comisión Europea, Comunicación de la Comisión al Parlamento Europeo, al Consejo, al Comité Económico y Social Europeo y al Comité

<table>
<tr><th colspan="2">Legislación UE</th></tr>
<tr><th>Prevención y sanción de delitos</th><th>Control migratorio</th></tr>
<tr><td rowspan="2">Directiva 2011/36/UE del Parlamento Europeo y del Consejo, de 5 abril de 2011, relativa a la prevención y lucha contra la trata de seres humanos y a la protección de las víctimas y por la que se sustituye la Decisión marco 2002/629/JAI del Consejo</td><td>Reglamento (CE) 562/2006 del Parlamento Europeo y del Consejo, de 15 de marzo de 2006, por el que se establece un Código comunitario de normas para el cruce de personas por las fronteras (Código de fronteras Schengen)</td></tr>
<tr><td>Reglamento (UE) 656/2014 del Parlamento Europeo y del Consejo, de 15 de mayo de 2014, por el que se establecen normas para la vigilancia de las fronteras marítimas exteriores en el marco de la cooperación operativa coordinada por la Agencia Europea para la Gestión de la Cooperación Operativa en las Fronteras Exteriores de los Estados miembros de la Unión Europea</td></tr>
<tr><td colspan="2">Directiva 2001/51/CE del Consejo, de 28 de junio de 2001, por la que se completan las disposiciones del artículo 26 del Convenio de aplicación del Acuerdo de Schengen de 14 de junio de 1985</td></tr>
<tr><td colspan="2">Directiva 2002/90/CE del Consejo, de 28 de noviembre de 2002, destinada a definir la ayuda a la entrada, a la circulación y a la estancia irregulares</td></tr>
<tr><td colspan="2">Decisión marco del Consejo 2002/946, de 28 de noviembre de 2002, destinada a reforzar el marco penal para la represión de la ayuda a la entrada, a la circulación y a la estancia irregulares</td></tr>
<tr><td colspan="2">Directiva 2008/115/CE del Parlamento Europeo y del Consejo, de 16 de diciembre de 2008, relativa a normas y procedimientos comunes en los Estados miembros para el retorno de los nacionales de terceros países en situación irregular</td></tr>
<tr><td colspan="2">Directiva 2009/52/CE del Parlamento Europeo y del Consejo, de 18 de junio de 2009, por la que se establecen normas mínimas sobre las sanciones y medidas aplicables a los empleadores de nacionales de terceros países en situación irregular</td></tr>
</table>

Tabla 5. Instrumentos jurídicos de la UE dirigidos a la prevención y sanción de delitos en el contexto de la migración y/o al control migratorio. Elaboración propia.

---

de las Regiones. Plan de Acción de la UE contra el tráfico ilícito de migrantes (2015–2020) (COM/2015/0285 final, 27.5.2015).

II. EL CONTROL MIGRATORIO EN LAS FRONTERAS: DE LA SECURITIZACIÓN A LA MILITARIZACIÓN Y LA CRIMINALIZACIÓN

Desde los inicios del siglo XXI, las sucesivas "crisis migratorias" en la UE, en combinación con las crisis de seguridad por ataques terroristas en varios Estados occidentales, principalmente en Estados europeos, han tendido hacia un incremento de la securitización, militarización y criminalización en las políticas e instrumentos de control migratorio en las fronteras. En esta línea, Léonard y Kaunert (2019) sostienen que la respuesta de Frontex a la "crisis de los cayucos" en 2006 en las Islas Canarias, como primera operación de cooperación de la agencia con un Estado miembro, puede ser considerada también la primera práctica de securitización y militarización de la migración irregular en la UE. A partir de entonces y a lo largo de la siguiente década, tuvo lugar un incremento de los flujos migratorios a través de vías irregulares. Ante ello, las respuestas de la UE han tendido desde la securitización hacia la militarización de las fronteras y la criminalización de la facilitación a la migración irregular.

El naufragio de una embarcación frente a las costas de la isla italiana de Lampedusa en 2013 representó un punto de inflexión en este proceso (De Bruycker, Di Bartolomeo y Fargues, 2013). El 3 de octubre de ese año se produjo el incendio y hundimiento de la embarcación, que se dirigía desde Libia hacia Italia con aproximadamente 500 personas, provenientes en su mayoría de Eritrea, Somalia y Ghana. El accidente tuvo como resultado la muerte de 360 personas y el rescate de 155 (41 de ellas menores de edad) [18]. A partir de entonces, Italia puso en marcha la operación Mare Nostrum, durante el plazo

---

[18] New York Times, 3.10.2013, "Migrants die as burning boat capsizes off Italy", disponible en: https://www.nytimes.com/2013/10/04/world/europe/scores-die-in-shipwreck-off-sicily.html?_r=0; The Guardian, 9.10.2013, "Lampedusa shipwreck: Italy to hold state funeral for

de un año, con el objetivo de prestar asistencia y salvamento a las embarcaciones que se encontraran en peligro en el mar. La operación, de carácter militar y humanitario, contaba con un presupuesto de 9 millones de euros mensuales. Comprendía la zona del Canal de Sicilia, abarcando un total de 70.000 kilómetros cuadrados. Durante el año en el que estuvo operativa, la Operación Mare Nostrum rescató a 155 mil personas en peligro en el mar[19].

En paralelo, los esfuerzos de la UE se centraron en el combate del tráfico ilícito de migrantes mediante prácticas de securitización (Basaran, 2014). En 2014, el fin de la operación Mare Nostrum dio paso a la intervención de Frontex, que desplegó la operación Tritón, cuyo objetivo era el control fronterizo y la prevención de la migración irregular (Kilpatrick y Smith, 2020: 89). Al respecto, cabe señalar que hasta 2016 la agencia europea careció de competencias en salvamento[20]. En comparación con la operación Mare Nostrum, la operación Tritón contaba con un presupuesto de 3 millones de euros mensuales, equivalente a un tercio del presupuesto de la operación italiana. Asimismo, el espacio de intervención era más reducido, limitándose el patrullaje del canal de Sicilia a 30 millas desde las costas italianas frente a Calabria.

La sustitución de la operación Mare Nostrum por otra con las características de la Operación Tritón implicó un agravamiento de la situación humanitaria en el mar Mediterráneo. Un informe confidencial de Frontex, filtrado por Goldsmiths (University of London) y la Universidad de York, daba cuenta de que la agencia europea preveía que la reducción de las operaciones de rescate

---

drowned migrants", disponible en: https://www.theguardian.com/world/2013/oct/09/lampedusa-shipwreck-italy-state-funeral-migrants

19 Véase: El Mundo, 20.04.2015, "Rescatar inmigrantes en peligro o patrullar los mares: las diferencias entre 'Mare Nostrum' y 'Tritón'", disponible en: https://www.elmundo.es/internacional/2015/04/20/55352b9ae2704ebb368b4579.html

20 Reglamento (UE) 2016/1624, op. cit.

supondría un incremento del número de muertes en el mar[21]. El pronóstico de Frontex consistía en que la disminución de los rescates implicaría un desincentivo para la actividad de las redes de tráfico y una reducción del número de llegadas[22] (Forensic Oceanography, 2016). Sin embargo, a partir de la finalización de la operación italiana Mare Nostrum, el número de incidentes de embarcaciones en el mar se incrementó y el Centro de Coordinación de Rescates de Roma solicitó cada vez más la intervención de embarcaciones privadas para asistir a personas en situación de peligro.

1. La prevención de la criminalidad transfronteriza para reducir las llegadas irregulares

En el año 2015 tuvo lugar un incremento exponencial del número de llegadas irregulares a la UE, con un total registrado de más de un millón de personas, principalmente a través de las fronteras exteriores del sur y este. En aquel mismo año, la Comisión Europea presentó tres instrumentos en los que se vinculaba estrechamente la seguridad, el control fronterizo, la migración irregular y la prevención del tráfico ilícito de migrantes. Los instrumentos ponían en común las competencias

---

21 Frontex, *Concept of reinforced joint operation tackling the migratory flows towards Italy: JO EPN-Triton*, 28 August 2014, p. 6 (citado en Forensic Oceanography, 2016, 7): "It has to be stressed that the withdrawal of naval assets from the area, if not properly planned and announced well in advance, would likely result in a higher number of fatalities."

22 Frontex, *JO Triton 2015 Tactical Focused Assessment*, 14 January 2015, p. 2 (citado en Forensic Oceanography, 2016, 7-8): "The end of Operation Mare Nostrum on 31 December 2014 will have a direct impact on the [Joint Operation] Triton 2014. The fact that most interceptions and rescue missions will only take place inside the operational area could become a deterrence for facilitation networks and migrants that can only depart from the Libyan or Egyptian coast with favourable weather conditions and taking into account that the boat must now navigate for several days before being rescued or intercepted."

sobre política común de migración y asilo y la política común de seguridad y defensa[23]. En este sentido, la Comisión Europea adoptó la Agenda Europea sobre Seguridad[24] y la Agenda Europea sobre Migración[25]. Ambos documentos identificaron la lucha contra el tráfico ilícito de migrantes como una prioridad para la UE. Las medidas dirigidas al cumplimiento de los objetivos propuestos en sendas Agendas se concretaron en el Plan de Acción contra el Tráfico de Migrantes (2015-2020)[26].

La Agenda de Migración fijó como prioridad la lucha contra el tráfico ilícito de migrantes, a fin de "impedir la explotación de los migrantes por redes delictivas"[27] y reducir los incentivos a la migración irregular. Según esta Agenda, el objetivo consiste en lograr que las redes de tráfico ilícito de migrantes dejen de ser operaciones "de 'bajo riesgo y alto rendimiento' para los delincuentes y se conviertan en operaciones 'de alto riesgo y bajo rendimiento'"[28]. En 2020, el Nuevo Pacto sobre migración y asilo presentado por la Comisión Europea reiteró que el tráfico ilícito de migrantes representa una prioridad para la

---

[23] Ver, por ejemplo, Comisión Europea, Comunicación de la Comisión al Parlamento Europeo, al Consejo, al Comité Económico y Social Europeo y al Comité de las Regiones, "Plan de Acción de la UE contra el tráfico ilícito de migrantes (2015–2020)" (COM/2015/0285 final, 27.5.2015), p. 3: "El Plan de Acción debe entenderse en el contexto más general de los esfuerzos de la UE por tratar las causas profundas de la migración irregular, en cooperación con los países de origen y de tránsito, e impedir las muertes causadas por traficantes y tratantes. Debe entenderse también en conexión con el trabajo en curso para establecer una operación de la Política Común de Seguridad y Defensa (PCSD) destinada a sistematizar la identificación, la captura y la destrucción de las embarcaciones utilizadas por los traficantes."

[24] Comisión Europea, Agenda Europea de Seguridad, op. cit.

[25] Comisión Europea, Una Agenda Europea de Migración, op. cit.

[26] Comisión Europea, Plan de Acción de la UE contra el tráfico ilícito de migrantes (2015-2020), op. cit.

[27] Comisión Europea, Una Agenda Europea de Migración, op. cit., p. 10.

[28] Ibidem.

UE y previó la presentación de un Plan de Acción para el período 2020-2025[29]. Un año después el plan de acción de 2015 fue renovado[30]. De la valoración conjunta de los instrumentos jurídicos y políticos se desprende que la política criminal de la UE se dirige a enfrentar no sólo la problemática del tráfico ilícito de migrantes, sino también, y especialmente, a prevenir y castigar cualquier otra forma de facilitar, en sentido amplio, la entrada, el tránsito y la permanencia de migrantes en situación irregular en el territorio de los Estados miembros.

A partir de 2015, el aumento del número de muertes y de personas en peligro en el mar motivó el refuerzo de las dos operaciones de Frontex en el mar Mediterráneo: la operación Tritón (en el Mediterráneo central) y la operación Poseidón (en el Mediterráneo oriental), mediante el incremento de su presupuesto (26,25 millones de euros en 2015 y 45 millones de euros en 2016, para ambas operaciones) y la expansión del área de actividad de las patrullas náuticas de la operación Tritón (hasta 138 millas náuticas al sur de Sicilia)[31]. Asimismo, en marzo de 2015 Europol lanzó la operación JOT Mare (*Joint Operational Team Mare*), a través de la cual se constituía un equipo de inteligencia especialmente dedicado a la investigación de las redes de tráfico ilícito de migrantes en el Mediterráneo[32].

---

29 Comisión Europea, Comunicación relativa al Nuevo Pacto sobre Migración y Asilo (COM/2020/609 final, 23.9.2020), op. cit., p. 17.

30 Comisión Europea, Comunicación de la Comisión al Parlamento Europeo, al Consejo, al Comité Económico y Social Europeo y al Comité de las Regiones. Plan de Acción renovado de la UE contra el Tráfico Ilícito de Migrantes (2021-2025) (COM/2021/591 final, 29.9.2021).

31 Europapress, 26.05.2015, "Frontex aprueba el refuerzo de su operación de vigilancia frente a crisis migratoria en el Mediterráneo". Disponible en: https://www.europapress.es/epsocial/igualdad/noticia-frontex-aprueba-refuerzo-operacion-vigilancia-frente-crisis-migratoria-mediterraneo-20150526195831.html

32 Europol, 17.3.2015, Press Release "Joint Operational Team launched to combat irregular migration in the Mediterranean". Disponible en:

Además, mediante la Decisión del Consejo de la UE se instauró EUNAVFOR MED[33], definida como una "operación militar de gestión de crisis", con la misión de contribuir "a desarticular del modelo de negocio de las redes de tráfico y trata de personas en el Mediterráneo central meridional", mediante "esfuerzos sistemáticos para detectar, capturar y eliminar los buques y medios que utilizan o que se sospeche que utilizan los pasadores de fronteras o los tratantes de personas" (art. 1). De este modo, EUNAVFOR MED se convirtió en la primera operación militar naval de Frontex expresamente dirigida a la prevención del tráfico ilícito de migrantes (Fernández Rojo, 2021: 3). El mandato de esta operación se planteó en diferentes fases consecutivas, bajo supervisión del Consejo. A su vez, el desarrollo de cada una de las fases se realizó en estrecha vinculación con el Consejo de Seguridad de Naciones Unidas (Carrera *et al.*, 2019: 51).

Por su parte, también en 2015, el Consejo de Seguridad de Naciones Unidas aprobó la Resolución 2240[34], mediante la cual autorizaba a los Estados miembros de Naciones Unidas, "actuando individualmente o por conducto de organizaciones regionales que combaten el tráfico de migrantes y la trata de personas", a inspeccionar buques en alta mar frente a las costas de Libia, durante el plazo de un año, cuando existieran motivos razonables para creer que han sido, están siendo o serán utilizadas para el tráfico ilícito o la trata de personas, a apresarlos y enajenarlos cuando se confirme su utilización para tales fines (art. 8), y a aplicar "todas las medidas que dicten las circunstancias" (art. 10) para hacer frente a los traficantes y tra-

---

https://www.europol.europa.eu/newsroom/news/joint-operational-team-launched-to-combat-irregular-migration-in-mediterranean

[33] Decisión (PESC) 2015/778 del Consejo, de 18 de mayo de 2015, relativa a una operación militar de la Unión Europea en el Mediterráneo central meridional (EUNAVFOR MED) (DO L 122, 19.5.2015, p. 31-35).

[34] ONU, Consejo de Seguridad, Resolución 2240 (2015), aprobada por el Consejo de Seguridad en su 7531ª sesión, celebrada el 9 de octubre de 2015. 14.10.2015, S/RES/2240 (2015).

tantes. Los buques objeto de la medida podrían o no enarbolar pabellón. Como una excepción a las normas de la Convención de las Naciones Unidas sobre el Derecho del Mar[35], durante el plazo renovable de un año a partir de la aprobación de la resolución, el derecho de inspección sobre un buque extranjero fue reconocido aun cuando el Estado del pabellón no hubiere prestado su consentimiento. La disposición, que se justificaba "con miras a resguardar la vida amenazada de los migrantes o de las personas tratadas" (art. 7), requería que antes de la inspección se intente de buena fe obtener el consentimiento del Estado del pabellón del buque.

La Resolución 2240 del Consejo de Seguridad fue la base jurídica para la ampliación de la operación EUNAVFOR MED Sophia[36], ya que el marco jurídico ordinario del Derecho internacional del mar atribuye a los Estados posibilidades limitadas para adoptar medidas efectivas contra las embarcaciones extranjeras sospechosas de tráfico ilícito de migrantes o de trata de personas (Butler y Ratcovic, 2016: 255). En junio de 2016 el mandato de la operación Sophia se extendió por un año más y se ampliaron sus funciones, incluyendo ahora también el "desarrollo de capacidades y la formación de la guardia costera y la Armada libias en tareas policiales en el mar, en especial para luchar contra el tráfico ilícito y la trata de personas, como tarea de apoyo a la operación EUNAVFOR MED Sophia"[37]. Asimismo, esta misma

---

35 ONU, Asamblea General, Convención de las Naciones Unidas sobre el Derecho del Mar, 10 de diciembre de 1982 (Treaty Series, vol. 1834, núm. 31363).

36 El nombre Sophia se añadió por el nacimiento de una niña con ese nombre en uno de las embarcaciones de la operación EUNAVFOR MED (Carrera *et al.*, 2019: 50).

37 Decisión (PESC) 2016/1635 del Comité Político y de Seguridad, de 30 de agosto de 2016, relativa al comienzo del desarrollo de capacidades y la formación de la guardia costera y la Armada libias por la operación militar de la Unión Europea en el Mediterráneo central meridional (operación EUNAVFOR MED Sophia) (EUNAVFOR MED/3/2016) (DO L 243, 10.9.2016, p. 11-12).

operación quedó encargada de la implementación de la Resolución 2291 del Consejo de Seguridad de Naciones Unidas sobre el embargo de buques con armas en alta mar frente a las costas de Libia[38]. Finalmente, Sophia concluyó el 31 de marzo de 2020[39] y fue reemplazada por la operación Irini[40]. Sin embargo, como explica Fernández Rojo (2021: 3), Irini difiere sustancialmente de la anterior ya que su mandato se dirige a impedir el tráfico de armas en el marco de las Resoluciones del Consejo de Seguridad de Naciones Unidad sobre el embargo de armas a Libia, sin hacer referencia a tareas de búsqueda y rescate en el mar ya que la operación no cuenta con medios navales.

2. *Externalización y militarización en las fronteras para gestionar la "crisis"*

El 18 de marzo de 2016 los Estados miembros de la UE firmaron la llamada "Declaración UE-Turquía"[41]. Se trató de un

---

38 Consejo de Seguridad, Resolución 2291 (2016), aprobada por el Consejo de Seguridad en su 7712ª sesión, celebrada el 13 de junio de 2016, 13 de junio 2016, S/RES/2291 (2016). Las autorizaciones contenidas en la Resolución 2292/2016 fueron prorrogadas sucesivamente: Resolución 2357/2017, de 12 de junio; Resolución 2420/2018, de 11 de junio; Resolución 2473/2019, de 10 de junio; Resolución 2526/2020, de 5 de junio.

39 Decisión (PESC) 2020/471 del Consejo de 31 de marzo de 2020 por la que se deroga la Decisión (PESC) 2015/778 relativa a una operación militar de la Unión Europea en el Mediterráneo central meridional (operación EUNAVFOR MED Sophia) (DO L 101, 1.4.2020, p. 3-3).

40 Decisión (PESC) 2020/472 del Consejo de 31 de marzo de 2020 relativa a una operación militar de la Unión Europea en el Mediterráneo (EUNAVFOR MED IRINI) (DO L 101, 1.4.2020, p. 4-10); Decisión (PESC) 2021/542 del Consejo de 26 de marzo de 2021 por la que se modifica la Decisión (PESC) 2020/472 relativa a una operación militar de la Unión Europea en el Mediterráneo (EUNAVFOR MED Irini) (DO L 108, 29.3.2021, p. 57-58).

41 Consejo Europeo, comunicado de prensa, 18.3.2016, "Declaración UE-Turquía", disponible en: https://www.consilium.europa.eu/es/press/

acuerdo de colaboración, adoptado bajo la modalidad de una declaración y publicado como un comunicado de prensa del Consejo Europeo. Fue adoptado con el objetivo de "frustrar el modelo de actividad de los traficantes y ofrecer a los migrantes una alternativa a arriesgar sus vidas"[42]. Turquía se comprometía a adoptar "todas las medidas necesarias para evitar que se abran nuevas rutas marítimas o terrestres de migración ilegal desde Turquía a la UE"[43]. En concreto, la Declaración establecía la devolución a Turquía de todos los migrantes que llegaran de manera irregular desde Turquía a las islas griegas a partir del 20 de marzo de 2016, cuando no soliciten asilo o cuando su solicitud se haya considerado infundada o inadmisible. A modo de compensación, por cada persona de nacionalidad siria devuelta a Turquía, la UE reasentaría a otro sirio procedente de Turquía. El acuerdo tuvo como resultado una disminución del número de llegadas a través del mar Egeo[44]. Como contrapartida, se produjo un incremento de las llegadas irregulares a las costas de Italia, a través de las rutas del mar Mediterráneo central.

En 2016 se creó la Agencia Europea de la Guardia de Fronteras y Costas, mediante el Reglamento 2016/1624[45], que amplió las tareas y competencias hasta entonces atribuidas a Frontex (anterior Agencia Europea para la Gestión de la Cooperación Operativa en las Fronteras Exteriores de los Estados Miembros de la Unión Europea[46]). Entre las nuevas funciones se dispuso la cooperación para la prevención y detección de delitos trans-

---

press-releases/2016/03/18/eu-turkey-statement/

42 Ibidem.

43 Ibidem.

44 Según datos de la Comisión Europea, entre 2016 Y 2018 las llegadas se redujeron un 97% (véase: Comisión Europea, 2018).

45 Reglamento (UE) 2016/1624, op. cit.

46 Reglamento (CE) 2007/2004 del Consejo, de 26 de octubre de 2004, por el que se crea una Agencia Europea para la gestión de la cooperación operativa en las fronteras exteriores de los Estados miembros de la Unión Europea (DO L 349, 25.11.2004, p. 1-11).

fronterizos como el tráfico ilícito de personas, la trata de personas y el terrorismo[47]. La atribución de competencias a Frontex confirmó el proceso de militarización del control de las fronteras exteriores de la UE.

En el mismo año, en el marco de Europol, se creó el Centro Europeo de Lucha contra el Tráfico de Migrantes (EMSC, por sus siglas en inglés: *European Migrant Smuggling Centre*), con el objetivo de asistir a las autoridades policiales y fronterizas de los Estados miembros en la identificación y el desmantelamiento de las operaciones y redes de tráfico, en cooperación con Eurojust y Frontex. La presencia y coordinación en el mar Mediterráneo de múltiples agencias y organismos, de la UE, Naciones Unidas y la OTAN[48], ha sido considerado como un nuevo modelo de cooperación e inteligencia (Carrera *et al.*, 2019: 53), en línea con lo que Bigo (2014: 220) denomina la "vigilancia global preventiva" (*global preventive surveillance*)[49].

El énfasis puesto en la legislación y en las prácticas de las agencias en torno al tráfico ilícito de migrantes no se vio reflejado en una mayor seguridad de las rutas mediterráneas. Por el contrario, el número de incidentes, muertes y desapariciones en el mar se incrementó. El mar Mediterráneo se posicionó como la ruta migratoria más peligrosa del mundo[50]. Como explican Carrera *et al.* (2019: 105), con base en las estadísticas de

---

47 Reglamento (UE) 2016/1624, op. cit., art. 4.a.

48 La OTAN lanzó la operación "Sea Guardian", para trabajar en cooperación con la operación Sophia.

49 Bigo (2014:220): "By this [global preventive surveillance] I mean a form of timely geolocalized surveillance that envisions successful 'smart borders', or a GPS security, simultaneously open and secure; mobile borders, where experts and computer analysts smoothly regulate the political contradictions and paradoxes, by managing the world at a distance, even if the effective diagram of the practices of control may be strewn with rocks and shoals, disobedience and resistance, and victims of accidents."

50 OIM, Missing Migrants Project: https://missingmigrants.iom.int/

ACNUR, a pesar de la disminución del número de llegadas en 2016 a través del Mediterráneo oriental y central, el número de muertes y desapariciones por cada 1000 personas aumentó en comparación con 2015. En el año 2015, la ratio de muertes en la zona del mar Egeo era de 0,9 por cada 1000 personas, elevándose a 1,9 en septiembre de 2017. De este modo, si bien las llegadas se redujeron en un 98%, la cantidad de muertes incrementó un 111%. En el Mediterráneo central, en septiembre de 2017 las llegadas por mar habían disminuido un 42% en comparación con 2016. No obstante, la ratio de muertes por cada 1000 había disminuido poco menos de 6% (Carrera *et al.*, 2005: 106).

Año	**Llegadas irregulares**		**Intercepciones en mar**	**Muertes / Desapariciones**	**Intentos de cruces**
	Llegadas por mar	**Llegadas a Europa**			
2013	71.600				
2014	229.430			3.184	
2015	1.046.514			3.878	
2016	363.581	369.977	52.567	5.143	427.687
2017	173.712	180.005	41.114	3.139	224.306
2018	119.570	126.370	44.917	2.299	173.586
2019	108.606	114.951	70.796	1.885	187.632

Tabla 6. Llegadas irregulares, intercepciones, muertes y desapariciones, e intentos de cruces en el mar según datos disponibles, entre 2013 y 2019. Elaboración propia: años 2013 a 2015 a partir de los datos disponibles de OIM (Kilpatrick y Smith, 2020), Frontex (European Parliament, 2016); años 2016 a 2020 a partir de los datos de OIM Missing Migrants Project (https://missingmigrants.iom.int/).

Estos datos reflejan el incumplimiento del objetivo de disminuir el número de muertes en el mar, a pesar de la mayor presencia e intervención de las agencias europeas, con operaciones específicamente dirigidas a la lucha contra el tráfico ilícito de migrantes. Asimismo, a pesar de que a partir de 2016 disminuyó el número de cruces irregulares[51], Frontex ha mantenido el criterio de que la migración irregular representa un desafío principal en sus operaciones para preservar la seguridad en las fronteras, considerando que ha aumentado el número de rechazos en frontera y de personas en situación de permanencia irregular (Frontex, 2020: 6).

Casos registrados	**2018**	**2019**
Cruces irregulares en puestos de control	2.258	2.550
Detección de documentos falsos	6.546	5.697
Detección de facilitadores	10.642	109.89
Devoluciones (practicadas)	147.815	138.860
Cruces irregulares por fuera de puestos habilitados	149.117	141.846
Denegaciones de entrada	190.658	212.097
Devoluciones (resoluciones)	282.880	298.190
Personas en situación de permanencia irregular	367.266	402.913

Tabla 7. Cruces irregulares en puestos de control y por fuera de ellos, detección de documentos falsos y de facilitadores, devoluciones resueltas y practicadas, denegaciones de entrada, y personas en situación irregular, en 2018 y 2019. Elaboración propia a partir de datos de Frontex (2020).

En el año 2019, más de las dos terceras partes de los cruces irregulares tuvieron lugar por el mar Mediterráneo (Frontex, 2020: 22). Según este mismo informe de Frontex, los cruces irregulares se realizaron principalmente mediante los servicios prestados por traficantes de migrantes, que operan a distancia desde el último país de salida hacia la UE, con conexiones en los Estados de origen, tránsito y destino. Esta afirmación se repite en los informes de años anteriores. Dentro de ese período 2017-2019, la mayoría de cruces marítimos irregulares se realizaron en embarcaciones de goma o pequeños barcos pesqueros, con equipos

---

51 En su informe de riesgos de 2020, la agencia sostuvo que el principal motivo de la disminución del número de llegadas es la prevención de los flujos migratorios mediante la cooperación con los Estados del norte africano (Frontex, 2020: 22).

muy básicos de salvavidas y rescate, por personas provenientes de Oriente medio y del sur de Asia (aproximadamente 87500 –62%–), en particular de Afganistán y Siria (41%). Asimismo, en comparación con el año anterior, en 2019 se observó un ligero aumento de llegadas de mujeres, niños y niñas, (de los cuales, 2600 se registraron como menores no acompañados).

Según el informe presentado por Europol sobre la evaluación de amenazas del crimen organizado para la UE[52], la trata de personas y el tráfico ilícito de personas representarían prioridades de acción para esta agencia en el período 2018-2021. En concreto, Europol señala que el tráfico comporta una amenaza a las fronteras exteriores de la UE[53]. Siguiendo los datos de la agencia[54], el tráfico ilícito de personas ha aumentado exponencialmente a partir de 2014. En 2016 se registraron 510.000 cruces irregulares por las fronteras exteriores de la UE, de los cuales casi la totalidad fueron realizados mediante los servicios ofrecidos por redes de tráfico. Al respecto, el grupo académico sobre el informe SOCTA de Europol advirtió sobre la necesidad de considerar los efectos colaterales de reforzar la política contra el crimen organizado y la movilidad humana:

> "In our view, policy-makers need to ensure that they track possible counter-productive effects of policies. The thousands of deaths of aspirant refugees and economic migrants in the Mediterranean Sea well illustrates this point –and the dilemmas faced by European policy-makers. Having pledged to protect and foster human rights, the EU and its Member States thus have the responsibility to monitor and minimise the harmful unintended consequences of their policy choices, keeping also in mind that criminalisation and prosecution are not the only or necessarily

---

52 Europol, Informe SOCTA 2017, disponible en https://www.europol.europa.eu/socta-report. El informe SOCTA es un informe de inteligencia que analiza e identifica las principales amenazas securitarias en juego en la UE, que propone recomendaciones de acción al Consejo de Ministros de Justicia e Interiores para los siguientes cuatro años.

53 Europol, Informe SOCTA 2017, op. cit., p. 57.

54 Europol, Informe SOCTA 2017, op. cit., p. 49.

the best strategy for dealing with the harms of organised crime groups and their activities." (Taylor *et al.*, 2017: 1).

En consonancia con el informe SOCTA de 2017, según las Conclusiones del Consejo de la UE[55] en el período 2018-2021, la trata y el tráfico fueron calificadas como amenazas de alto nivel y, en consecuencia, como objetivos prioritarios en el combate del crimen organizado[56]. Si bien las Conclusiones del Consejo no explicitan un orden de prevalencia entre las ocho prioridades marcadas, el tráfico de personas se menciona en tercer lugar, y la trata de personas en quinto lugar. Las conclusiones señalan la dimensión exterior de la seguridad interna y la importancia de intensificar y mejorar la cooperación con terceros Estados de origen y tránsito.

---

55 Council of the European Union, "Council conclusions on setting the EU's priorities for the fight against organised and serious international crime between 2018 and 2021", 9450/17, 18.5.2017. Disponible en: https://data.consilium.europa.eu/doc/document/ST-9450-2017-INIT/en/pdf

56 Este mismo carácter tenían también en el período 2014-2017. Con relación al tráfico, las Conclusiones del período 2018-2021 (op. cit. en la anterior nota al pie) hacen referencia a la facilitación en los siguientes términos: "3) To disrupt [organised crime groups] who facilitate illegal immigration by providing facilitation services to irregular migrants along the main migratory routes crossing the external border of the EU and within the EU, particularly focussing on those whose methods endanger people's lives, those offering their services online and making use of document fraud as part of their business model." Con respecto a la trata, la prioridad se define del siguiente modo: "5) To fight against the trafficking in human beings (THB) in the EU for all forms of exploitation, including sexual and labour exploitation as well as all forms of child trafficking."

III. LA TRATA DE PERSONAS Y EL TRÁFICO ILÍCITO DE MIGRANTES

La trata de personas y el tráfico ilícito de migrantes constituyen delitos transfronterizos según la normativa internacional que se analiza a continuación. Los bienes jurídicos protegidos por cada delito presentan diferencias claras: en la trata de personas la víctima es identificable teniendo en cuenta los medios y la finalidad de explotación que persigue la conducta. En cambio, en el delito de tráfico ilícito de migrantes no existe un sujeto pasivo claramente identificado. En este contexto, si bien el delito puede provocar graves vulneraciones de derechos a las personas migrantes, la tipificación de la conducta se dirige principalmente a resguardar el poder del Estado de regular las condiciones de entrada a su territorio.

La normativa de la UE en esta materia ha seguido los lineamientos generales de los instrumentos de Naciones Unidas en la materia, con algunas importantes excepciones. En concreto, la regulación de la UE presenta diferencias significativas con relación al Protocolo de Naciones Unidas contra el tráfico ilícito de migrantes[57]. La propia definición del delito varía entre un sistema y el otro: la UE utiliza el término de "facilitación de la migración irregular", cuya definición excede el alcance del concepto de tráfico ilícito en Naciones Unidas. La amplitud del término se refleja a su vez en la expansión del poder penal hacia una mayor cantidad de conductas, lo que puede implicar la criminalización de actos de solidaridad y de asistencia humanitaria.

En este apartado se analizan los respectivos regímenes jurídicos de Naciones Unidas y de la UE sobre trata de personas, tráfico ilícito de migrantes y facilitación de la migración irregular. El objetivo es determinar las características de cada uno e identificar

---

57 Protocolo contra el tráfico ilícito de migrantes por tierra, mar y aire, op. cit.

las diferencias que presentan entre sí. La importancia de este análisis reside en que cada régimen provee los instrumentos jurídicos para la prevención de la criminalidad transfronteriza asociada a la movilidad humana en las fronteras. El estudio de la normativa y la política criminal migratoria permitirá identificar el alcance y las características del proceso de criminalización en los espacios fronterizos y determinar en qué medida recae sobre la migración irregular.

1. El régimen jurídico de la Organización de las Naciones Unidas

A finales del siglo XX, las preocupaciones de la comunidad internacional en torno a las facilidades que pudiera ofrecer la globalización a la delincuencia transfronteriza dieron como resultado el desarrollo de instrumentos para la prevención y represión del crimen organizado en el marco internacional. Hasta entonces, se habían desarrollado diferentes normas referidas a problemáticas específicas como la piratería marítima, la esclavitud, la prostitución y el narcotráfico (Soriano, 2014: 146). En particular, durante las primeras décadas el siglo XX, la comunidad internacional había enfocado su atención en el delito de tráfico de mujeres con fines de explotación sexual, conocido entonces como “trata de blancas” (*white slave traffic*), que dio lugar a la primera legislación internacional en materia de inmigración irregular[58].

---

[58] Al respecto: 1) Acuerdo internacional del 18 de mayo de 1904 para la represión de la trata de blancas, modificado por el Protocolo aprobado por la Asamblea General de las Naciones Unidas el 3 de diciembre de 1948, 2) Convenio internacional del 4 de mayo de 1910 para la represión de la trata de blancas, modificado por el Protocolo de 1948 antes citado, 3) Convenio internacional del 30 de septiembre de 1921 para la represión de la trata de mujeres y niños, modificado por el Protocolo aprobado por la Asamblea General de las Naciones Unidas el 20 de octubre de 1947, 4) Convenio internacional del 11 de octubre de 1933 para la represión de la trata de mujeres mayores de edad, modificado por el Protocolo de 1947 antes citado; 5) Convenio para la represión

A finales del siglo XX, con motivo del creciente interés de los Estados industrializados en la regulación de los flujos migratorios, el abordaje de la trata viró hacia la lógica del control migratorio y la seguridad de las fronteras (ICHRP, 2010: 66). En 1993, la Asamblea General de Naciones Unidas aprobó una resolución sobre tráfico de migrantes, llamando a la cooperación internacional para su prevención[59]. Posteriormente, se presentaron ante la Asamblea General diferentes propuestas con el objetivo de calificar el tráfico como un delito transnacional (propuestas presentadas por Estados Unidos en 1996 y por Austria en 1997[60]). Asimismo, en 1998 Italia presentó al Comité Legal de la Organización Marítima Internacional (OMI) una propuesta para establecer la explotación de migrantes como crimen internacional[61], que fue archivada por la OMI al considerar el asunto fuera de su competencia sobre seguridad en el mar[62]. Finalmente, el Estatuto de la Corte Penal Internacional[63] definió la trata de personas como una posible modalidad de esclavitud, susceptible de configurar un crimen contra la humanidad (art. 7.2.c).

---

de la trata de personas y de la explotación de la prostitución ajena, adoptado por la Asamblea General en su resolución 317 (IV), de 2 de diciembre de 1949.

59 UN General Assembly, "Prevention of the smuggling of aliens", 20 December 1993, A/RES/48/102. Disponible en: https://digitallibrary.un.org/record/179737?ln=es

60 Citado en UNDOC (2017: 1): "Letter dated 16 September, 1997 from the Permanent Representative of Austria to the United Nations addressed to the Secretary-General, UN Doc. A/52/357, 17 Sept. 1997, at paras. 2–3 (transmitting a draft of the proposed convention)."

61 Citado en Kirchner y Schiano Di Pepe (1998: 665): "Proposed Multilateral Convention to Combat Illegal Migration by Sea, IMO doc. LEG 76/11/1, 1 August 1997."

62 Ibidem.

63 ONU, Asamblea General, Estatuto de Roma de la Corte Penal Internacional, 17.7.1998.

Durante la década de 1990, los Estados negociaron el alcance del acuerdo que dio lugar a la Convención sobre Delincuencia Organizada Transnacional[64], aprobada en Palermo en el año 2000. El lugar de aprobación no fue casual; coincidía con el lugar de surgimiento de la mafia italiana (ICHRP, 2010: 66). La Convención tiene por objeto promover la cooperación entre Estados para la prevención y la lucha contra la delincuencia organizada transfronteriza. La definición de "grupo delictivo organizado"[65] restringe la aplicabilidad de la Convención a la participación de un mínimo de tres personas que actúan de manera organizada y estructurada, con intención de obtener un beneficio económico u otro beneficio de carácter material[66]. Debe tratarse de un "grupo estructurado de tres o más personas que exista durante cierto tiempo y que actúe concertadamente con el propósito de cometer uno o más delitos graves o delitos tipificados con arreglo a la presente Convención con miras a obtener, directa o indirectamente, un beneficio económico u otro beneficio de orden material" (art. 2.a).

64 ONU, Asamblea General, Convención de las Naciones Unidas contra la Delincuencia Organizada Transnacional, Resolución aprobada por la Asamblea General, 8.1.2001, A/RES/55/25.

65 Convención sobre Delincuencia Organizada Transnacional, op. cit., art. 2.a: "Por 'grupo delictivo organizado' se entenderá un grupo estructurado de tres o más personas que exista durante cierto tiempo y que actúe concertadamente con el propósito de cometer uno o más delitos graves o delitos tipificados con arreglo a la presente Convención con miras a obtener, directa o indirectamente, un beneficio económico u otro beneficio de orden material."

66 Convención sobre Delincuencia Organizada Transnacional, op. cit., art. 2.c: "Por 'grupo estructurado' se entenderá un grupo no formado fortuitamente para la comisión inmediata de un delito y en el que no necesariamente se haya asignado a sus miembros funciones formalmente definidas ni haya continuidad en la condición de miembro o exista una estructura desarrollada."

La Convención se complementa por tres protocolos, dos de ellos dirigidos a modalidades específicas de delincuencia transnacional organizada vinculada a la movilidad humana: el Protocolo contra el tráfico ilícito de migrantes por tierra, mar y aire[67], el Protocolo para prevenir, reprimir y sancionar la trata de personas, especialmente mujeres y niños[68], y el Protocolo contra la fabricación y el tráfico ilícitos de armas de fuego, sus piezas y componentes y municiones[69]. Atendiendo al objeto de la Convención de Palermo, los respectivos Protocolos son aplicables cuando los delitos tengan carácter transnacional y sean cometidos por grupos organizados. A continuación, el análisis se enfoca en los Protocolos relativos al tráfico de migrantes y la trata de personas, que se encuentran en vigor desde 2003 y 2004 respectivamente.

1.1. La definición de la trata de personas y el tráfico ilícito de migrantes

La Convención de Palermo y los dos Protocolos bajo análisis tienen por objeto la armonización a nivel internacional de la legislación penal sobre trata de personas y tráfico ilícito de personas. Ambos Protocolos contienen respectivamente una definición de cada delito e identifican las conductas que deben ser tipificadas por los Estados partes como ilícitas. En este marco, el alcance de la política criminal ínsita en el régimen

67 Protocolo contra el tráfico ilícito de migrantes por tierra, mar y aire, op. cit.

68 ONU, Asamblea General, Protocolo para prevenir, reprimir y sancionar la trata de personas, especialmente mujeres y niños, que complementa la Convención de las Naciones Unidas contra la Delincuencia Organizada Transnacional. Resolución 55/25 de la Asamblea General, de 15 de noviembre de 2000, A/RES/55/25, Anexo II.

69 ONU, Asamblea General, Protocolo contra la fabricación y el tráfico ilícitos de armas de fuego, sus piezas y componentes y municiones, que complementa la Convención de las Naciones Unidas contra la Delincuencia Organizada Transnacional. Resolución 55/255, de 31 de mayo de 2001, A/RES/55/255.

jurídico diseñado por Naciones Unidas contiene unos rasgos característicos. En primer lugar, refiere a delitos de naturaleza transnacional. En segundo lugar, los delitos se realizan desde una organización de personas: en el delito de trata, la organización recurre a medios fraudulentos en contra de la víctima y coloca a ésta en condiciones de explotación; en el delito de tráfico ilícito de migrantes, la organización facilita con ánimo de lucro la entrada de una persona extranjera en infracción de la normativa sobre cruce de fronteras, o habilita –también con ánimo de lucro– su permanencia en el territorio a través de medios ilegales. En los dos delitos, la acción penal no se dirige a las personas que son víctimas de la trata u objetos del tráfico.

Conforme la definición de trata de personas contenida en el Protocolo (art. 3.A), un elemento constitutivo del delito refiere a los medios utilizados contra la persona migrante: la amenaza, el uso de la fuerza u otras formas de coacción, el rapto, el fraude, el engaño, el abuso de poder o de una situación de vulnerabilidad, la concesión o la recepción de pagos o beneficios. Asimismo, otro elemento esencial es la finalidad de la acción, dirigida a la explotación de la víctima, que incluye la prostitución u otras formas de explotación sexual, los trabajos o servicios forzados, la esclavitud o prácticas análogas, la servidumbre o la extracción de órganos. Por otro lado, como indica Guild, (2009: 167), si bien el nombre del Protocolo relativo a la trata pone énfasis en la criminalidad contra mujeres, niños y niñas, el contenido del instrumento se mantiene relativamente neutral respecto al género y la edad de la víctima.

Por su parte, el Protocolo contra el tráfico ilícito de migrantes define la conducta ilícita como la "facilitación" de la entrada al territorio de manera ilegal "con el fin de obtener, directa o indirectamente, un beneficio financiero u otro beneficio de orden material" (arts. 3.a y 6.1). En consecuencia, la acción se consuma por el hecho de facilitar el cruce de la frontera de una manera no prevista legalmente o contraria a derecho, pero solamente en aquellos casos en que se persiga un fin lucrativo (UNODC, 2011: 32). La finalidad de la acción es un elemento sustancial del delito y un requisito para la penalización de la conducta. Por tanto, el delito de tráfico es un delito de intencionalidad específica (UNODC, 2017: xi). Asimismo, el Protocolo ordena a los Estados adoptar medidas penales contra quien facilite la permanencia irregular en el territorio cuando se recurra para ello a medios ilegales como la creación, facilitación, suministro o posesión de documentos de viaje o de identidad falsos, y siempre que se persiga una finalidad lucrativa (art. 6.1.c).

En el delito de tráfico puede resultar complicado distinguir entre los autores y las personas objeto del delito, ya que por regla general estas últimas prestan su consentimiento al tráfico. Ante ello, la noción de "crimen organizado" ha sido controvertida, teniendo en cuenta quiénes deben ser considerados partes de la organización (Mitsilegas, 2001). Al respecto, en la negociación del Protocolo contra el tráfico ilícito de migrantes, la Oficina del Alto Comisionado de Derechos Humanos expresó la necesidad de velar por la protección de los derechos de las personas objeto de tráfico y que no sean castigadas por tal condición. Esta observación fue respaldada por el grupo de Estados latinoamericanos y del Caribe, que advirtieron que el Protocolo no podía ser una herramienta de criminalización de las personas migrantes (ICHRP, 2010: 69).

Según los trabajos preparatorios del Protocolo contra el tráfico, el objetivo del instrumento se dirige a la prevención y el castigo de la criminalidad de grupos organizados con intereses económicos, excluyendo expresamente a las personas o grupos que pudieran prestar asistencia a las personas migrantes por otros motivos, como en el caso de familiares, grupos religiosos u organizaciones no gubernamentales (ONGs).

> "En los travaux préparatoires se indicará que la inserción en la definición del apartado a) de una referencia a 'beneficio financiero u otro beneficio de orden material' se hizo para recalcar que la noción definida englobaba las actividades de los grupos delictivos organizados que actúan motivados por el lucro, pero que quedaban excluidos de ella las actividades de todos aquellos que

> prestan apoyo a los migrantes por razones humanitarias o de vínculos familiares estrechos. El Protocolo no pretendía criminalizar las actividades de los familiares o de las organizaciones no gubernamentales o agrupaciones de apoyo religiosas."[70].

El Protocolo contra el tráfico ilícito de migrantes destaca la importancia de la finalidad lucrativa en dos de sus disposiciones. Por un lado, el artículo 3 señala que el beneficio financiero o cualquier otro beneficio material es un elemento del delito. Por otro, el artículo 6 reitera que este elemento configura un requisito para la criminalización de la acción de facilitación. En este sentido, la Oficina de las Naciones Unidas contra la Droga y el Crimen (UNODC, por sus siglas en inglés) advierte que, atendiendo al elemento lucrativo dispuesto en el Protocolo contra el tráfico, el delito no debe confundirse con la simple acción de facilitación de la entrada irregular:

> "Migrant smuggling is not always understood in accordance with the definition set out in the Smuggling of Migrants Protocol, and in many cases it is not distinguished from the phenomenon of facilitated illegal entry with no benefit motive, an act that falls beyond the scope of the Protocol." (UNODC, 2017: iii).

Asimismo, en consonancia con los lineamientos generales de la Convención de Palermo, el Protocolo contra el tráfico asocia la finalidad lucrativa a la condición del sujeto activo del delito representado por un grupo organizado. No obstante, a pesar de la claridad del Protocolo en este punto, varios Estados signatarios del Protocolo no han incorporado en sus legislaciones penales la referencia al beneficio financiero o cualquier otro beneficio económico (UNODC, 2017: ix), como es el caso de la Directiva de la UE sobre facilitación de la migración irregular que se analiza más adelante.

---

70 ONU, Asamblea General, Notas interpretativas para los documentos oficiales (*travaux préparatoires*) de la negociación de la Convención de las Naciones Unidas contra la Delincuencia Organizada Transnacional y sus protocolos, 3.11.2000, A/55/383/Add. 1, párr. 88.

1.2. Principales diferencias entre la trata de personas y el tráfico ilícito de migrantes

El Consejo de Seguridad de Naciones Unidas advierte sobre la importancia de distinguir claramente entre los delitos de trata de personas y tráfico ilícito de migrantes. En la Resolución 2240, de 14 de octubre de 2015, aprobada en el contexto de la "crisis de refugiados" en la UE y dirigida al desmantelamiento de las redes de tráfico ilícito de migrantes en el Mediterráneo central, el Consejo de Seguridad sostiene:

> "[...] a pesar de que en algunos casos el delito de tráfico de migrantes puede tener algunas características comunes con el delito de trata de personas, los Estados Miembros deben reconocer que son delitos distintos, definidos en la Convención de las Naciones Unidas contra la Delincuencia Organizada Transnacional y sus Protocolos, que requieren diferentes respuestas jurídicas, operacionales y normativas" (párr. 5).

Existen algunas diferencias jurídicas claras en torno a los delitos de trata de seres humanos y tráfico ilícito de migrantes. En primer lugar, si bien ambas figuras se configuran mediante el cruce de fronteras internacionales, dicho cruce opera bajo modalidades diferentes según el delito. En este sentido, el tráfico ilícito de migrantes supone el quebrantamiento de la normativa sobre ingreso al territorio, por lo que el cruce de fronteras se produce de manera irregular en todos los casos. En cambio, la ilicitud de la trata deriva principalmente de los medios utilizados y de la finalidad perseguida, sin ser determinante la forma en que tiene lugar el cruce, pudiendo ser tanto irregular como regular.

El consentimiento de la persona extranjera es otra diferencia significativa. El delito de trata supone la utilización de medios coercitivos o fraudulentos que anulan el consentimiento que pueda prestar la víctima. En cambio, en el delito de tráfico el autor presta una especie de "servicio" a la persona extranjera, por lo que es común que ésta preste su consentimiento a sabiendas de la ilicitud del acto. El Protocolo contra el tráfico ilícito impide que este consentimiento suponga la criminalización de la persona migrante como cómplice (art. 5). Sin perjuicio de la prestación del consentimiento, las diferencias entre víctima de trata y objeto de tráfico pueden quedar desdibujadas en la práctica (ICHRP, 2010: 72), dados los motivos y las circunstancias que conducen a contratar los servicios de traficantes, así como también y especialmente por las condiciones en las que opera el tráfico colocando en grave riesgo de vulneración la vida y los derechos de las personas objeto de tráfico[71].

1.3. Las medidas de protección a las personas víctimas de trata y objeto de tráfico

Si bien la Convención y sus dos Protocolos son concebidos principalmente en torno a la preocupación de los Estados sobre la seguridad de las fronteras (Gallagher, 2010: 71), la normativa de Naciones Unidas prevé un marco mínimo de protección de las personas que sean víctimas u objeto de los delitos transnacionales asociados a la movilidad humana[72]. El preámbulo del Protocolo contra el tráfico ilícito de migrantes señala como uno de sus motivos de aprobación la preocupación de los Estados respecto a que ["el tráfico ilícito de migrantes] puede poner en peligro la vida o la seguridad de los migrantes involucrados" (párr. 6). Asimismo, el artículo 4 de dicho Protocolo establece expresamente que la aplicación del instrumento se dirige, junto a la investigación, persecución y penalización del

---

71 ICHRP, 2010: 72: "For these reasons the definitions found in the two Palermo Protocols do not readily allow a clear and consistent distinction to be made in real cases between smuggled and trafficked migrants. More important, many smuggled migrants are subject to serious forms of human rights violations – in their countries of origin, during their journeys, or in their countries of destination. Here again, a simple separation between smuggling and trafficking breaks down."

72 Protocolo contra la trata de personas, op. cit., art. 6; Protocolo contra el tráfico, op. cit., art. 16.

tráfico, a "la protección de las personas que hayan sido objeto de tales delitos".

Los dos Protocolos establecen el deber de los Estados de adoptar medidas de protección a favor de las personas que son víctimas de trata y objeto de tráfico. De este modo, ambos instrumentos extienden su ámbito de aplicación en comparación con la Convención de Palermo, cuyo artículo 3 limita su alcance a la prevención, investigación y enjuiciamiento. Asimismo, los dos Protocolos disponen de manera expresa una cláusula de salvaguardia[73], que deja a resguardo las obligaciones de los Estados y los derechos de las personas derivados del derecho internacional, incluyendo expresamente el derecho internacional humanitario y el derecho internacional de derechos humanos, y, en particular, la Convención sobre el Estatuto de los Refugiados de 1951, su Protocolo de 1967 y el principio de *non-refoulement.*

Ahora bien, la diferente perspectiva con que cada Protocolo aborda la situación de la persona "víctima" de trata u "objeto" de tráfico, se ve reflejada también en el catálogo de derechos reconocidos a cada una. Protocolo contra la trata (art. 6) garantiza, con especial atención a la edad, el sexo y las necesidades especiales de las víctimas, los derechos a la privacidad y a la asistencia en los procedimientos judiciales y administrativos. Asimismo, establece que el Estado "considerará la posibilidad de implementar medidas dirigidas a la recuperación física, psicológica y social" (comprendiendo, en particular, el suministro de alojamiento, asesoramiento jurídico, asistencia médica, psicológica y material, oportunidades de empleo, educación y capacitación), y medidas para obtener una indemnización por los daños sufridos. Asimismo, en el ámbito del sistema europeo de protección de derechos humanos, según la interpretación del TEDH, el artículo 4 del CEDH (prohibición de la esclavitud

---

73 Protocolo contra la trata de personas, op. cit., art. 14.1; Protocolo contra el tráfico, op. cit., art. 19.1.

y del trabajo forzado) obliga a los Estados a brindar medidas de protección a las personas víctimas de trata[74].

Por su parte, el Protocolo contra el tráfico, en su artículo 16, hace una mención general a la adopción de medidas para la protección de los derechos de las personas objeto del delito, con especial atención a las necesidades de mujeres y niños, y se refiere, en particular, al derecho a la vida, la prohibición de torturas y tratos crueles, inhumanos o degradantes, a medidas de protección contra cualquier violencia por el hecho de haber sido objeto de tráfico, y al derecho de asistencia consular según la Convención de Viena sobre Relaciones Consulares[75].

En particular, el Protocolo contra el tráfico establece que la persona objeto del delito no estará sujeta a enjuiciamiento penal (art. 5). No obstante, no existe una norma expresa que prohíba la sanción de la persona migrante por ingresar en el territorio del Estado de manera irregular, ante lo cual suele aplicarse la sanción de deportación (ICHRP, 2010: 72). Asimismo, tampoco existe una norma expresa que prohíba sancionar a las personas u organizaciones que presten asistencia sin una finalidad lucrativa. Protocolo contra el tráfico deja abierta la posibilidad de que un Estado califique tales conductas como delitos (art. 6.4: "Nada de lo dispuesto en el presente Protocolo impedirá que un Estado Parte adopte medidas contra toda persona cuya conducta constituya delito con arreglo a su derecho interno"). Al respecto, como analizamos a continuación, el régimen de la UE extiende el castigo penal a un amplio espectro de conductas y sujetos que quedan comprendidos en el delito de la facilitación de la migración irregular.

---

74 TEDH, Primera Sección, *Rantsev v. Chipe y Rusia,* sentencia de 7 de enero de 2010, demanda no. 25965/04 (ECLI:CE:ECHR:2010:0107JUD002596504). Para un análisis de la sentencia, véase: Stoyanova (2012).

75 ONU, Asamblea General, Convención de Viena sobre relaciones consulares, de 24 de abril 1963.

2. El régimen jurídico de la Unión Europea

La regulación de la UE sobre la criminalidad transfronteriza asociada a la movilidad humana sigue criterios similares a los establecidos en el régimen jurídico de Naciones Unidas. De hecho, la UE es parte contratante de la Convención de Palermo y sus dos Protocolos[76]. Sin embargo, el régimen jurídico europeo presenta notorias diferencias con el régimen de Naciones Unidas en la regulación del delito de tráfico ilícito de migrantes. En concreto, la definición de la conducta ilícita en la normativa europea prescinde de la finalidad lucrativa en la configuración del delito de facilitación de la entrada irregular. Según la Comisión Europea, esta definición ampliada se justifica por las dificultades que supone la investigación del delito de tráfico ilícito de migrantes y, en particular, el seguimiento de las rutas financieras de las redes de tráfico (European Commission, 2017b: 9). Los efectos expansivos del poder penal se pretenden contrarrestar mediante la inclusión discrecional de una cláusula que permite a los Estados no castigar la ayuda a la migración irregular que tenga carácter humanitario.

---

[76] Decisión del Consejo 2006/616/CE, de 24 de julio de 2006, relativa a la celebración, en nombre de la Comunidad Europea, del Protocolo contra el tráfico ilícito de migrantes por tierra, mar y aire, que complementa la Convención de las Naciones Unidas contra la delincuencia organizada en lo que se refiere a las disposiciones del Protocolo, en la medida en que estas entran en el ámbito de aplicación de los artículos 179 y 181 A del Tratado constitutivo de la Comunidad Europea (DO L 262, 22.9.2006, p. 24-33); Decisión del Consejo 2006/617/CE, de 24 de julio de 2006, relativa a la celebración, en nombre de la Comunidad Europea, del Protocolo contra el tráfico ilícito de migrantes por tierra, mar y aire, que complementa la Convención de las Naciones Unidas contra la delincuencia organizada en lo que se refiere a las disposiciones del Protocolo, en la medida en que estas entran en el ámbito de aplicación de la parte III, título IV, del Tratado constitutivo de la Comunidad Europea (DO L 262, 22.9.2006, p. 34-43).

2.1. El delito de la trata de personas

La Decisión marco 2002/629/JAI[77] es la primera norma de la UE dirigida a la armonización de la definición y las sanciones del delito de trata de personas con fines de explotación laboral o sexual. Con anterioridad, el Consejo había aprobado diferentes acciones comunes, programas e iniciativas[78] dentro del marco de la cooperación en asuntos de justicia, con el propósito de reforzar la cooperación judicial y policial. Asimismo, en el ámbito del Consejo de Europa, algunos Estados miembros son partes del Convenio sobre la lucha contra la trata de seres humanos[79], entre ellos España[80].

La Decisión marco de la UE establece la definición del delito de trata y ordena a los Estados miembros aplicar sanciones efectivas, fijando un mínimo penal cuando concurran determinadas circunstancias agravantes. La definición de la Decisión sigue los lineamientos del Protocolo de Naciones Unidas sobre trata de personas. Respecto a las medidas de protección, la Decisión contiene una norma

---

77 Decisión marco 2002/629/JAI del Consejo, de 19 de julio de 2002, relativa a la lucha contra la trata de seres humanos (DO L 203, 1.8.2002, p. 1-4).

78 Acción común 97/154/JAI, de 24 de febrero de 1997, adoptada por el Consejo sobre la base del artículo K.3 del Tratado de la Unión Europea, relativa a la lucha contra la trata de seres humanos y la explotación sexual de los niños (DO L 63, 4.3.1997, p. 2-6); Acción común 96/700/JAI, de 29 de noviembre de 1996, adoptada por el Consejo sobre la base del artículo K.3 del Tratado de la Unión Europea, por la que se establece un programa de estímulo e intercambios destinado a los responsables de la acción contra la trata de seres humanos y la explotación sexual de los niños (DO L 322, 12.12.1996, p. 7-10).

79 Convenio del Consejo de Europa sobre la lucha contra la trata de seres humanos (Convenio nº 197 del Consejo de Europa), hecho en Varsovia el 16 de mayo de 2005.

80 Instrumento de ratificación del Convenio del Consejo de Europa sobre la lucha contra la trata de seres humanos (Convenio nº 197 del Consejo de Europa), hecho en Varsovia el 16 de mayo de 2005 (BOE núm. 219, de 10 de septiembre de 2009, páginas 76453 a 76471).

especial, que se limita a ordenar a los Estados la investigación del delito aun cuando no medie denuncia por parte de la víctima (art. 7.1), y la prestación de "asistencia adecuada" en el caso de niñas y niños por su consideración de víctimas especialmente vulnerables (art. 7.2 y 7.3). Posteriormente se aprobó la Directiva 2004/81/CE[81], sobre expedición de permisos de residencia para víctimas de trata, que contempla la expedición de un permiso de residencia temporal (por el tiempo que dure el proceso) condicionado a que la víctima coopere en el procedimiento judicial.

La Decisión marco 2002/629/JAI fue sustituida por la Directiva 2011/36[82], sobre trata de seres humanos, que amplió las definiciones de la acción punible y de la vulnerabilidad como circunstancia agravante. La acción comprende cualquier situación de explotación que se realice de manera deliberada (art. 2). Junto a la explotación sexual y laboral, se contemplan diferentes finalidades como el tráfico de órganos, la mendicidad forzosa, la esclavitud y otras actividades delictivas. Según el considerando once de la Directiva, esta última expresión comprende los hurtos de carteras o en comercios, la adopción ilegal, los matrimonios forzados, el tráfico de estupefacientes u otras actividades ilícitas que supongan ganancias económicas (García Coso, 2014: 73).

La Directiva 2011/36 fija un mínimo de sanción penal para el delito de trata: cinco años de prisión, o diez años de prisión cuando exista alguna de las circunstancias agravantes: vulnerabilidad de la víctima, organización delictiva, peligro para la vida, violencia grave o daños graves. Respecto a las medidas de protección a las

---

81 Directiva 2004/81/CE del Consejo, de 29 de abril de 2004, relativa a la expedición de un permiso de residencia a nacionales de terceros países que sean víctimas de la trata de seres humanos o hayan sido objeto de una acción de ayuda a la inmigración ilegal, que cooperen con las autoridades competentes (DO L 261, 6.8.2004, p. 19-23).

82 Directiva 2011/36/UE del Parlamento Europeo y del Consejo, de 5 abril de 2011, relativa a la prevención y lucha contra la trata de seres humanos y a la protección de las víctimas y por la que se sustituye la Decisión marco 2002/629/JAI del Consejo (DO L 101, 15.4.2011, p. 1-11).

víctimas, la Directiva vigente contiene una regulación más amplia y detallada, de conformidad a las obligaciones derivadas del artículo 5.3 de la CDFUE (que prohíbe expresamente la trata de seres humanos) y los estándares fijados a través de la jurisprudencia del TEDH[83]. Sin embargo, algunas de esas medidas siguen estando condicionadas a la potestad de los Estados. Según el artículo 8, los Estados *pueden* no perseguir o sancionar a las víctimas de trata que hubieran incurrido en delitos como consecuencia de los medios coercitivos utilizados contra ellas. Al respecto, según la jurisprudencia del TEDH, no existe una inmunidad frente al enjuiciamiento penal contra víctimas potenciales de trata, pero los Estados están obligados en todo caso a proveer medidas de protección a su favor cuando existan indicios suficientes del delito de trata[84]. Asimismo, las medidas de protección se amplían mediante la obligación de asistencia y apoyo a las víctimas antes, durante y después del proceso penal, aunque la citada Directiva 2004/81 condiciona la protección a la cooperación activa de la víctima en el proceso judicial.

2.2. El delito de la facilitación de la inmigración irregular

El delito de facilitación de la inmigración irregular se encuentra regulado por dos instrumentos jurídicos que conforman el llamado "Paquete de Facilitación" (*Facilitators Package*): la Directiva 2002/90[85], que define los delitos de ayuda a la inmigración irregular, y la Decisión marco 2002/946[86], que prevé las sanciones penales que corresponden a cada delito.

---

[83] TEDH, Primera Sección, *Rantsev v. Chipe y Rusia*, sentencia de 7 de enero de 2010, op. cit. Para un análisis de la sentencia, véase: Stoyanova (2012).

[84] TEDH, Cuarta Sección, *V.C.L. and A.N. v. The United Kingdom*, sentencia de 16 de febrero de 2021, demandas no. 77587/12 y 74603/12 (ECLI: CE:ECHR:2021:0216JUD007758712).

[85] Directiva 2002/90/CE, op. cit.

[86] Decisión marco 2002/946/JAI, op. cit.

La Directiva 2002/90, relativa a la facilitación de la inmigración irregular, fue aprobada por el Consejo sobre la base de una propuesta formulada por Francia en el año 2000[87]. Esta propuesta fue presentada tras el hallazgo en el puerto de Dover (Reino Unido) de los cadáveres de 58 personas (54 hombres y 4 mujeres) de nacionalidad china en la parte trasera de un camión que había cruzado en ferry el Canal de la Mancha[88]. El objetivo de la Directiva es armonizar la definición de facilitación en el marco de la política común contra la inmigración irregular. Según la exposición de motivos, se trata de complementar "otros instrumentos adoptados con el fin de combatir la inmigración irregular, el empleo ilegal, la trata de personas y la explotación sexual de los niños"[89].

La definición de la facilitación contenida en la Directiva es más amplia que la de tráfico ilícito de migrantes prevista en la normativa de Naciones Unidas. La UE extiende el margen penal para incluir conductas que no reúnen todos los elementos esenciales para la configuración del delito internacional de tráfico ilícito en sentido estricto. Esta expansión penal opera mediante la ambigüedad de los términos utilizados y la prescindencia de elementos esenciales del delito en el régimen de Naciones Unidas, como la finalidad lucrativa en la ayuda a la entrada o la ilegalidad de los medios que habilitan la permanencia. Esta expansión es deliberada, ya que tanto la Directiva 2002/90 (art. 5) como la Decisión marco 2002/946 (art. 10) derogan la norma del Código de Fronteras Schengen (art. 27) que sancionaba la ayuda prestada en el cruce, la circulación

---

87 Iniciativa de la República Francesa con vistas a la adopción de la Directiva del Consejo destinada a definir la ayuda a la entrada, a la circulación y a la estancia irregulares (2000/C 253/01).

88 The Guardian, 19.6.2000, "Grim find of 58 bodies in lorry exposes smugglers' evil trade": https://www.theguardian.com/uk/2000/jun/20/immigration.immigrationandpublicservices3

89 Directiva 2002/90/CE, op. cit., considerando 5.

y/o la permanencia, únicamente cuando la acción estuviera motivada por intereses lucrativos[90].

Con relación a la facilitación de la entrada o de la permanencia irregular, la Decisión marco 2002/946 establece como circunstancias agravantes de la pena los elementos que, según el régimen jurídico de Naciones Unidas, son elementos constitutivos del tipo básico de tráfico ilícito de migrantes. Según el artículo 1.3 de la Decisión marco, los Estados deben imponer una pena privativa de libertad, cuya duración máxima no puede ser inferior a ocho años, cuando la acción se realice con ánimo de lucro y concurra alguna de las siguientes circunstancias: i) la infracción se cometa como parte de las actividades de una organización delictiva, o ii) cuando la infracción ponga en peligro la vida de las personas objeto de facilitación.

Con anterioridad a la adopción de la Directiva y la Decisión marco, no todos los Estados contaban con una figura penal que sancionara la facilitación de la inmigración irregular. En este sentido, la búsqueda de armonización no consistía en asegurar la coherencia entre marcos jurídicos nacionales ya existentes sino en construir un régimen penal mínimo en todos

---

90 Acervo de Schengen–Convenio de aplicación del Acuerdo de Schengen de 14 de junio de 1985, op. cit., art. 27 (derogado): "1. Las Partes contratantes se comprometen a establecer sanciones adecuadas contra cualquier persona que, con fines lucrativos, ayude o intente ayudar a un extranjero a entrar o a permanecer en el territorio de una Parte contratante quebrantando la legislación de dicha Parte contratante sobre entrada y estancia de extranjeros; 2. Si una Parte contratante tuviera conocimiento de hechos mencionados en el apartado 1 que quebranten la legislación de otra Parte contratante, informará de ello a esta última; 3. La Parte contratante que solicite a otra Parte contratante la persecución de hechos mencionados en el apartado 1 por quebrantamiento de su propia legislación, deberá justificar, mediante denuncia oficial o certificación de las autoridades competentes, qué disposiciones legislativas han sido quebrantadas."

los Estados miembros. Según la base de datos EURLex[91], casi todos los Estados miembros han traspuesto la Directiva a sus legislaciones nacionales, con excepción de Austria, Estonia y Malta (además de Dinamarca, que no se encuentra obligada por la Directiva). En la mayoría de los casos, la tipificación de la conducta se ha realizado en un sentido amplio, cubriendo acciones de ayuda que van más allá de los servicios ilegales que pueden prestar las redes de tráfico (Provera, 2015).

El "Paquete de Facilitación" no contiene ninguna referencia directa a las personas cuya entrada, tránsito o permanencia se facilita. La Decisión marco 2002/946 establece que su aplicación se debe realizar sin perjuicio de la protección a las personas refugiadas y solicitantes de asilo, y en especial de las obligaciones derivadas de los artículos 31 y 33 de la Convención de Naciones Unidas sobre el Estatuto de Refugiados, referidas a la no aplicación de sanciones penales por la entrada o permanencia irregular y a la prohibición de devolución. No existe una norma similar que exceptúe del alcance penal del delito de facilitación a las personas que no sean reconocidas como refugiadas o que no hayan podido formalizar una solicitud de asilo. De este modo, el marco jurídico de la facilitación no impide expresamente que las personas migrantes, cuyo acceso o permanencia se haya facilitado, sean condenadas como "facilitadoras" o como infractoras de normas de inmigración. Al respecto, con carácter general, el Convenio de Aplicación del Acuerdo de Schengen[92] dispone que "[l]as Partes contratantes se comprometen a fijar sanciones que penalicen el cruce no autorizado de las fronteras exteriores fuera de los pasos fronterizos y de las horas de apertura establecidas" (art. 3.2).

---

91 EUR-Lex, datos sobre la trasposición de la Directiva 2002/90/CE en los Estados miembros: https://eur-lex.europa.eu/legal-content/ES/NIM/?uri=CELEX:32002L0090

92 Acervo de Schengen - Convenio de aplicación del Acuerdo de Schengen de 14 de junio de 1985, op. cit.

Por otro lado, no existen medidas especiales de protección a las personas objeto de facilitación. Únicamente la Directiva 2004/81[93], que establece las condiciones para la expedición de permisos de residencia a las víctimas de trata, dispone que los Estados podrán extender este permiso a las personas que hayan sido objeto de facilitación (art. 3.2), bajo la condición de que presten colaboración en el procedimiento penal.

2.3. Las conductas tipificadas como facilitación en la UE

La Directiva 2002/90 ordena a los Estados la incorporación de dos conductas penales a sus respectivas legislaciones. La primera conducta consiste en brindar ayuda para entrar y/o transitar de manera irregular por el territorio de un Estado miembro, sin importar que la finalidad del autor tenga o no un ánimo lucrativo. La segunda conducta consiste en brindar ayuda, con finalidad lucrativa, a una persona nacional de un tercer país para permanecer de manera irregular en el territorio de un Estado miembro.

La conducta típica en ambos supuestos se consuma con la ayuda intencionada, sin especificar cuáles podrían ser las modalidades particulares de la acción u omisión. En cuanto al elemento del dolo en la acción penal, tampoco existe precisión en la norma, y así da a entender que basta el conocimiento de que la persona extranjera ingresa, transita o permanece en el territorio contraviniendo la normativa sobre cruce de fronteras y extranjería.

La primera conducta castiga la prestación de la ayuda para el cruce de fronteras en infracción de la normativa, esto es, sin la documentación necesaria y/o por lugares no habilitados. A diferencia del Protocolo de Naciones Unidas sobre tráfico ilícito de personas, la Directiva no requiere la finalidad lucrativa de la facilitación de la entrada irregular. Según la Comisión Europea, la ausencia del

93 Directiva 2004/81/CE, op. cit.

elemento material obedece a la complejidad de la investigación del delito de tráfico ilícito de migrantes, relacionada principalmente con las dificultades materiales ínsitas en el seguimiento de la financiación de las redes, debido a la utilización de dinero en efectivo para el pago del servicio[94]. La Comisión Europea sostiene que la inclusión del elemento lucrativo supondría dificultades desproporcionadas para la investigación y el enjuiciamiento del delito, lo que afectaría al legítimo interés de los Estados en el control migratorio. En contra de este criterio, UNODC (2017) considera que, teniendo en cuenta la significativa rentabilidad del negocio del tráfico ilícito, las estrategias para el desmantelamiento de las redes deben enfocarse en el seguimiento de las rutas del dinero.

La segunda conducta, relativa a la prestación de la ayuda para permanecer de manera irregular en el territorio, excede también el alcance del Protocolo de Palermo sobre tráfico ilícito de migrantes. Este último ordena a los Estados penalizar la "habilitación" para que una persona permanezca irregularmente recurriendo para ello a medios ilegales, como la creación,

---

[94] European Commission, Commission Staff Working Document REFIT Evaluation of the EU legal framework against facilitation of unauthorised entry, transit and residence: the Facilitators Package (Directive 2002/90/EC and Framework Decision 2002/946/JHA), Brussels, 22.3.2017, SWD(2017) 117 final, p. 9: "Since the time of adoption of the Facilitators Package and still today, the risks that such difficulties in tracing financial flows connected to migrant smuggling would disproportionately hamper the investigation and prosecution of this crime, affecting States' legitimate interest to control borders and regulate migration flows, have been raised as a reason to avoid including a constituent financial gain element in the offence of facilitating irregular border crossing. The situation is somewhat different for the facilitation of irregular residence, which at least partially takes place on EU territory thus making financial transactions possibly easier to trace. In this case, the financial gain element is included in the definition of the offence". Disponible en: https://www.europarl.europa.eu/RegData/docs_autres_institutions/commission_europeenne/swd/2017/0117/COM_SWD(2017)0117_EN.pdf

facilitación, suministro o posesión de documentos de viaje o de identidad que sean falsos[95]. Según la Directiva de Facilitación, la penalización de la ayuda a la permanencia irregular requiere únicamente que su prestación se realice con intención de obtener un beneficio material, sin importar la ilegalidad o legalidad de los medios utilizados. Ante ello, la ambigüedad del término "ayuda" implica el riesgo de que, según la interpretación, la ilicitud de la conducta se extienda a cualquier vinculación con la persona migrante que suponga una transferencia económica, como, por ejemplo, un contrato de alquiler o el cobro de un servicio de cualquier otro tipo (Carrera y Guild, 2016: 13). De este modo, si bien la facilitación de la permanencia irregular requiere el elemento lucrativo, la expansión de su alcance se produce al incluir acciones de ayuda por medios lícitos.

Las conductas delictivas incluyen la instigación, la participación y la tentativa, según lo dispuesto en el artículo 2 de la Directiva 2002/90. Al respecto, como se señaló anteriormente, otra diferencia significativa entre el Paquete de Facilitación y la normativa de Naciones Unidas es la ausencia de una disposición que excluya expresamente la penalización de la participación de la persona objeto de facilitación. La Decisión marco 2002/946 sólo excluye la aplicación de sanciones penales a las personas refugiadas y solicitantes de asilo (art. 6), de conformidad al artículo 31 de la Convención sobre el Estatuto de los Refugiados, sin hacer mención a los casos en los que la persona no sea reconocida como refugiada o no haya podido formalizar una solicitud de asilo.

2.4. La cláusula humanitaria

La Directiva 2002/90 contiene la llamada "cláusula humanitaria", que permite a los Estados no sancionar la facilitación de la entrada o el tránsito irregular cuando el objetivo de la conducta consista en la prestación de ayuda humanitaria, según establece

95 Protocolo contra el tráfico ilícito de migrantes, op. cit., art. 6.1.c.

el apartado 2 del artículo 1. El sentido de esta norma se asemeja a las mencionadas cláusulas de salvaguardia incluidas en los Protocolos de Naciones Unidas sobre trata de personas y tráfico ilícito de migrantes, aunque los respectivos regímenes presentan aquí también importantes diferencias.

En primer lugar, la trasposición de la cláusula humanitaria no es obligatoria sino potestativa, por lo que la excepción queda sujeta a la discrecionalidad del Estado en el diseño de su política criminal. Según la información provista por la Comisión Europea, hasta 2020 sólo ocho Estados habían incluido alguna excepción a la persecución penal: Bélgica, Grecia, España, Finlandia, Italia, Malta, Reino Unido y Croacia[96]. Las legislaciones de Bélgica y España reiteran casi literalmente la cláusula humanitaria contenida en la Directiva, mientras que en el resto de Estados se utilizan diferentes fórmulas que excluyen, con mayor o menor precisión, determinadas conductas y/o a determinadas personas (capitanes de buques o aeronaves, familiares).

En segundo lugar, la cláusula humanitaria adolece de la precisión jurídica requerida en las cláusulas de salvaguardia de los Protocolos de Naciones Unidas. De acuerdo a estas últimas, la persecución de los delitos de trata y tráfico no puede afectar las obligaciones de los Estados derivadas del Derecho internacional y, en particular, la Convención sobre el Estatuto de los Refugiados. Por el contrario, la Directiva no hace mención alguna a la legislación internacional y no define el concepto de "ayuda humanitaria".

---

96 European Commission, Commission Staff Working Document REFIT Evaluation of the EU legal framework against facilitation of unauthorised entry, transit and residence: the Facilitators Package (Directive 2002/90/EC and Framework Decision 2002/946/JHA), Brussels, 22.3.2017, SWD(2017) 117 final, op. cit.

La indefinición de la "ayuda humanitaria" en la Directiva plantea dudas sobre el alcance de la excepción[97]. Una alternativa es la interpretación del término "humanitario" en sentido amplio, según las dos primeras acepciones del Diccionario de la RAE, que comprendería cualquier acto "benigno, benéfico, caritativo", "que mira o se refiere al bien del género humano". Otra alternativa es la interpretación de los términos en su sentido jurídico estricto, según el Derecho internacional, que regula la ayuda humanitaria entendiendo por tal la asistencia en situaciones de catástrofe natural o humana (Muñoz Ruiz, 2016: 14). Si bien una interpretación sistemática y teleológica del Paquete de Facilitación apunta a una definición restringida de la ayuda humanitaria, la primera alternativa permite evitar los inconvenientes que derivan de la asimetría entre los regímenes de Naciones Unidas y la UE, ya que excluye del alcance del delito a las conductas benignas sin ánimo de lucro.

2.5. Críticas contra el régimen jurídico de la facilitación de la inmigración irregular

El paquete de medidas sobre la facilitación de la migración irregular ha recibido múltiples críticas desde las organizaciones no gubernamentales que asisten a personas migrantes (por ejemplo: Amnesty International, 2020; Cáritas, 2019) y desde algunas de las propias instituciones europeas[98] (Parlamento Europeo, 2018). Como resultado de la Directiva de Facilitación, se cristaliza el llamado "delito de solidaridad" (Fekete, 2009; Fekete, Webber y Edmond-Pettitt, 2017), que castiga actos de ayuda

[97] Sobre el concepto de acción humanitaria, véase: Abrisketa y Pérez de Armiño (2000).

[98] Parlamento Europeo, Resolución de 5 de julio de 2018, sobre directrices destinadas a los Estados miembros para impedir la penalización de la ayuda humanitaria (2018/2769[RSP]). Disponible en: https://www.europarl.europa.eu/doceo/document/TA-8-2018-0314_ES.html

desinteresada a personas migrantes en situación irregular. Como observan López-Sala y Barbero (2019: 679), la expansión penal a través de la criminalización de la ayuda a migrantes irregulares se inscribe en las nuevas formas de control migratorio.

El régimen jurídico sobre la facilitación conlleva un alto riesgo de vulneración de los derechos humanos, debido principalmente a la imprecisión de los términos de la Directiva 2002/90 y al carácter potestativo de la cláusula humanitaria. La amplitud de la definición de facilitación implica la posible criminalización de actos de ayuda o asistencia motivados por sentimientos de solidaridad hacia las personas en situación de migración irregular (Landry, 2016). En este sentido, la acción delictiva se solapa con el contenido y el ejercicio de derechos reconocidos en tratados internacionales, como la libertad de asociación, la libertad de conciencia o la libertad religiosa en su manifestación externa (Carrera *et al.*, 2016, 2018; Morondo Taramundi, 2018). Asimismo, la criminalización de la ayuda prestada a familiares podría entrar en conflicto con los derechos relativos a la vida privada y a la protección de la familia, como por ejemplo el derecho a la intimidad familiar, y con los derechos de niñas, niños y adolescentes. Todo ello contraviene lo dispuesto en el artículo 78 del TFUE, que obliga a que la política común de asilo sea conforme con los derechos reconocidos en la CDFUE. El problema se ha planteado con especial magnitud en la asistencia a personas migrantes en situación de peligro en el mar[99].

El Parlamento Europeo manifestó preocupación por las consecuencias que la Directiva puede ocasionar sobre la asistencia humanitaria y la cohesión social, y advirtió en particular sobre el riesgo de la criminalización de la ayuda. En consecuencia, solicitó a la Comisión Europea que adoptara directrices sobre

---

99 Para un análisis sobre la obligación de rescate y su encaje en el SECA, véase: Abrisketa Uriarte (2021b). Para un análisis sobre las confluencias y contradicciones entre el Paquete de Facilitación y las obligaciones internacionales de asistencia y rescate de personas en peligro en el mar, véase: de la Orden Bosch (2022).

las formas de facilitación que deben quedar exceptuadas de penalización, a fin de lograr uniformidad, coherencia y claridad en la aplicación de la Directiva y, en concreto, de la cláusula humanitaria[100]. Incluso, las divergencias a que da lugar la trasposición discrecional de esta cláusula por parte de los Estados podrían socavar las propias bases de la asistencia humanitaria, en contradicción a los principios y las obligaciones de la UE en la materia según el artículo 214 del TFUE (Carrera *et al.*, 2019: 18).

En el mencionado informe de evaluación sobre el Paquete de Facilitación[101], la Comisión Europea sostuvo que la cláusula humanitaria confiere un amplio margen de apreciación a los Estados, que puede resultar contraproducente con relación al objetivo de alcanzar la armonización legislativa. Asimismo, señaló que puede tener consecuencias no deseadas respecto a la prestación de servicios y otras intervenciones por parte de la sociedad civil. No obstante, el informe de evaluación en 2017 concluyó que no existía suficiente evidencia para sostener la necesidad de revisar la normativa vigente[102].

---

100 Parlamento Europeo, Resolución de 5 de julio de 2018, sobre directrices destinadas a los Estados miembros para impedir la penalización de la ayuda humanitaria (2018/2769[RSP]), op. cit.

101 European Commission, Commission Staff Working Document REFIT Evaluation of the EU legal framework against facilitation of unauthorised entry, transit and residence: the Facilitators Package, op. cit.

102 Ibidem, p. 35: "Therefore, based on the findings of the studies supporting this evaluation as well as the opinions and information gathered through broader stakeholder consultations, there is no sufficient evidence to draw firm conclusions about the need for a revision of the Facilitators Package at this point in time. While an EU legal framework addressing migrant smuggling remains necessary in the current context, at present its full and correct implementation should be prioritised, in the context of the Action Plan."

En 2019, en respuesta a una petición presentada al Parlamento Europeo de modificar la Directiva para eximir de responsabilidad penal a personas que prestan asistencia humanitaria, la Comisión concluyó nuevamente que "no se dispone en la actualidad de argumentos sólidos para sostener que una revisión de la normativa vigente aportaría valor añadido frente al refuerzo de las actuaciones operativas en términos de una ejecución efectiva, en el contexto del plan de acción de la UE contra el tráfico ilícito de migrantes"[103]. En particular, con relación a la imprecisión del término "ayuda humanitaria", señaló que no existe una definición única a nivel europeo. Y descartó la utilidad de reformar la Directiva para añadir el elemento lucrativo a la tipificación de la facilitación de la entrada y el tránsito irregular. Para ello sostuvo que la legislación de la UE en materia penal fija normas mínimas y, en consecuencia, los Estados "seguirían teniendo la libertad, dentro de los límites del Derecho de la UE, de ir más allá de lo establecido por la Directiva y de sancionar la ayuda a la entrada o tránsito irregulares, aunque se preste sin fines de lucro"[104].

En 2020, el Nuevo Pacto sobre Migración y Asilo presentado por la Comisión señaló que las normas de la UE sobre tráfico ilícito de migrantes, en referencia a los dos instrumentos del Paquete de Facilitación, "han demostrado ser un marco jurídico eficaz para luchar contra quienes facilitan la entrada, la circulación y la estancia irregulares"[105]. Sin embargo, la propuesta del Nuevo Pacto se presenta acompañada de un documento con orientaciones para evitar que el Paquete de Facilitación

---

103 Parlamento Europeo, Comisión de Peticiones, Comunicación a los miembros, 24.7.2019, Asunto: Petición nº 1247/2016, presentada por Paula Schmid Porras, de nacionalidad española, en nombre de la ONG Professional Emergency Aid (PROEM-AID), sobre la criminalización de personas que se ocupan de migrantes en situación irregular y la criminalización de la asistencia humanitaria en el mar.

104 Ibidem.

105 Comisión Europea, Comunicación relativa al Nuevo Pacto sobre Migración y Asilo (COM/2020/609 final), op. cit., p. 18.

implique la criminalización de la ayuda humanitaria[106]. Respecto a la imprecisión de este término, la Comisión considera que su delimitación debe realizarse en cada caso concreto. Por otro lado, la Comisión destaca que la Directiva 2002/90 "no puede interpretarse como una vía para penalizar una actividad humanitaria que la propia ley exige, como las operaciones de búsqueda y salvamento en el mar"[107]. Ante ello, la orientación consiste en "invitar" a los Estados a incluir en sus legislaciones la cláusula humanitaria[108]. Como resultado, la propuesta de la Comisión mantiene el carácter potestativo y discrecional de la excepción al castigo de la ayuda motivada por razones humanitarias.

IV. CONCLUSIONES

La política de la UE en torno a la delincuencia transfronteriza y la movilidad humana se centra en la prevención y contención de los movimientos migratorios irregulares. La trata de personas y el tráfico ilícito de migrantes representan prioridades de acción que se abordan principalmente como problemas de seguridad de las fronteras exteriores. Conforme esta perspectiva securitaria, la protección de los derechos de las personas víctimas de trata u objeto de tráfico queda subordinada al interés de la Unión y los Estados miembros de evitar llegadas irregulares de personas extranjeras. Los derechos se presentan como accesorios a la seguridad de las fronteras.

---

106 Comisión Europea. Comunicación de la Comisión, Orientaciones de la Comisión sobre la aplicación de las normas de la UE destinadas a definir y prevenir la ayuda a la entrada, a la circulación y a la estancia irregulares 2020/C 323/01 (DO C 323, 1.10.2020, p. 1-6).

107 Ibidem, p. 5.

108 Ibidem, p. 6.

Ante las exiguas competencias atribuidas a la UE en materia de migración, la política y la legislación común se dirigen a la prevención y la lucha contra la inmigración irregular. En particular, el enfoque se concentra en la dimensión externa, a través del refuerzo del control migratorio en las fronteras exteriores y en la cooperación con terceros Estados, especialmente con los países de origen y tránsito.

Al analizar la progresiva atribución y puesta en práctica de las competencias de la UE en materia de criminalidad y migración, se observa un proceso gradual de securitización y militarización del control migratorio como herramientas dirigidas a combatir y desmantelar el tráfico ilícito de migrantes como una vía de entrada al territorio de los Estados miembros. Este proceso se refuerza mediante la criminalización de toda acción de facilitación de la entrada y el tránsito, aún a costa de que el poder penal se expanda más allá de lo que el régimen jurídico internacional entiende técnicamente por tráfico ilícito de migrantes en sentido estricto. Los propios conceptos que definen al delito en la UE, como facilitación o ayuda, en lugar de tráfico ilícito, evidencian la intencionalidad en la ampliación de los márgenes del poder penal.

En este marco, la regulación de la UE dificulta la distinción entre personas traficantes y "traficadas" (o "facilitadoras" y "facilitadas"), que en el régimen de Naciones Unidas se puede delimitar con mayor claridad. Como resultado, la normativa de la UE se dirige no sólo a las redes de tráfico, como lo hace el Protocolo de Naciones Unidas sobre tráfico ilícito de migrantes, sino también contra las personas migrantes. La estrategia para combatir el tráfico se centra en aumentar los riesgos ínsitos en las vías irregulares, suponiendo que su mayor peligrosidad hará disminuir la demanda de los servicios de tráfico ilícito y evitará el "efecto llamada". De este modo, las políticas de control migratorio dirigidas a prevenir las salidas o frenar el tránsito se justifican bajo el argumento de que así se neutralizan los riesgos de vulneración de derechos que comportan las vías migratorias irregulares. En suma, la protección de los derechos queda supeditada a la condición de que las personas migrantes permanezcan fuera del territorio de la UE.

Además, la amplitud y la ambigüedad de la Directiva de facilitación expanden la combinación de poder penal y control migratorio más allá de las personas migrantes y de las redes de tráfico. La criminalización de la migración se extiende hacia la sociedad civil en general. El régimen jurídico de facilitación de la migración irregular criminaliza cualquier interacción social con migrantes irregulares, lo que propaga la asociación entre migración irregular y delincuencia. El mensaje es que las personas "regulares" (nacionales o extranjeras residentes) no deben interactuar con migrantes irregulares, porque ello podría resultar en una conducta delictiva. Para ello, se utiliza un término lo suficientemente amplio y ambiguo, como el de "ayuda", de modo que prácticamente cualquier tipo de interacción queda comprendida.

En la definición del delito de facilitación de la entrada y del tránsito irregular, la Directiva prescinde de la finalidad lucrativa de la acción, lo que representa un elemento esencial del delito de tráfico ilícito de migrantes según la normativa internacional. Ante las dificultades de seguir las "rutas del dinero", se escoge la alternativa de seguir a las personas migrantes y a quienes puedan asistirles aunque sea de manera desinteresada. Entre líneas puede leerse que la UE prioriza el control migratorio y la seguridad fronteriza, recurriendo al poder penal como herramienta, aun cuando ésta pueda alcanzar a conductas que no son consideradas ilícitas en la normativa internacional.

La llamada cláusula humanitaria de la Directiva excluye la sanción penal de la facilitación a la entrada y el tránsito cuando la ayuda se dirija a prestar ayuda humanitaria. Sin embargo, tanto la redacción como la trasposición y la práctica demuestran la ineficacia de la cláusula para evitar o restringir los alcances expansivos de la criminalización. En primer lugar, la redacción no especifica qué se entiende por ayuda humanitaria. No queda claro si se trata del concepto restringido de acción humanitaria según el Derecho internacional humanitario, o si incluye también otras acciones como la de socorro (*relief*). En cuanto a su trasposición, como quedó señalado, la cláusula ha sido incluida por ocho Estados. La Comisión Europea valora este dato como uno de los motivos para sostener que no existe necesidad de reformar la Directiva, y argumenta además que cinco de los siete Estados son ribereños del mar Mediterráneo. Sin embargo, la realidad del mar Mediterráneo, las prácticas de los gobiernos (en especial, de algunos Estados ribereños), las investigaciones penales abiertas contra ONGs de rescate y salvamento[109], y las constantes denuncias de personas y organizaciones sobre la criminalización de actos de solidaridad con migrantes, conducen a sostener lo contrario.

Ante la imprecisión de la literalidad de la norma y sus consecuencias sobre el respeto del marco jurídico internacional de derechos humanos, corresponde realizar una interpretación teleológica *pro homine* a fin de que la cláusula humanitaria abarque todo acto de solidaridad a una persona en situación de necesidad. En caso contrario, optar por el concepto restringido de ayuda humanitaria supondría excluir una amplia variedad de acciones orientadas por un sentido de solidaridad y, en consecuencia, criminalizar el ejercicio de derechos humanos como la libertad de asociación, de conciencia o de religión, o el derecho a la vida privada y a la protección familiar, de obligada observancia por la UE y los Estados miembros de conformidad a la CDFUE y el CEDH.

En especial, la amplitud del régimen jurídico sobre facilitación restringe aún más las vías de acceso a la protección internacional. Uno de los motivos principales para la contratación de los servicios de traficantes es la falta de posibilidades de acceder a los canales regulares de entrada. El problema se agrava para las personas en situación de desplazamiento forzado que no cuentan con vías de acceso regular desde fuera del territorio de los

---

109 Para un análisis sobre los procedimientos judiciales iniciados contra ONGs de búsqueda y salvamento, véase: Carrera *et al.*, 2018; FRA, 2020.

Estados miembros. El carácter vago y ambiguo de la Directiva de facilitación extiende los efectos penales a la ayuda prestada a estas personas que migran en búsqueda de protección internacional.

Además del delito de facilitación, las normas jurídicas de la UE que combinan Derecho penal y control migratorio se dirigen contra las empresas transportistas que trasladen a una persona extranjera sin la documentación necesaria, y contra quienes contraten como trabajadores a migrantes sin permiso de residencia y/o empleo. En definitiva, el "derecho penal migratorio" de la Unión da lugar a un proceso de criminalización en sentido restringido, que no se dirige directamente contra las personas migrantes sino contra quienes les "asistan" o "faciliten" de diferentes modos su entrada o permanencia. La estrategia consiste en establecer reglas mínimas y comunes entre los Estados miembros para sancionar penalmente conductas que atraen o que facilitan situaciones de migración en condición irregular. Desde una perspectiva estrictamente jurídica, la criminalización en el marco del Derecho de la Unión apunta contra cualquier persona, nacional de un Estado miembro o extranjera, por el solo hecho de involucrarse con un migrante irregular. Si bien no existe un marco jurídico común que ordene a los Estados castigar a la persona migrante por la entrada o la permanencia irregular, el poder penal se extiende hacia la sociedad civil en general, hacia personas que faciliten el cruce, el tránsito o la residencia. Las personas extranjeras cuya entrada, tránsito o permanencia se haya facilitado tampoco están excluidas expresamente del alcance penal que pueda implementar cada Estado miembro en su ordenamiento.

Por fuera del marco jurídico penal en sentido estricto, el control fronterizo y migratorio se despliega en la UE a través de otras políticas y normas jurídicas de naturaleza administrativa. Entre ellas, destacan especialmente las medidas de detención administrativa de migrantes irregulares y de solicitantes de asilo. A continuación, el análisis se centra en los diferentes mecanismos de privación y restricción del derecho a la libertad de circulación, a la luz de las teorías sobre la criminalización. Desde esta perspectiva, el objetivo consiste en determinar si tales medidas son susceptibles de activar el proceso de criminalización por fuera del ámbito jurídico estrictamente penal, a través de herramientas de control de naturaleza jurídica administrativa pero con efectos equivalentes a las propias del poder penal.

Capítulo 6

LA DETENCIÓN DE MIGRANTES Y SOLICITANTES DE ASILO: LA INMOVILIDAD CON FINES DE CONTROL MIGRATORIO

Introducción:

La detención administrativa en la criminalización de la migración

El Derecho internacional de los derechos humanos y el Derecho de la UE conciben la detención de migrantes como una medida de naturaleza administrativa. Esto significa que la medida se debe implementar sin intención punitiva, con la finalidad de asegurar el resultado de un procedimiento de tipo administrativo. Según el Grupo de Trabajo de Naciones Unidas sobre detención arbitraria, la detención administrativa es aquella que se produce por fuera del Derecho penal, como una medida de naturaleza preventiva, fundada en motivos que suelen estar relacionados con la preservación de la seguridad de la ciudadanía o del Estado (Working Group on Arbitrary Detention, 2010). Como tal, la detención administrativa es utilizada por un elevado número de Estados para el control de la migración irregular:

> "Administrative detention may be defined as arrest and detention of individuals by State authorities outside the criminal law context, for example for reasons of security, including terrorism, as a form of preventive detention, as well as to restrain irregular migrants. As is evident from communications sent to the Working Group and the missions conducted, a large number of States resort to administrative detention as a means to counter terrorism, control irregular migration or protect the ruling regime. The practice of administrative detention is informed by the belief that by detaining a person, a preventive action has been carried out thus securing society, community and State." (Working Group on Arbitrary Detention (2010: párr. 77).

Conforme el criterio del ACNUR, por detención migratoria se entiende: "la privación de la libertad de una persona, generalmente de carácter administrativa, por una supuesta violación de las condiciones de entrada, estadía o residencia en el país receptor" (ACNUR, 2014: 190). En particular, las Directrices sobre detención de solicitantes de asilo señalan que esta medida refiere: "a la privación de la libertad o al confinamiento dentro de un lugar cerrado donde al solicitante de asilo no se le permite salir a su voluntad, incluso, aunque sin limitarse, prisiones o instalaciones de detención, centros de recepción cerrados, instalaciones o centros de retención" (ACNUR, 2012: 9).

En sentido amplio, la detención de migrantes y solicitantes de asilo persigue una finalidad de control migratorio y de gestión de los procedimientos de protección internacional. Debido al carácter no punitivo, la medida es preventiva y no puede estar orientada a la exclusión como una medida penal de privación de libertad. En este sentido, Wilsher (2012: 255) sostiene que la detención para el control migratorio está orientada a la expulsión del territorio en caso de irregularidad, por contraposición a la finalidad de segregación social ínsita en la privación de libertad de naturaleza penal[1]. En consonancia se ha pronunciado el TEDH al resolver que la detención a efectos del retorno sólo puede justificarse y ser conforme al CEDH durante el procedimiento de deportación, pues en caso contrario no respondería a una finalidad de control migratorio y comportaría una detención arbitraria contraria al artículo 5 del CEDH[2].

---

1 Wilsher (2012: 255): "Only measures that secure the physical expulsion of aliens (as opposed to their seclusion from the community) are truly immigration measures."

2 TEDH, Sección Primera, *Mikolenko v. Estonia*, sentencia de 8 de octubre de 2009, asunto 10664/05 (ECLI:CE:ECHR:2009:1008JUD001066405), párr. 65: "While it is true that States enjoy an 'undeniable sovereign right to control aliens' entry into and residence in their territory (see, for example, *Saadi* [...]), the aliens' detention in this context is nevertheless only permissible under Article 5 § 1 (f) if action is being taken with a view to their deportation. The Court considers that in the present case the applicant's further detention cannot be said to have been effected with a view to his de-

Ahora bien, a pesar de la naturaleza jurídica formalmente administrativa, las teorías sobre *crimmigration* y criminología de frontera apuntan a que la detención de personas migrantes puede cumplir además otras funciones informales vinculadas al control social (Leerkes y Broeders, 2010; Campesi y Fabini, 2020). En particular, diferentes estudios señalan que la detención migratoria puede tener efectos punitivos en la práctica, similares a los propios de la pena de prisión, y como tal ser percibida por la persona migrante como una forma de castigo (Bosworth, 2014, 2018, 2019; Bosworth, Franko Aas y Pickering, 2018; Campesi, 2015a; García Hernández, 2014). En consecuencia, el recurso cada vez más común de privar de libertad a personas en movimiento implicaría una manifestación del proceso de criminalización de la migración irregular. Este proceso se caracteriza, como indica Legomsky (2007) por la incorporación asimétrica de normas penales a las políticas de migración: estas últimas importan las teorías, métodos, percepciones y prioridades asociados al poder penal, pero lo hacen sin incorporar el conjunto de garantías procesales penales (Majcher, 2013). En añadidura, la fusión entre el control migratorio y el sistema penal genera un efecto simbólico que

---

portation as this was no longer feasible". Asimismo, párr. 68: "The foregoing considerations are sufficient to enable the Court to conclude that the grounds for the applicant's detention – action taken with a view to his deportation – did not remain valid for the whole period of his detention due to the lack of a realistic prospect of his expulsion and the domestic authorities' failure to conduct the proceedings with due diligence). Véase también: TEDH, Sección Cuarta, *Louled Massoud v. Malta*, sentencia de 7 de julio de 2010, asunto 24340/08 (ECLI:CE:ECHR:2010:0727JUD002434008), párr. 69: "In the light of the above, the Court has grave doubts as to whether the grounds for the applicant's detention – action taken with a view to his deportation – remained valid for the whole period of his detention, namely, more than eighteen months following the rejection of his asylum claim, owing to the probable lack of a realistic prospect of his expulsion and the possible failure of the domestic authorities to conduct the proceedings with due diligence."

refuerza la asociación de la migración a situaciones de delincuencia y amenaza a la seguridad (Bosworth, 2019: 86).

Desde esta perspectiva, la naturaleza administrativa o penal no depende solamente de la calificación que le otorgue el Estado en su derecho interno, sino que deben tenerse en cuenta las condiciones en que se produce la detención y los efectos que provoca la aplicación de la medida. Este examen de los elementos materiales de la detención resulta fundamental ya que, de acuerdo a la jurisprudencia del TEDH, una medida formalmente administrativa podría tener naturaleza penal en la práctica y, en consecuencia, deberían brindarse las garantías procesales establecidas en el artículo 6 del CEDH.

En *Engel vs. the Netherlands*[3], el TEDH resolvió que para determinar si una persona se encuentra privada de su libertad, en el sentido del artículo 5, es necesario analizar la situación concreta, la naturaleza de la infracción y el grado de severidad de la sanción. Para ello, sentó tres criterios para discernir la naturaleza administrativa o penal. Atendiendo al valor que el CEDH reconoce al derecho a la libertad física, el TEDH sostuvo lo siguiente:

> "En una sociedad sujeta a la preeminencia del derecho, son de «materia penal» las privaciones de libertad susceptibles de ser impuestas a título represivo, excepto aquellas que por su naturaleza, duración o sus modalidades de ejecución no son susceptibles de causar un perjuicio importante" [4].

Siguiendo este razonamiento, para determinar si la detención encuadra en el artículo 5 del CEDH, se debe tener en cuenta en primer lugar la calificación de la medida según el derecho nacional. Sin embargo, como sostiene el Tribunal de Estrasburgo en la sentencia mencionada, éste es "un simple

---

3 TEDH, *Engel and others v. The Netherlands*, sentencia de 8 de junio de 1976, asuntos 5100/71, 5101/71, 5102/71, 5354/72, 5370/72 (ECLI:CE:ECHR:1976:0608JUD000510071).

4 TEDH, *Engel and others v. The Netherlands*, cit. párr. 82.

punto de partida", una indicación que "no tiene más que un valor formal y relativo"[5]. En caso de que la medida sea calificada como administrativa, procede evaluar –de manera no acumulativa– los otros dos criterios que podrían convertirla en punitiva: la naturaleza de la infracción y el grado de severidad de la medida.

Respecto a la determinación de la naturaleza de la infracción, la sentencia del TEDH en *Engels* atiende a dos elementos: 1) el ámbito personal, considerando que las medidas penales suelen estar dirigidas a la sociedad de manera general e indeterminada, mientras que las medidas administrativas suelen referirse a un grupo específico o determinado; 2) el objetivo perseguido, asumiendo que las sanciones penales persiguen una finalidad retributiva, de incapacitación o de exclusión del infractor. Por último, se tiene en cuenta la intensidad o el grado de severidad de la medida tomando en consideración sus efectos y duración: por un lado, los efectos de retribución, incapacitación o exclusión se asocian a una medida penal; por otro, la duración puede conllevar que la medida administrativa se torne punitiva cuando se extiende excesivamente.

Las políticas de migración y asilo han tendido progresivamente a una utilización cada vez mayor de la detención. Siguiendo la jurisprudencia del TEDH, los efectos materiales de la medida pueden provocar que se asemeje a una detención de naturaleza penal. A continuación, el análisis se centra en la propagación de la detención de migrantes y solicitantes de asilo como un mecanismo ordinario de control migratorio y de gestión dentro de los sistemas de asilo. A efectos de estudiar el proceso de criminalización desde su aproximación jurídica, corresponde considerar cómo el ordenamiento jurídico introduce el elemento de la inmovilidad, cuáles son sus causas y cómo se ha extendido la detención desde el campo de la migración

---

[5] Ibidem.

en sentido estricto hacia el control de los solicitantes de asilo como migrantes irregulares.

I. LA POLÍTICA DE DETENCIÓN DE LA MIGRACIÓN EN LA UE: TRES MODELOS LEGALES

Desde la década de 1980 en adelante, la detención de migrantes se ha convertido en un *modus operandi* común en las políticas de control migratorio a nivel global, con centros especializados y un régimen institucional particular (Flynn, 2014: 4). Bajo diversas denominaciones que, en palabras de Campesi (2011a: 179), dan cuenta de una "edulcoración semántica", han proliferado múltiples modalidades de privación de la libertad de las personas migrantes en condición irregular. La tendencia se ha desarrollado de manera simultánea al abordaje político de las migraciones como un potencial riesgo para el orden público y como una amenaza a la seguridad de los Estados (Wilsher, 2012: 116), confirmando de este modo el proceso de securitización de la movilidad humana, especialmente cuando se produce a través del cruce "clandestino" de las fronteras y la permanencia no autorizada en el territorio. Desde esta perspectiva, la detención de migrantes se plantea como un imperativo dirigido a proteger los intereses sociales y nacionales (De Bruycker *et al.*, 2015: 19) y como una estrategia política habitual para el control de las fronteras y de la población extranjera bajo la jurisdicción del Estado (Wilsher, 2012: 139).

El mecanismo de detención en el contexto de la migración empezó a implementarse en Estados Unidos (Flynn, 2014)[6], coincidiendo temporalmente con la expansión de las políticas

---

[6] Para un análisis sobre la influencia de Estados Unidos en el origen y expansión de la política de detención de migrantes, véase: Flynn (2014).

de externalización de fronteras y, en particular, con la práctica de interceptación de embarcaciones de migrantes y eventuales solicitantes de asilo en alta mar provenientes de Cuba y Haití (Wilsher, 2012: 67). En 1992, el entonces presidente George Bush dictó la Orden Ejecutiva (*Executive Order*) 12.807[7], que autorizaba a los guardacostas a devolver a los migrantes interceptados en el mar. La Orden fue avalada un año después por la Corte Suprema de Estados Unidos en la resonada sentencia del caso *Sale v. Haitian Centers Council*[8]. A quienes no podían ser devueltos se los trasladaba a la base naval de la Bahía de Guantánamo en la isla de Cuba, que se convirtió en uno de los primeros centros de detención de migrantes en el mundo (Flynn, 2014: 5). El objetivo formal consistía en prevenir el tráfico ilícito de migrantes y disuadir el tránsito de solicitantes de asilo (Flynn, 2014: 6). Las solicitudes de asilo presentadas por las personas allí detenidas eran procesadas fuera del territorio estadounidense.

La política de detención en centros *offshore* fue posteriormente emulada por otros Estados. Lo que parecía una medida excepcional y extraordinaria se ha convertido, a lo largo del tiempo y en diferentes geografías, en un patrón normal del sistema de recepción de migrantes y solicitantes de asilo. Así, por ejemplo, Australia se inspiró en el modelo estadounidense de la Bahía de Guantánamo al momento de instalar los centros de detención en las islas de Nauru y Papua Nueva Guinea como parte de la llamada "Solución del Pacífico" tras el caso Tampa (Dastyari, 2007; Mann, 2018). A partir de entonces, por ley del parlamento australiano, se implementó una ficción de

---

7 George Bush, "Executive Order 12807 - Interdiction of Illegal Aliens," The American Presidency Project, 24.5.1992. Disponible en: https://www.presidency.ucsb.edu/documents/executive-order-12807-interdiction-illegal-aliens

8 Corte Suprema de Justicia de Estados Unidos, sentencia de 21 de junio de 1993, *Sale v. Haitian Centers Council* (509 US 155).

escisión de las islas de lo que se conoce como la "zona migratoria", aquella que se encuentra dentro del sistema de visados[9].

Del mismo modo, la detención como dispositivo de control migratorio permeó en el marco de la UE tras el proceso de (de)construcción de fronteras interiores y exteriores y la adopción de una política común de migración. En particular, el marco jurídico europeo habilita tres formas de detención: la detención para el retorno de migrantes irregulares, regulada en la Directiva de retorno[10]; la detención de solicitantes de asilo, regulada en la Directiva sobre condiciones de acogida[11]; y la detención para transferencias de solicitantes de asilo entre Estados miembros, regulada en el Reglamento Dublín III[12]. Estas normas establecen los motivos que justifican la detención de migrantes irregulares y solicitantes de asilo y fijan un plazo máximo de duración de la medida, que puede prorrogarse hasta 18 meses. En general, los Estados miembros han traspuesto todos los motivos de detención y han fijado el límite máximo de duración, de tal modo que la normativa de la UE –si bien ha introducido un conjunto de garantías procedimentales– ha normalizado la política de detención (Majcher, Flynn y Grange, 2020: 452).

---

9 En 2022, el tiempo promedio de detención en Australia era de aproximadamente dos años (The Guardian, 1.8.2022. "Australia holding immigration detainees for average of almost two years, freedom of information request reveals", disponible en: https://www.theguardian.com/australia-news/2022/aug/01/australia-holding-immigration-detainees-for-average-of-almost-two-years-freedom-of-information-request-reveals

10 Directiva 2008/115/CE, op. cit.

11 Directiva 2013/33/UE del Parlamento Europeo y del Consejo, de 26 de junio de 2013, por la que se aprueban normas para la acogida de los solicitantes de protección internacional (refundición) (DO L 180, 29.6.2013, p. 96-116).

12 Reglamento (UE) 604/2013, op. cit.

Las particularidades del sistema de fronteras de la Unión han conducido a que la política de detención se concentre principalmente en los Estados miembros de "primera línea" y en terceros Estados mediante la promoción y financiación de centros de detención[13] (como el centro de detención instaurado por Mauritania con el apoyo de España, conocido como "Guantanamito" –CEAR, 2010: 13-29–). Esta tendencia se reforzó con especial intensidad a partir de la "crisis de refugiados" en 2015. Desde entonces, según la investigación de Majcher, Flynn y Grange, (2020) relativa al sistema de detención en los entonces 28 Estados miembros de la UE, el número de personas detenidas se ha mantenido sin demasiadas alteraciones. Ello demuestra que el aumento de las detenciones no obedeció exclusivamente al incremento del número de llegadas sino al desarrollo de políticas y regulaciones restrictivas en materia de migración, algunas anteriores a 2015 y otras impulsadas a partir de la "crisis".

---

13 Las políticas de centros offshore de Estados Unidos y Australia inspiraron también las propuestas de Reino Unido y Dinamarca para la instalación de centros de detención fuera del territorio de la UE (Noll, 2003b, p. 313; Majcher, Flynn y Grange, 2020: 460). Flynn y Cannon (2010) definen esta política de la UE como la externalización de la detención (*detention externalization*) y la describen como: "an interlocking chain of diffusion processes whereby detention pressures and practices are exported from the core to the periphery. Policy developments at the regional level and among major destination countries place pressures on EU border states to serve as gatekeepers for Europe and bolster their detention activities. In turn, these border countries, working with EU partners (and sometimes international organisations), diffuse detention pressures outward to their non-European neighbours –both directly, by funding detention efforts in non-EU countries; and indirectly, by hardening their borders and thus leaving neighbouring countries the task of accommodating increasing numbers of irregular migrants and asylum seekers".

En el contexto de la "crisis de refugiados", las diferentes instituciones europeas promovieron la política de detención como una respuesta efectiva de control migratorio para gestionar las llegadas irregulares. El Consejo de la UE recomendó a los Estados detener a migrantes irregulares durante un período máximo de 18 meses a fin de retornar a aquellas personas que se negaran a cooperar en el momento de su llegada[14]. Asimismo, en julio de 2015, Avramopoulos, entonces Comisionado de Migración y Asuntos Interiores, sostuvo que la detención incrementaba la eficiencia del control migratorio[15] Posteriormente, la Recomendación presentada por la Comisión Europea en 2017 para la mayor eficacia de las órdenes de retorno[16] señaló que "[e]l internamiento puede ser un elemento esencial", especialmente "para garantizar que no se fuguen los nacionales de terceros

---

[14] Consejo de la Unión Europea, Comunicado de prensa, 9/11/2015, Conclusiones del Consejo sobre las medidas para gestionar la crisis migratoria y de los refugiados, punto 5: "Que los Estados miembros, para hacer frente a la posible falta de cooperación de los migrantes a su llegada en la Unión Europea, y respetando plenamente los derechos fundamentales y el principio de no devolución, hagan uso de todas las posibilidades proporcionadas por el acervo de la UE, como (1) procedimientos de asilo en las fronteras o en las zonas de tránsito; (2) procedimientos acelerados; (3) no admisibilidad de posteriores solicitudes de asilo por las personas de que se trate; (4) medidas coercitivas, como, en último recurso, la detención por un período máximo necesario para la finalización de los procedimientos correspondientes" (documento disponible en: https://www.consilium.europa.eu/es/press/press-releases/2015/11/09/jha-council-conclusions-on-measures-to-handle-refugee-and-migration-crisis/

[15] Letter from Commissioner Dimitris Avramopoulos to Ministers. Brussels, June 1.6.2015, Ares (2015) 2397724. Disponible en: https://www.statewatch.org/media/documents/news/2015/jun/eu-AVRAMOPOULOS-migration-letter-to-eu-ministers.pdf

[16] Recomendación (UE) 2017/432 de la Comisión, de 7 de marzo de 2017, sobre la manera de lograr que los retornos sean más eficaces al aplicar la Directiva 2008/115/CE del Parlamento Europeo y del Consejo (C/2017/1600) (DO L 66, 11.3.2017, p. 15-21).

países en situación irregular"[17]. En consecuencia, resaltó que es obligación de los Estados miembros recurrir al internamiento en virtud de lo dispuesto en la Directiva de retorno[18], establecer un período inicial máximo de internamiento de 6 meses (prorrogable hasta 18 meses en los casos de falta de cooperación o de demoras en la obtención de la documentación necesaria), y crear "capacidades de internamiento" en función de las necesidades reales y sobre todo en situaciones de emergencia debido a un número excepcionalmente elevado de personas que deban ser retornadas[19].

Según datos de Global Detention Project (Majcher, Flynn y Grange, 2020: 2), con anterioridad a 2015, en varios Estados miembros (entre ellos, Austria, Bélgica, Alemania, Italia, Países Bajos y España) se observaba una tendencia a la baja en el número de detenciones de migrantes, que se alteró de manera significativa a partir de la "crisis de refugiados". La normalización de la detención ante la llegada de grupos numerosos de migrantes –eventuales solicitantes de asilo–, indica que el objetivo de esta política prioriza la seguridad de las fronteras antes que la protección de las personas (Majcher, Flynn y Grange, 2020: 4). Esta tendencia se refleja también en el Pacto Europeo de Migración y Asilo de 2020[20]. Todas las propuestas del Pacto giran en torno a la contención, la inmovilidad y la expulsión de migrantes irregulares. Así, por ejemplo, la propuesta de control previo en fronteras implementa una serie de procedimientos de identificación y revisión de solicitudes de entrada que pueden extenderse durante 6 meses, tiempo durante el cual la

---

17 Recomendación (UE) 2017/432, op. cit., apartado 16.

18 Directiva 2008/115/CE del Parlamento Europeo y del Consejo, de 16 de diciembre de 2008, relativa a normas y procedimientos comunes en los Estados miembros para el retorno de los nacionales de terceros países en situación irregular (DO L 348, 24.12.2008, p. 98-107).

19 Recomendación (UE) 2017/432, op. cit., párr. 10.

20 Comisión Europea, Comunicación relativa al Nuevo Pacto sobre Migración y Asilo (COM/2020/609 final), op. cit.

persona se encuentra en situación de "retención" (de la Orden Bosch, 2024).

No obstante, la expansión de la política de detención no ha reducido los flujos de migración irregular. Por el contrario, en la práctica no existe evidencia de que la detención desincentive la migración y, en particular, no evita que las personas abandonen sus lugares de residencia en búsqueda de protección internacional (Edwards, 2011). Según Campesi y Fabini (2020), esta circunstancia, unida al hecho de que la detención procede cuando existan motivos de riesgo y peligrosidad, indica que la privación de libertad de migrantes es utilizada como un instrumento para gestionar la movilidad de determinadas categorías de migrantes "no deseados" por ser considerados socialmente marginales o socialmente peligrosos. Por su parte, desde la perspectiva de la persona migrante, la normalización política de la detención puede conllevar que ésta deba ser asumida como una parte más del trayecto hasta el lugar de destino[21], especialmente cuando el desplazamiento se produce de manera forzada.

II. LA LEGITIMACIÓN Y LOS LÍMITES A LA DETENCIÓN EN EL DERECHO INTERNACIONAL DE DERECHOS HUMANOS Y DE REFUGIADOS

El Derecho internacional de los derechos humanos no contiene una prohibición directa sobre la detención con fines de control migratorio. Los tratados internacionales de derechos humanos y, en particular, la Convención sobre el Estatuto de los Refugiados no contienen ninguna regulación específica al

---

21 Relator Especial de Naciones Unidas sobre los derechos humanos de los migrantes, Informe de 2 de abril de 2012, A/HCR/20/24, punto 8. Disponible en: https://www.ohchr.org/Documents/HRBodies/HRCouncil/RegularSession/Session20/A-HRC-20-24_en.pdf

respecto. Por el contrario, existe cierto consenso internacional en que la detención representa una herramienta válida que pueden utilizar los Estados en el ejercicio de su prerrogativa soberana de controlar las fronteras, como lo ha sostenido la jurisprudencia consolidada del TEDH[22]. Sin embargo, el marco jurídico internacional considera a la detención como un último recurso, de tal modo que el poder de los Estados de privar o restringir la libertad de circulación a personas migrantes y solicitantes de asilo debe desarrollarse bajo estrictas limitaciones[23].

A diferencia del derecho a la vida (PIDCP, art. 6) o la prohibición de tortura (PIDCP, art. 7), el derecho a la libertad de circulación de cualquier persona (PIDCP, art. 12) se configura en el Derecho Internacional como un derecho derogable cuyo ejercicio puede ser suspendido en circunstancias excepcionales. El artículo 4 del PIDCP dispone que las obligaciones derivadas del Pacto pueden ser suspendidas en caso de emergencia pública "que ponga en peligro la vida de la nación" y que haya

---

22 TEDH, Pleno, sentencia de 28 de mayo de 1985, *Abdulaziz Cabales and Balkandali v. the United Kingdom,* asuntos 9214/80, 9473/81, 9474/81 (ECLI:CE:ECHR:1985:0528JUD000921480), párr. 67; TEDH, Sala, sentencia de 21 de octubre de 1997, *Boujlifa v. France,* asunto 25404/94 (ECLI:CE:ECHR:1997:1021JUD002540494), párr. 42; TEDH, Gran Sala, sentencia de 28 de febrero de 2008, *Saadi v. Italy,* asunto 37201/06 (ECLI:CE:ECHR:2008:0228JUD003720106), párr. 124.

23 En el ámbito de la regulación internacional de la migración, la Convención sobre los derechos de los trabajadores migrantes y sus familiares. El artículo 16 reconoce el derecho a la libertad y a la seguridad personales, prohíbe la detención o prisión arbitraria y habilita la privación de libertad sólo por motivos y mediante procedimientos establecidos por ley. Sin embargo, ningún Estado miembro de la UE ha ratificado el tratado; los Estados partes de la Convención son en su mayoría países de origen de migrantes. Véase el estado de ratificaciones de la Convención en: https://treaties.un.org/Pages/ViewDetails.aspx?src=TREATY&mtdsg_no=IV-13&chapter=4&clang=_en

sido oficialmente proclamada por el Estado[24]. En sentido similar se expresa el artículo 15 del CEDH.

En particular, como se analiza en el siguiente apartado, el art. 12 del PIDCP establece que la libertad de circulación puede ser objeto de restricciones que obedezcan, entre otros motivos, a la protección de la seguridad nacional y el orden público. De este modo, en el ámbito particular de las migraciones, la suspensión de la libertad de circulación cobra especial relevancia para el Estado como un mecanismo de prevención y preservación (De Bruycker *et al.*, 2015: 38). Ante ello, el TEDH ha resuelto que los Estados cuentan con un amplio margen de apreciación, pero no con un poder de discrecionalidad ilimitada, que en todo caso debe quedar sujeto al control judicial[25]. Los tribunales deben evaluar la proporcionalidad de la medida con relación al objetivo de control migratorio que se persigue, así como también el conjunto de factores pertinentes tales como las circunstancias que la motivan, la naturaleza del conjunto de derechos afectados, y las condiciones en las que la restricción tiene lugar. Esto es así aun cuando la derogación del derecho a la libertad de circulación obedezca a la declaración de una situación de emergencia, ante lo cual los tribunales están llamados a determinar si tal suspensión constituye una respuesta proporcional al estado de excepción, que se justifica plenamente respecto a las circunstancias especiales de la situación y que existen garantías frente a eventuales abusos[26]. Tal evaluación resulta crucial al momento de distinguir

---

[24] Según la Observación General Nº 29 del Comité de Derechos Humanos, tales medidas deben ser excepciones y temporales.

[25] TEDH, Gran Sala, *A. and others v. the UK,* sentencia de 19 de febrero de 2009, demanda 3455/05 (ECLI:CE:ECHR:2009:0219JUD000345505), párr. 184 (asimismo, párr. 173).

[26] TEDH, *Ireland v. the United Kingdom,* sentencia de 18 de enero de 1978, asunto 5310/71 (ECLI:CE:ECHR:1978:0118JUD000531071), párr. 207; TEDH, *Aksoy v. Turkey,* sentencia de 18 de diciembre de 1996, asunto 21987/93 (ECLI:CE:ECHR:1996:1218JUD002198793), párr. 68.

la naturaleza real de la medida administrativa más allá de su regulación formal.

1. La regulación en el Derecho internacional de derechos humanos

En el ámbito de las migraciones, el punto de partida es el reconocimiento del derecho a la libre circulación, según lo establecido en el artículo 13 de la DUDH y el artículo 12 del PIDCP. No obstante, la literalidad de ambas normas es una prueba evidente de la diferente naturaleza de ambos instrumentos internacionales y de las obligaciones que de ellos derivan para los Estados. Mientras la DUDH reconoce a "toda persona" el derecho a circular libremente y a elegir su residencia en el territorio de un Estado sin condiciones, el PIDCP señala que tal libertad corresponde a "[t]oda persona *que se halle legalmente* en el territorio de un Estado". Asimismo, el Pacto prevé expresamente la posibilidad de que la ley contemple restricciones al derecho, cuando "sean necesarias para proteger la seguridad nacional, el orden público, la salud, o la moral públicas o los derechos y libertades de terceros". Por otro lado, ambos instrumentos reconocen con igual alcance el derecho a salir de cualquier país, incluso del propio. No obstante, se trata de un derecho "incompleto" ya que en ninguno de los dos instrumentos internacionales se menciona el derecho a entrar en otro Estado. Al respecto, el Pacto se limita a establecer que nadie puede ser "arbitrariamente privado" del derecho a entrar en su propio país.

En definitiva, tanto la DUDH y el PIDCP reconocen el derecho a la libertad de circulación sin discriminar por nacionalidad. Sin embargo, en el caso de las personas que se encuentren fuera de su país de nacionalidad, el PIDCP impone la condición de que la permanencia en el territorio sea regular. Si bien el artículo 13.2 de la DUDH reconoce el derecho a salir del país, incluido el propio, los Estados conservan el poder de regular las condiciones de entrada a sus territorios. Así lo destaca la jurisprudencia consolidada del TEDH: "[a]s a matter of well-established international law [States have the right] to control the entry, residence and expulsions of aliens"[27]. Asimismo, el Comité de Derechos Humanos se refiere en los siguientes términos a la legitimidad de las restricciones que los Estados pueden imponer sobre la entrada de personas extranjeras a sus territorios:

> "La cuestión de si un extranjero se encuentra 'legalmente' dentro del territorio de un Estado es una cuestión regida por el derecho interno, que puede someter a restricciones la entrada de un extranjero al territorio de un Estado, siempre que se adecuen a las obligaciones internacionales de ese Estado"[28].

Dentro de estos márgenes marcados por el Derecho internacional, la detención de migrantes representa una herramienta que los Estados pueden desplegar legítimamente para la gestión y el control de sus fronteras (De Bruycker *et al.*, 2015: 41). No obstante, el poder estatal de controlar y restringir la libertad de circulación no es absoluto, sino que debe cumplir una serie de exigencias recogidas en el Derecho internacional de derechos humanos y, especialmente, las obligaciones derivadas del Derecho internacional de refugiados.

En primer lugar, el Derecho internacional autoriza la práctica de la detención de migrantes, bajo la condición de que se realice de conformidad con los principios de legalidad, proporcionalidad y necesidad. Según el PIDCP, como quedó señalado, las restricciones a la libertad de circulación sólo pueden justificarse "cuando éstas se hallen previstas en la ley, sean necesarias para proteger la seguridad nacional, el orden público, la salud o la moral públicas o los derechos y libertades de terce-

---

27 TEDH, Gran Sala, *Chahal v the United Kingdom*, sentencia de 15 de noviembre de 1996, asunto 22414/93 (ECLI:CE:ECHR:1996:1115JUD002241493), párr. 73.

28 Comité de Derechos Humanos, Observación General 27 sobre Libertad de circulación, CCPR/C/21/Rev.1/Add.9, 2 de noviembre de 1999, párr. 4 (disponible en: https://www.acnur.org/fileadmin/Documentos/BDL/2001/1400.pdf)

ros, y sean compatibles con los demás derechos reconocidos en el [PIDCP]" (art. 12.3). En esta línea, el Comité de Derechos Humanos resalta que las restricciones que se impongan deben ser las menos intrusivas y en ningún caso pueden anular la libertad de circulación[29].

Los principios de legalidad, proporcionalidad y necesidad representan garantías contra la arbitrariedad del poder del Estado y, en particular, de la medida de privación o restricción de la libertad. En concreto, el artículo 9 del PIDCP expresa que "[n]adie podrá ser sometido a detención o prisión arbitrarias". Los criterios para evaluar el carácter arbitrario atienden no sólo a la legalidad sino también a otros factores tales como la proporcionalidad de la medida, la necesidad de su implementación, las garantías procedimentales y las condiciones de la detención (Majcher, Flynn y Grange, 2020: 6). En este sentido, el Comité de Derechos Humanos ha señalado que:

> "La historia de la redacción del párrafo 1 del artículo 9 confirma que no se debe equiparar el concepto de 'arbitrariedad' con el de 'contrario a la ley', sino que debe interpretarse de manera más amplia a fin de incluir elementos de incorrección, injusticia e imprevisibilidad, así como también el principio de las 'garantías procesales'. Ello significa que la prisión preventiva consiguiente a una detención lícita debe ser no sólo lícita sino además razonable en toda circunstancia."[30]

---

29 Comité de Derechos Humanos, Observación General Nº 27 sobre Libertad de circulación, op. cit., párr. 2. Además, el párr. 14 de esa misma Observación General enfatiza: "El párrafo 3 del artículo 12 indica claramente que no basta con que las restricciones se utilicen para conseguir fines permisibles; deben ser necesarias también para protegerlos. Las medidas restrictivas deben ajustarse al principio de proporcionalidad; deben ser adecuadas para desempeñar su función protectora; debe [*sic*] ser el instrumento menos perturbador de los que permitan conseguir el resultado deseado, y deben guardar proporción con el interés que debe protegerse".

30 Comité de Derechos Humanos, *Hugo van Alphen v. The Netherlands,* Comunicación no. 305/1998 (HRC), U.N. Doc. CCPR/C/39/D/305/1988, párr. 5.8.

Al respecto, el Grupo de Trabajo sobre Detención Arbitraria considera que:

> "Si bien las normas internacionales de derechos humanos no prohíben en principio la detención administrativa de solicitantes de asilo e inmigrantes ilegales, ésta se puede equiparar a la detención arbitraria si no se justifica a la luz de las circunstancias del caso"[31].

De manera simultánea, la arbitrariedad de la detención despojaría a la persona migrante de los derechos y garantías procedimentales que debe reunir la medida de control migratorio, lo que implicaría la mutación de su naturaleza administrativa en una de tipo punitivo, agravada por su ilegalidad.

2. *La regulación en el sistema europeo de protección de derechos humanos*

El CEDH no refiere expresamente a la arbitrariedad de la privación de libertad, sino solamente a la obligación de que en todo caso se realice de acuerdo al procedimiento establecido por ley. No obstante, según la reiterada jurisprudencia del Tribunal de Estrasburgo, el cumplimiento de esta obligación por parte del Estado no sólo requiere que exista una ley sino que se garantice la suficiente "calidad de la ley" (*quality of law*), cuya regulación debe ser accesible, precisa y previsible en su aplicación [32]. De este modo, el TEDH ha sostenido que la obligación

---

31 Naciones Unidas, Informe del Grupo de Trabajo sobre Detención Arbitraria, A/HRC/7/4 10 de enero de 2008.

32 TEDH, sentencia de 2 de agosto de 1984, *Malone v. United Kingdom*, asunto 8691/79) (ECLI:CE:ECHR:1984:0802JUD000869179), párr. 67; sentencia de 25 de junio de 1996, *Amuur v. France*, asunto 19776/92 (ECLI:CE:ECHR:1996:0625JUD001977692), párr. 50; sentencia de 28 de mayo de 2002, *Stafford v. United Kingdom*, asunto 46295/99) (ECLI:CE:ECHR:2002:0528JUD004629599), párr. 63; sentencia de 12 de febrero de 2008, *Kafkaris v. Chipre*, asunto 21906/04 (ECLI:CE:ECHR:2008:0212JUD002190604), párr. 116; sentencia de 21 de octubre de 2013,

de que la detención sea conforme a la ley incluye como condición inexorable que su aplicación no se realice de manera arbitraria:

> "a necessary element of the 'lawfulness' of the detention within the meaning of Article 5 § 1 (e) is the absence of arbitrariness. The detention of an individual is such a serious measure that it is only justified where other, less severe measures have been considered and found to be insufficient to safeguard the individual or public interest which might require that the person concerned be detained. That means that it does not suffice that the deprivation of liberty is executed in conformity with national law but it must also be necessary in the circumstances."[33]

El CEDH distingue entre las restricciones y la privación del derecho de libertad de circulación, como dos formas de limitación con diferente regulación jurídica. Concretamente, el artículo 5 refiere a la privación y el Protocolo 4 a otras restricciones. De acuerdo con la jurisprudencia del TEDH, la diferencia entre una y otra no estriba en la naturaleza o esencia de la medida, sino que depende del grado o intensidad de la restricción:

> "Para determinar si una persona es 'privada de su libertad' en el sentido del artículo 5, hay que conocer su situación concreta y tener en cuenta una serie de criterios como el género, la duración, los efectos y la manera de aplicación de la medida"[34].

Del Río Prada v. España, asunto 42750/09 (ECLI:CE:ECHR:2013:1021JUD004275009), párr. 125.

33 TEDH, Segunda Sección, sentencia de 4 de abril de 2000, *Witold Litwa v. Poland,* asunto 26629/95 (ECLI:CE:ECHR:2000:0404JUD002662995), párr. 78. En igual sentido: *Amuur v. France,* cit., asunto 19776/92, párr. 50; *A. and others v. The United Kingdom,* asunto 3455/05 (ECLI:CE:ECHR:2009:0219JUD000345505), párr. 164.

34 TEDH, Gran Sala, *Austin and others v. The United Kingdom,* sentencia de 15 de marzo de 2012, asuntos 39692/09, 40713/09, 41008/09 (ECLI:CE:ECHR:2012:0315JUD003969209), párr. 57.

El artículo 5 del CEDH reconoce el derecho a la libertad y seguridad personal y establece una serie de garantías especiales contra la privación arbitraria del derecho. Esta disposición enumera una serie de motivos por los que la privación de libertad se considera justificada. Entre tales motivos, la norma refiere a dos supuestos que autorizan la detención en el contexto migratorio; estos son: i) "para asegurar el cumplimiento de una obligación establecida por la ley" (párr. b); y ii) "para impedir su entrada ilegal en el territorio o contra la cual esté en curso un procedimiento de expulsión o extradición" (párr. f).

Por otro lado, de modo similar al art. 12 del PIDCP, el artículo 2 del Protocolo 4 del CEDH reconoce el derecho a la libertad de circulación a "[t]oda persona que se encuentre legalmente en el territorio de un Estado" (párr. 1), y establece cuáles son las únicas restricciones válidas:

> "[aquellas que] previstas por la ley, constituyen medidas necesarias, en una sociedad democrática, para la seguridad nacional, la seguridad pública, el mantenimiento del orden público, la prevención del delito, la protección de la salud o de la moral, o la protección de los derechos y libertades de terceros" (Protocolo 4, art. 2 párr. 3).

Al igual que el PIDCP, el sistema europeo de protección de derechos humanos condiciona el reconocimiento pleno del derecho a la libertad de circulación a la condición regular de la entrada y permanencia en el Estado. Por el contrario, la libertad de circulación de las personas en situación migratoria irregular puede ser restringida, siempre que así lo disponga la ley y que existan motivos suficientes para justificar la afectación del derecho.

En el caso *Ilias y Ahmed*[35], el TEDH señaló los criterios que permiten distinguir entre una restricción de la libertad de circulación y una privación de libertad en el contexto del confinamiento

---

35 TEDH, Gran Sala, sentencia de 21 de noviembre de 2019, *Ilias and Ahmed v. Hungary*, asunto 47297/15 (ECLI:CE:ECHR:2019:1121JUD004728715).

de extranjeros en las zonas de tránsito de los aeropuertos y en los centros de recepción, según lo dispuesto en el art. 5 del CEDH. Los demandantes en el caso fueron dos bangladeshíes que llegaron a Hungría desde Serbia el 15 de septiembre de 2015 y entraron en la zona de tránsito de Röszke, en territorio húngaro. Sus solicitudes de asilo fueron rechazadas el mismo día de su llegada y permanecieron casi un mes en la zona de tránsito en espera de la resolución definitiva del procedimiento. Tras la denegación judicial de sus solicitudes de asilo, el 8 de octubre de 2015 los demandantes fueron expulsados a Serbia. Una vez ante el TEDH, la controversia entre las partes giró en torno a la calificación como detención del tiempo de permanencia en la zona de tránsito. El Tribunal de Estrasburgo resolvió que en el caso no hubo una privación de libertad en los términos del artículo 5 del CEDH[36]. Para ello, sentó una serie de criterios que no son necesariamente acumulativos y que atienden a los siguientes elementos[37]: 1) el carácter voluntario o forzado del ingreso y la permanencia en el centro de estancia o acogida; 2) la calificación legal que otorga el Estado a la "retención"; 3) la intención de las autoridades de privar de la libertad de circulación; 4) la proporcionalidad de la duración de la medida con relación al objetivo que persigue (prevenir la entrada irregular, asegurar la expulsión o examinar la solicitud de asilo); 5) la fijación de un plazo máximo de la medida y el reconocimiento del derecho a recurrir judicialmente la decisión en un procedimiento acelerado; 6) el cumplimiento de las obligaciones derivadas de la Convención sobre el Estatuto de los Refugiados y la posibilidad de que el migrante retenido solicite asilo; 7) las condiciones de la permanencia, el nivel de control por parte de las autoridades y la posibilidad del migrante de tener comunicación con el exterior; y 8) la posibilidad de salir del centro o la zona de tránsito hacia otro Estado sin una amenaza directa para su vida o su salud.

---

36 TEDH, *Ilias and Ahmed v. Hungary*, op. cit., párr. 249.

37 TEDH, *Ilias and Ahmed v. Hungary*, op. cit., párr. 217 a 248.

III. LA DETENCIÓN DE SOLICITANTES DE ASILO

De manera simultánea a la implementación de mecanismos de detención de migrantes, las personas solicitantes de asilo han sido progresivamente consideradas y tratadas como sujetos pasibles de ser detenidos (Costello y Mouzourakis, 2016). Las restricciones al derecho a la libertad de circulación se han convertido gradualmente en un dispositivo común para el control y la gestión de las migraciones, incluidos los movimientos de eventuales solicitantes de asilo, bajo el fundamento de la necesidad de evaluar a quienes arriban por vías irregulares y seleccionar a aquellos con derecho a cruzar la frontera e ingresar al sistema de protección internacional.

En el ámbito de los sistemas de asilo, las diferentes formas de detención a efectos administrativos han sido justificadas como mecanismos para distinguir aquellas personas con una pretensión "auténtica" de protección internacional y evitar los abusos de aquellas que no reúnen las condiciones para ser reconocidas como refugiadas. Como sostiene Cornellise (2016), es posible observar una relación triangular imprecisa entre la solicitud de protección internacional, la denegación de entrada al territorio y la privación de libertad, especialmente en los procedimientos de frontera.

Conforme el Derecho internacional de refugiados, la detención de solicitantes de asilo es una medida sumamente excepcional (Edwards, 2011). No obstante, como se analiza a continuación, en el Derecho de la UE es posible advertir que dos de los tres modelos de detención se dirigen específicamente contra solicitantes de asilo. En cualquier caso, en el plano jurídico y a modo de garantía derivada del Derecho internacional de refugiados, la medida no puede significar un castigo debido a la entrada o la permanencia en situación irregular.

1. La regulación en la Convención sobre el Estatuto de los Refugiados

La Convención sobre el Estatuto de los Refugiados no contiene una disposición específica sobre la detención de personas refugiadas. No obstante, los artículos 26 y 31 establecen garantías que los Estados están obligados a observar de manera ineludible al momento de aplicar cualquier medida que pueda suponer una restricción a la libertad de circulación. Estos dos artículos de la Convención de Ginebra de 1951 deben ser entendidos de manera sistemática como normas complementarias (De Bruycker *et al.*, 2015: 31), de tal modo que las garantías que ofrecen a la libertad de circulación sean dirigidas no sólo a personas reconocidas como refugiadas sino también a aquellas solicitantes de protección internacional durante la tramitación del procedimiento.

El artículo 26 de la Convención de Ginebra dispone que los Estados deben reconocer el derecho a la libertad de residencia y circulación a los refugiados "que se encuentren legalmente en el territorio", bajo la condición de que "observen los reglamentos aplicables en las mismas circunstancias a los extranjeros en general". Al respecto, siguiendo la interpretación de Hathaway (2005) sobre los trabajos preparatorios de la Convención, la expresión "legalmente" (*lawfully presence*) debe entenderse referida a la circunstancia de haber presentado una solicitud de asilo, siendo suficiente que el procedimiento se encuentre en curso, aunque aún no haya una resolución definitiva sobre el reconocimiento del estatuto de refugiado (Hathaway, 2005: 175). Conforme esta regla, en el ámbito del SECA, la Directiva sobre procedimientos reconoce que la persona solicitante de protección tiene derecho a permanecer en el territorio del Estado miembro durante la tramitación de la solicitud[38]. De

---

[38] Directiva 2013/32/UE del Parlamento Europeo y del Consejo, de 26 de junio de 2013, sobre procedimientos comunes para la concesión o la retirada de la protección internacional, op. cit., art. 9.1: "Los solicitantes estarán autorizados a permanecer en el Estado

todos modos, en el caso de los solicitantes de asilo, la norma habilita la aplicación del régimen de extranjería y, en consecuencia, de la detención (Costello y Mouzourakis, 2016: 50). De hecho, la Directiva de procedimientos aclara expresamente que la autorización de permanencia se concede únicamente a efectos del procedimiento y no constituye un derecho a obtener un permiso de residencia.

A su vez, el primer párrafo del artículo 31 de la Convención hace referencia a aquellas personas que se encuentren "ilegalmente" en el territorio del Estado, y establece que las restricciones a la libertad del solicitante de asilo no pueden ser implementadas como una sanción penal motivada por su entrada irregular. No obstante, en el párrafo segundo de la misma disposición, la Convención no prohíbe la detención de solicitantes de asilo u otras restricciones a la libertad de circulación, bajo la condición de que tengan carácter administrativo y sean necesarias en el marco del procedimiento de asilo.

> Artículo 31: "Refugiados que se encuentren ilegalmente en el país de refugio.
> 1. Los Estados Contratantes no impondrán sanciones penales, por causa de su entrada o presencia ilegales, a los refugiados que, llegando directamente del territorio donde su vida o su libertad estuviera amenazada en el sentido previsto por el artículo 1, hayan entrado o se encuentren en el territorio de tales Estados sin autorización, a condición de que se presenten sin demora a las autoridades y aleguen causa justificada de su entrada o presencia ilegales.
> 2. Los Estados Contratantes no aplicarán a tales refugiados otras restricciones de circulación que las necesarias; y tales restricciones se aplicarán únicamente hasta que se haya regularizado su situación en el país o hasta que el refugiado obtenga su admisión en otro país. Los Estados Contratantes concederán a tal

---

miembro, únicamente a efectos del procedimiento, hasta que la autoridad decisoria haya dictado una resolución de conformidad con los procedimientos en primera instancia establecidos en el capítulo III. Ese derecho a permanecer no constituirá un derecho a obtener un permiso de residencia."

refugiado un plazo razonable y todas las facilidades necesarias para obtener su admisión en otro país."

El principio de necesidad exige que la detención no se aplique exclusivamente por el interés o conveniencia de las autoridades, sino por representar una medida ineludible para el desarrollo del procedimiento de asilo en el caso concreto (Grahl-Madsen, 1997: 106). En consecuencia, la duración de la detención se puede extender hasta el momento de la regularización de la permanencia en el territorio[39]. Asimismo, la medida no puede imponerse con finalidad disuasoria dirigida a desincentivar las llegadas de solicitantes de asilo (Noll, 2011: 77-78)[40].

Como sostienen las Directrices del ACNUR sobre detención de solicitantes de asilo:

> "Estos derechos en su conjunto – el derecho a buscar asilo, la no penalización por entrada o estancia irregular y los derechos a la libertad y a la seguridad personal y a la libertad de circulación– significan que la detención de solicitantes de asilo debe ser una medida de último recurso, y que la libertad es la situación predeterminada" (ACNUR, 2012: 13).

En suma, la lectura del artículo 31 debe realizarse de manera integral, dado que sus dos párrafos se hallan inextricablemente relacionados, de tal modo que una medida de detención administrativa que no cumpla las condiciones establecidas en el párrafo segundo puede aparejar una detención de naturaleza penal, prohibida según el primer párrafo (Noll, 2011: párr. 76; Goodwin-Gill, 2003: 196; Wilsher, 2012: 136; Majcher, 2013:

---

[39] Como explica Noll (2011: párr. 115), la regularización no requiere necesariamente el reconocimiento del estatuto de refugiado, sino que puede producirse previamente mediante la admisión de la solicitud de asilo.

[40] En igual sentido: United Nations High Commissioner for Refugees, Executive Committee, *Note on International Protection*, A/AC.96/643, 9.8.1984, párr. 29.

16). En tales circunstancias, la naturaleza de la detención en el marco del sistema de asilo se desdibuja y puede derivar en una medida dirigida al control y la prevención de la migración irregular, o en una medida punitiva cuando la entrada o permanencia irregular sea considerada un ilícito penal.

2. La detención de solicitantes de asilo en la Unión Europea

Al momento de analizar el marco jurídico sobre la detención de solicitantes de asilo, es posible identificar determinadas asimetrías en la regulación internacional y europea. El Derecho internacional de derechos humamos permite la privación de la libertad de circulación como una medida excepcional de último recurso. Por su parte, el Derecho internacional de refugiados se asienta en la presunción de la condición de refugiado del solicitante de asilo. Si bien el Derecho de la UE sigue estos lineamientos generales de la normativa internacional, la confluencia entre la política de asilo y las medidas dirigidas a la prevención de la migración irregular entraña el riesgo de que los solicitantes de asilo sean considerados previamente como migrantes irregulares, con posibilidad de ser sancionados por su entrada no autorizada y de ser detenidos hasta que se determine su derecho al reconocimiento de protección internacional.

La libertad de circulación no constituye un derecho absoluto, pero, en cualquier caso, las restricciones deben ser conformes a los principios de legalidad, necesidad y proporcionalidad. Según tales principios, atendiendo al carácter esencial del derecho a la libertad, cualquier restricción debe aplicarse de manera excepcional, contar con una base legal que establezca el procedimiento y los supuestos en los que puede ser aplicada. El Derecho internacional de derechos humanos obliga a los Estados miembros, tanto en el plano regional e internacional, compuesto respectivamente por el CEDH y la CDFUE y por el PIDCP. Al respecto, el artículo 5.1 del CEDH, el artículo 6 de la CDFUE y el artículo 9 del PIDCP reconocen el derecho fundamental a la libertad personal. En particular, la libertad de circulación se encuentra contemplada en el artículo 2 del Protocolo 4 del CEDH y el artículo 12 del PIDCP, y como regla general obliga al Estado a garantizar la circulación por todo su territorio a toda persona que se encuentre en él de manera regular.

Por su parte, las normas del SECA prevén dos tipos de detención de solicitantes de asilo, ambas relacionadas con la superposición de categorías subjetivas, entre el migrante irregular y el solicitante de asilo. La Directiva 2013/33, sobre las normas de acogida[41], se refiere a la detención como "internamiento", y define a esta medida como "el confinamiento de un solicitante por un Estado miembro en un lugar determinado donde se priva al solicitante de la libertad de circulación"[42]. En concreto, la falta de vías regulares de acceso y las dificultades para cumplir con los requisitos formales de entrada provocan que los solicitantes sean considerados como migrantes irregulares mientras se encuentran en zonas de tránsito o sujetos al procedimiento del Reglamento Dublín III (Costello y Mouzourakis, 2016). De tal modo que las reglas comunes del asilo en la UE habilitan la detención administrativa, justificada en el ejercicio del control migratorio durante el procedimiento de asilo.

En el caso de las personas solicitantes de asilo, el TEDH ha reconocido la legitimidad de las restricciones a la libertad que se fundamentan en el poder de los Estados de prevenir la inmigración irregular, siempre que las medidas se combinen con garantías adecuadas para el respeto de sus obligaciones internacionales, principalmente aquellas derivadas de la Convención sobre el Estatuto de los Refugiados y del CEDH. Al respecto, el Tribunal de Estrasburgo ha sostenido que "el deseo legítimo de los Estados de hacer fracasar los intentos cada vez más frecuentes de esquivar las restricciones a la inmigración no

---

41 Directiva 2013/33/UE, op. cit.

42 Directiva 2013/33/UE, op. cit., art. 2.h.

debe privar a los solicitantes de asilo de la protección acordada por dichas convenciones"[43]. No en vano el Grupo de Trabajo sobre Detención Arbitraria sostuvo que "tipificar como delito la entrada ilegal en el territorio de un Estado trasciende el interés legítimo de los Estados de controlar y regular la inmigración ilegal y da lugar a detenciones innecesarias"[44].

Según la jurisprudencia del TEDH, la ausencia de una base legal conlleva la anulación de la restricción[45]. Asimismo, aun cuando exista una base legal, es necesario valorar los efectos de la medida con independencia de su calificación jurídica. Al respecto, la detención puede producirse en las situaciones de "retención" de los solicitantes de asilo en las fronteras o en zonas internacionales. A fin de determinar cuándo una retención reviste la condición de detención, siguiendo los estándares fijados en *Engels vs. the Netherlands*[46] –analizados más arriba–, el Tribunal de Estrasburgo ha señalado que debe tenerse en

---

43 TEDH, *Amuur v. Francia,* cit., párr. 43: "Holding aliens in the international zone does indeed involve a restriction upon liberty, but one which is not in every respect comparable to that which obtains in centres for the detention of aliens pending deportation. Such confinement, accompanied by suitable safeguards for the persons concerned, is acceptable only in order to enable States to prevent unlawful immigration while complying with their international obligations, particularly under the 1951 Geneva Convention Relating to the Status of Refugees and the European Convention on Human Rights. States' legitimate concern to foil the increasingly frequent attempts to circumvent immigration restrictions must not deprive asylum-seekers of the protection afforded by these conventions."

44 Naciones Unidas, Informe del Grupo de Trabajo sobre la Detención Arbitraria, A/HRC/7/4 10 de enero de 2008, pág. 18.

45 En *Khlaifia and others v. Italy,* cit., la Gran Sala del TEDH resolvió que la privación de libertad para la toma de huellas dactilares, sin contar con una base legal, constituye una vulneración del artículo 5 del CEDH (TEDH, Gran Sala, *Khlaifia and others v. Italy,* sentencia de 15 de diciembre de 2006, asunto 16483/12 -ECLI:CE:ECHR:2016:1215JUD001648312-).

46 TEDH, *Engels v. the Netherlands,* cit.

cuenta un conjunto de factores[47]: 1) la situación individual del solicitante y sus posibilidades reales de decisión sobre la salida del lugar donde se encuentra retenido; 2) el régimen legal al que queda sometido y, en concreto, cuál es la finalidad de la medida y cuáles son las garantías procesales; 3) la duración de la medida, atendiendo especialmente a su proporcionalidad con respecto a la finalidad que persigue; y 4) la naturaleza y el grado de la restricción a la libertad, considerando no sólo la medida por sí sola sino también la experiencia del solicitante. A la luz de estos estándares, por ejemplo, en *J.R. and others v. Greece*, el TEDH consideró que configuraba detención la prohibición de salida impuesta a tres personas de nacionalidad afgana en el hotspot Vial en Chios, con el objetivo de hacer efectivo su retorno en virtud de la Declaración UE-Turquía[48], aunque el Estado calificara la medida como una "restricción de libertad"[49].

Desde la presentación de la solicitud de asilo, se activan en todo caso los derechos y garantías contemplados en la Convención sobre el Estatuto de los Refugiados. De conformidad con lo dispuesto en el derecho primario de la Unión (TFUE, art. 78) y en la CDFUE (art. 18), la política común de asilo debe respetar las normas de la Convención[50]. Así lo reconoce

---

47 TEDH, Gran Sala, *Ilias and Ahmed v. Hungary*, cit.; TEDH, Gran Sala, *Z.A. and others v. Russia*, sentencia de 21 de noviembre de 2019, asuntos 61411/15, 61420/15, 61427/15 y 3028/16 (ECLI:CE:ECHR:2019:1121JUD006141115), párr. 138.

48 Consejo Europeo, Comunicado de prensa, Declaración UE-Turquía, op. cit.

49 TEDH, *J.R. and others v. Greece*, sentencia de 25 de enero de 2018, asunto 22696/16 (ECLI:CE:ECHR:2018:0125JUD002269616).

50 En este sentido, el TJUE sostuvo en *Salahadin Abdulla y otros*: "[...] la Convención de Ginebra constituye la piedra angular del régimen jurídico internacional de protección de los refugiados y que las disposiciones de la Directiva relativas a los requisitos para la concesión del estatuto de refugiado y al contenido de éste fueron adoptadas para guiar a las autoridades competentes de los Estados miembros

la reiterada jurisprudencia del TJUE, en cuanto sostiene que "la Convención de Ginebra constituye la piedra angular del régimen jurídico internacional de protección de los refugiados y las disposiciones de esta Directiva [sobre reconocimiento] fueron adoptadas para guiar a las autoridades competentes de los Estados miembros en la aplicación de la citada Convención, sobre la base de conceptos y criterios comunes"[51].

Por tanto, en materia de detención y restricciones a la libertad de solicitantes de asilo, la UE debe cumplir con las directrices de los artículos 26 y 31 de la Convención de Ginebra de 1951, que ordenan a los Estados garantizar el derecho de libertad de circulación y no aplicar restricciones más allá de lo estrictamente necesario. Si bien el Derecho de la UE no contiene normas similares a los artículos 26 y 31 de la Convención, los instrumentos jurídicos del SECA realizan remisiones directas a la Convención como norma base del Derecho de refugiados, lo que permite sostener que tales disposiciones deben ser plenamente operativas en el funcionamiento del SECA. En concreto, el Reglamento de Dublín III, que añade una nueva modalidad de detención en el ámbito de la UE, reconoce que el internamiento de solicitantes de asilo debe realizarse conforme al artículo 31 de la Convención de Ginebra[52].

---

en la aplicación de la citada Convención, sobre la base de conceptos y criterios comunes.'" (TJUE, Gran Sala, *Salahadin Abdulla y otros,* sentencia de 2 de marzo de 2010, asuntos acumulados C-175/08, C176/08, C-178/08 y C-179/08 -ECLI:EU:C:2010:105-, párr 52).

51 TJUE, Sala Cuarta, *H.N. v. Minister for Justice, Equality and Law Reform and others,* sentencia de 8 de mayo de 2014, asunto C-604/12 (EU:C:2014:302), párr. 27; en referencia a lo resuelto en TJUE, Sala Cuarta, *Minister voor Immigratie en Asiel contra X e Y y Z contra Minister voor Immigratie en Asiel,* sentencia de 7 de noviembre de 2013, asuntos acumulados C-199/12 a C-201/12 (EU:C:2013:720), párr. 39 y jurisprudencia allí citada.

52 Reglamento (UE) 604/2013, op. cit., considerando 20. La anterior Directiva 2004/83/UE disponía que el artículo 31 era aplicable en

Este entendimiento debe prevalecer a pesar de lo resuelto por el TJUE en *Qurbani*. En este asunto, el Tribunal de Luxemburgo resolvió que carecía de competencia para interpretar el artículo 31 de la Convención ya que en el Derecho de la UE no existía una norma de contenido similar y que los Estados miembros han conservado determinadas competencias en la materia cubierta por el artículo 31[53]. La resolución respondía así a una cuestión procedimental, relativa a su competencia para interpretar tratados internacionales y otras normas que no forman parte en sentido estricto del Derecho de la UE.

En el asunto *Qurbani*, el tribunal regional superior de Bamberg (Alemania) planteó una cuestión prejudicial ante el TJUE en el marco de un proceso penal contra el Sr. Qurbani, nacional afgano que había ingresado en avión desde Grecia a Alemania con un pasaporte falso y haciendo uso de los servicios de un portador de fronteras. En el aeropuerto fue detenido tras detectarse la falsificación e inmediatamente solicitó asilo. Durante la tramitación del procedimiento de asilo, el tribunal de distrito dictó una resolución penal contra el solicitante por los delitos de entrada ilegal, presencia irregular, presencia irregular sin pasaporte y falsedad documental. Tras ser absuelto en virtud del régimen nacional e internacional sobre incompatibilidad entre la condena penal y el derecho de asilo, la fiscalía presentó un recurso de revisión planteando la inaplicabilidad del artículo 31 de la Convención de Ginebra respecto a otros delitos diferentes a la entrada irregular y atendiendo al hecho de que, al entrar en territorio alemán, el solicitante no provenía del Estado de persecución sino de otro Estado miembro de la UE. Ante ello, el tribunal requirente planteó ante el TJUE

---

aquellos casos en que se denegara o revocara el estatuto de refugiado a una persona que fuera considerada un peligro para la seguridad del Estado o de la sociedad con motivo de un delito de especial gravedad.

53 TJUE, sentencia de 17 de julio de 2014, *Mohammad Ferooz Qurbani*, asunto C-481/13, EU:C:2014:2101, párr. 26.

tres preguntas: si la exclusión de la pena consagrada en el artículo 31 de la Convención de Ginebra incluye el delito de falsificación de pasaporte (cuando dicho pasaporte no es necesario para solicitar asilo); si el uso de servicios de portadores de fronteras impide invocar la aplicación del artículo 31; si el requisito del artículo 31 de que la persona llegue "directamente" del territorio donde sufre persecución se cumple cuando el solicitante haya ingresado previamente a otro Estado miembro de la UE. Debido a que las preguntas se dirigían a la interpretación directa de una norma contenida en la Convención de Ginebra, sin contener ninguna mención a las normas del Derecho de la Unión, el TJUE declaró su incompetencia para resolver la cuestión prejudicial según los límites señalados en el artículo 267 del TUE[54]. La decisión fue criticada por su marcado enfoque formalista (Moreno-Lax, 2019: 67) y por ser una oportunidad perdida para resolver las dudas que plantea la aplicabilidad del artículo 31 de la Convención de Ginebra en el marco del Derecho de la Unión (Holiday, 2014).

Siguiendo una línea similar a la asentada en la jurisprudencia del TEDH en *Ilihas y Ahmed*, el TJUE ha establecido una serie de factores que deben tomarse en consideración al momento de definir una medida como internamiento en el contexto migratorio[55]. Como explica Ruiz Ramos (2021: 366), para el Tribunal de Luxemburgo existen cinco elementos fundamentales a tener en cuenta: la situación de aislamiento del migrante, la obligación de permanecer en un lugar determinado, el carácter cerrado del lugar en el que tiene lugar, el control y

---

54 Para mayor análisis de la sentencia, véase: Holiday (2014).

55 TJUE, Gran Sala, sentencia de 14 de mayo de 2020, *FMS y otros contra Országos Idegenrendészeti Főigazgatóság Dél-alföldi Regionális Igazgatóság* [Dirección General Nacional de la Policía de Extranjería, Dirección Regional de Dél-alföd, Hungría] *y Országos Idegenrendészeti Főigazgatóság* [Oficina de Inmigración y Asilo, Dirección Regional de Dél-alföd, Hungría], asuntos acumulados C-924/19 PPU y C-925/19 PPU (ECLI:EU:C:2020:367), párr. 216 a 231.

las limitaciones impuestas sobre los movimientos del migrante dentro del establecimiento donde se encuentre, y la posibilidad "legal" de abandonar el lugar de manera voluntaria e ingresar en otro Estado (entendiendo que el carácter "legal" se configura por la posibilidad de ingresar regularmente a otro Estado y la circunstancia de que la salida no apareje el archivo de la solicitud de asilo)[56].

2.1. La detención durante el procedimiento de asilo

El Derecho de la UE prevé la posibilidad de que, durante el procedimiento de asilo, los Estados impongan de manera excepcional medidas de restricción a la libertad de circulación y de detención o internamiento. La Directiva sobre condiciones de acogida establece la libertad de circulación como regla general, de tal modo que las prácticas de detención como dispositivo automático e indiscriminado para la gestión de las solicitudes de asilo resultan contrarias al marco jurídico de la Unión (Tsourdi, 2016a: 17).

Las restricciones se encuentran contempladas en diferentes instrumentos que regulan el funcionamiento del SECA:

- Directiva 2013/33/UE del Parlamento Europeo y del Consejo, de 26 de junio de 2013, por la que se aprueban

---

56 De conformidad a la Directiva 2013/32/UE sobre procedimientos, op. cit., el TJUE define el internamiento de un solicitante de asilo en los siguientes términos, que considera aplicables también en los supuestos de detención de migrantes irregulares en el marco de la Directiva 2008/115/CE de retorno: "el internamiento de un solicitante de protección internacional, en el sentido del artículo 2, letra h), de la Directiva 2013/33, constituye una medida coercitiva que lo priva de la libertad de circulación y lo aísla del resto de la población, obligándolo a permanecer sin solución de continuidad en un perímetro restringido y cerrado." (TJUE, *FMS y otros*, cit., párr. 123).

normas para la acogida de los solicitantes de protección internacional (refundición)[57].

- Directiva 2013/32/UE del Parlamento Europeo y del Consejo, de 26 de junio de 2013, sobre procedimientos comunes para la concesión o la retirada de la protección internacional[58].

- Reglamento (UE) 604/2013 del Parlamento Europeo y del Consejo, de 26 de junio de 2013, por el que se establecen los criterios y mecanismos de determinación del Estado miembro responsable del examen de una solicitud de protección internacional presentada en uno de los Estados miembros por un nacional de un tercer país o un apátrida (Reglamento de Dublín III)[59].

Este marco jurídico establece que la libertad de circulación de personas solicitantes de asilo y refugiadas constituye la regla. A diferencia de lo que sucede en otros ordenamientos jurídicos, como el australiano (según el cual, todo solicitante de asilo que arribe por vía marítima irregular es detenido)[60], el Derecho de la UE limita el poder de detención y establece que las restricciones a la libertad de circulación proceden únicamente en supuestos determinados. El mero hecho de solicitar asilo no puede configurar un supuesto habilitante de detención, sino que deben reunirse condiciones suficientes que justifiquen la privación de libertad como último recurso.

---

57 Directiva 2013/33/UE, op. cit.

58 Directiva 2013/32/UE, op. cit.

59 Reglamento (UE) 604/2013, op. cit.

60 Australia ha recibido condenas del Comité de Derechos Humanos por detener a inmigrantes sin realizar previamente un examen individual del caso. Véase, por ejemplo: *F.K.A.G. v. Australia,* Dictamen de 26 de julio de 2013, Comunicación No. 2094/2011, CCPR/C/108/D/2094/2011.

En general, las diferentes formas de privación de libertad de solicitantes de asilo suelen tener lugar en los procedimientos de fronteras, ya sea en centros de detención o porque las circunstancias fácticas configuran una privación de libertad de naturaleza similar (Cornellise, 2016: 75). Estos procedimientos se llevan a cabo al momento del cruce de fronteras, a fin de examinar la solicitud de protección internacional con anterioridad a la autorización de ingreso al territorio.

A ello se añade que, en virtud del artículo 7 de la Directiva sobre condiciones de acogida, la libertad de circulación se garantiza en todo el territorio del Estado. Como regla general, el solicitante de asilo debe informar su domicilio y cualquier cambio a las autoridades del Estado (art. 7.5). La norma establece como excepciones la posibilidad de que el Estado asigne una zona determinada a la que quedará restringida la libertad de circulación. En este último caso, se prevé que la zona asignada "no afectará a la esfera inalienable de la vida privada y ofrecerá suficiente margen para garantizar el acceso a todos los beneficios concedidos con arreglo a la presente Directiva" (art. 7.1).

Asimismo, el Estado puede asignar una residencia al solicitante de asilo cuando concurran determinados motivos: "razones de interés público, de orden público o cuando así lo requieran la tramitación rápida y la supervisión eficaz de su solicitud de protección internacional" (art. 7.2). La conformidad de esta última restricción con el marco jurídico internacional y europeo de derechos humanos ha sido puesta en duda, teniendo en cuenta que, entre los motivos que justifican las restricciones según el PIDCP y el CEDH (la seguridad nacional, el orden público, la salud o moral públicas, y los derechos y libertades de otro), no se encuentra mencionado el "interés público" ni la "tramitación rápida" y la "supervisión eficaz" de la solicitud de asilo (De Bruycker *et al.*, 2015: 35). En cualquier caso, conforme al artículo 7.4 de la Directiva sobre condiciones de acogida, tanto en las zonas como en las residencias asignadas, los Estados miembros deben conceder permisos temporales de salida, cuya decisión se adoptará de forma individual, objetiva y se resolverá de manera motivada en caso de ser negativa.

2.2. Las condiciones de la detención

De acuerdo con la Directiva 2013/33/UE sobre las normas para la acogida, la libertad de circulación como regla implica que nadie puede ser detenido por el solo motivo de solicitar protección internacional[61]. El ámbito espacial de este marco jurídico alcanza todas las solicitudes de asilo presentadas en el territorio de los Estados miembros, incluyendo las fronteras, las aguas territoriales y las zonas de tránsito (art. 3.1)[62]. Las circunstancias que habilitan la detención son excepcionales y deben cumplir con los principios de necesidad y proporcionalidad. La detención debe ser un último recurso en defecto de medidas menos coercitivas o alternativas a la privación de libertad[63].

La Directiva de acogida dispone que la libertad de circulación puede ser restringida a una determinada área y que, durante el procedimiento de asilo, se puede requerir el mantenimiento de la residencia en un determinado lugar[64]. En tales casos, la Directiva establece que la zona asignada no afectará a la "esfera inalienable de la vida privada" y se garantizará el acceso a todos los beneficios previstos en las condiciones de acogida, incluyendo así el acceso al sistema de salud, educación y trabajo. Este límite de la "esfera inalienable de la vida privada" ha sido cuestionado por

---

61 Directiva 2013/33/UE, op. cit., considerando 15, art. 8.1.

62 Asimismo, el considerando 8 de la Directiva 2013/33/UE sobre las normas para la acogida, op. cit., dispone que será de aplicación "en todas las fases y tipos de procedimientos de solicitud de protección internacional, en todos los lugares e instalaciones en los que se alojen los solicitantes y a todo el período en que se les permita permanecer en el territorio de los Estados miembros como solicitantes".

63 Directiva 2013/33/UE, op. cit., considerando 20.

64 Directiva 2013/33/UE, op. cit., art. 7.1 y 7.3.

su insuficiencia para reducir el margen de discrecionalidad de los Estados (Tsourdi, 2016a: 12). Ante ello, resulta fundamental que la potestad del Estado se interprete de manera restrictiva y de conformidad a la norma general de preservación de la libertad de circulación.

La Directiva utiliza el término de "internamiento" para referirse a la medida de detención, que se define como "el confinamiento de un solicitante por un Estado miembro en un lugar determinado donde se priva al solicitante de la libertad de circulación" (art. 2.h). Al respecto, siguiendo a Campesi (2011a), los mecanismos de privación de libertad se caracterizan por la "edulcoración semántica" (*edulcorazione semantica*) mediante la utilización de una amplia variedad de términos ambiguos. Como se señaló anteriormente, según la jurisprudencia del TEDH, debe diferenciarse entre privación de libertad y restricciones a la libertad de circulación. La diferencia no reside en la naturaleza de la medida sino en su intensidad o graduación. De este modo, a fin de determinar si una persona ha sido privada de su libertad en los términos del artículo 5 del CEDH, el TEDH sostiene que se debe tener en cuenta la situación concreta y valorar factores como el tipo de medida implementada, su duración, efectos y forma de aplicación[65]. Así, por ejemplo, en *Amuur c. Francia*[66], el TEDH resolvió que la retención de solicitantes de asilo en la zona internacional del aeropuerto

---

65 TEDH, sentencia de 23 de noviembre de 1976, *Engel and others v. The Netherlands*, cit., párr. 58-59; sentencia de 6 de noviembre de 1980, *Guzzardi v. Italy*, asunto 7367/76 (ECLI:CE:ECHR:1980:1106JUD000736776), párr. 92-93; sentencia de 15 de marzo de 2012, *Austin and others v. the United Kingdom*, asuntos 39692/09, 40713/09 y 41008/09 (ECLI:CE:ECHR:2012:0315JUD003969209), párr. 57; sentencia de 29 de marzo de 2010, *Medvedyev and others v. France*, asunto 3394/03 (ECLI:CE:ECHR:2010:0329JUD000339403), párr. 73.

66 TEDH, *Amuur v. France*, cit., párr. 48-49.

de Paris-Orly, bajo vigilancia policial durante 20 días, debía ser considerada como una medida de detención[67].

Las condiciones de internamiento deben adecuarse al carácter no penal de la medida, de tal modo que se garantice el acceso a espacios al aire libre, el contacto y visita del ACNUR, organizaciones no gubernamentales, familiares, asesores jurídicos o consejeros, y el derecho a la información sobre las normas del centro y sobre sus derechos y obligaciones (Directiva de acogida, art. 10.2 a 5).

El lugar de internamiento debe ser, en principio, un centro especializado para solicitantes de asilo. Cuando el Estado no pueda proporcionar un centro de tales características, se habilita el internamiento en centros penitenciarios, siempre que se cumplan las condiciones de acogida y que los solicitantes se encuentren separados de los presos comunes y, salvo que no fuera posible, de otros nacionales de terceros países que no hayan presentado una solicitud de protección internacional (Directiva de acogida, art. 10.1).

Asimismo, la Directiva de acogida prevé una serie de garantías durante el internamiento, con especial énfasis en el control judicial de la medida (art. 9), y establece un conjunto de salvaguardias especiales en los casos de internamiento de personas vulnerables y de solicitantes con necesidades de acogida especiales, con motivo de salud, edad, familia y género (art. 11).

La Directiva no contiene un plazo máximo de duración de la detención, que podría extenderse durante todo el procedimiento de asilo, lo cual entra en conflicto con lo dispuesto por el artículo 31.2 de la Convención de Ginebra de 1951 que limita el tiempo

---

[67] En igual sentido, TEDH, sentencia de 24 de enero de 2008, *Riad and Idiab v. Belgium*, asuntos 29787/03 y 29810/03 (ECLI:CE:ECHR:2008:0124JUD002978703), párr. 68.

de restricción de libertad hasta el momento de la regularización de la permanencia en el territorio.

2.3. Los supuestos habilitantes de la detención

La orden de internamiento debe adoptarse tras un examen individual de las circunstancias del solicitante de asilo a la luz de los supuestos habilitantes que se encuentran tasados en la Directiva 2013/33/UE sobre las normas de acogida (art. 8). La excepcionalidad de la medida y el carácter taxativo de los supuestos habilitantes representan avances del Derecho de la UE en materia de protección del derecho a la libertad de los solicitantes de asilo y refugiados. Sin embargo, la Directiva establece de manera amplia los motivos que justifican el internamiento, por lo cual la regulación debe ser acompañada de una interpretación restrictiva de los supuestos habilitantes (Tsourdi, 2016a: 28).

La mayoría de los supuestos están vinculados con el cumplimiento de los fines del procedimiento de asilo, ya sea en lo referido al reconocimiento del derecho o para hacer efectiva la expulsión o devolución cuando sea rechazado. No obstante, según la jurisprudencia del TJUE y del TEDH, el motivo de detención de un solicitante de asilo no puede fundamentarse en el retorno, sino que debe sostenerse en los motivos señalados en la Directiva, es decir, la verificación del derecho de entrada al territorio, la identidad, la nacionalidad u otros elementos en los que se basa la solicitud y que no pueden ser obtenidos de otro modo (Tsourdi, 2016a: 27). A estos efectos, la Directiva de retorno resulta inaplicable durante el procedimiento de asilo ya que, mientras la solicitud se encuentre en curso, la situación de permanencia en el territorio no puede considerarse irregular.

Al respecto, el TJUE resolvió en *Kadzoev*[68] que la detención de un solicitante de asilo cuenta con una regulación diferente

---

68 TJUE, sentencia de Gran Sala de 30 de noviembre de 2009, *Said Shamilovich Kadzoev*, asunto C-357/09 (EU:C:2009:741), párr. 45.

a la detención a efectos de retorno, y en *Arslan*[69] precisó que la Directiva de retorno no es aplicable durante el procedimiento de examen de una solicitud de asilo. Asimismo, el TEDH resolvió que la detención a efectos del retorno no era procedente mientras se encontrara pendiente la solicitud de asilo, debido a que la legislación nacional no preveía este supuesto[70].

De este modo, de conformidad al artículo 8.3 de la Directiva 2013/33/UE sobre las normas de acogida, el internamiento procede a efectos de:

- la verificación o determinación de la identidad o nacionalidad;
- la determinación de los elementos en los que se basa la solicitud de protección y que no podrían obtenerse sin el internamiento, como cuando exista riesgo de fuga[71];

---

69 TJUE, sentencia de 30 de mayo de 2013, *Mehmet Arslan,* Case C-534/11 (EU:C:2013:343), párr. 49.

70 TEDH, Sección Primera, sentencia de 25 de septiembre de 2012, *Ahmade v. Greece,* asunto 50520/09 (ECLI:CE:ECHR:2012:0925JUD005052009), párr. 142-144; Sección Primera, sentencia de 7 de junio de 2011, *R.U. v. Greece,* asunto 2237/08 (ECLI:CE:ECHR:2011:0607JUD000223708-), párr. 88-96; Sección Segunda, sentencia de 22 de septiembre de 2015, *Nabil v. Hungary,* asunto 62116/12 (ECLI:CE:ECHR:2015:0922JUD006211612), párr. 35.

71 El riesgo de fuga no se encuentra definido en la Directiva 2013/33. Sin embargo, la Directiva de retorno lo define como: "la existencia de motivos en un caso concreto que se basen en criterios objetivos definidos por ley y que hagan suponer que un nacional de un tercer país sujeto a procedimientos de retorno pueda fugarse" (art. 3.7). Una definición similar contiene el Reglamento de Dublín III en el artículo 2.n. Si bien el objetivo de la detención a efectos de retorno es diferente, como explica Tsourdi (2016a: 21), la misma definición de riesgo de fuga corresponde al aplicar la Directiva 2013/33. De este modo, se garantiza que la presunción del riesgo se basa en criterios objetivos previamente fijados por ley. En *Al Chodor* (TJUE, Sala Segunda, sentencia de 15 de marzo de 2017, asunto C-528/15 -ECLI:EU:C:2017:213-), el TJUE sostuvo que el motivo de riesgo de

- la decisión sobre el derecho de entrada en el territorio;
- la efectividad de una decisión de retorno en aquellos casos que el Estado pueda demostrar que el interesado tuvo previamente la oportunidad de acceder al procedimiento de asilo y hay motivos razonables para pensar que la solicitud de protección internacional se presenta para retrasar o frustrar la decisión de retorno;
- cuando lo exija la protección de la seguridad nacional y el orden público[72];
- para hacer efectivo un traslado con arreglo al artículo 28 del Reglamento de Dublín III.

Como observa Majcher (2013: 16), tres de los seis motivos de detención resultan cuestionables y podrían ser inconsistentes con las Directrices del ACNUR sobre detención de solicitantes de asilo (ACNUR, 2012). El problema radica en que la Directiva concede un amplio margen de discrecionalidad a los Estados, que puede derivar en la introducción de finalidades disuasorias en el régimen de detención. Por otro lado, el motivo de determinación o verificación de la identidad según la Directiva (art. 8.3.a) no se

---

fuga debía encontrarse definido con claridad y de manera exhaustiva en la legislación nacional (Majcher, Flynn, Grange, 2020: 454).

72 Al respecto, las Directrices de ACNUR (2012) sobre la detención de solicitantes de asilo señalan que, si bien la determinación de lo que constituye una amenaza a la seguridad corresponde al Estado, la detención debe ser en todo caso necesaria, no discriminatoria, proporcional a la amenaza y estar sujeta a supervisión judicial (párr. 30). Por otro lado, las Directrices señalan motivos de detención basados en la protección del "orden público" (párr. 28), que en algunos casos se superponen con otros señalados en la Directiva (art. 8.3 a y b): evitar fugas o en casos en que exista probabilidad de falta de cooperación; en procedimientos acelerados para solicitudes manifiestamente infundadas o claramente abusivas; para la identificación inicial y verificación de seguridad; para registrar elementos en los que se basa una solicitud de protección internacional que no se puedan obtener sin recurrir a la detención.

limita a los casos en los que tales circunstancias sean indeterminadas o controvertidas, como instruye el ACNUR en sus Directrices. Además, según estas últimas, la finalidad del control sólo puede consistir en la determinación de la identidad y no de la nacionalidad (ACNUR, 2012: párr. 24), ya que en la práctica la verificación de esta última puede implicar un largo período de tiempo.

2.4. Las medidas alternativas a la detención

Aún en el caso de que el internamiento resulte formalmente procedente, los Estados se encuentran obligados a valorar previamente la implementación de medidas menos coercitivas o alternativas a la detención. A fin de garantizar que la detención mantenga su carácter excepcional y de último recurso, la aplicación de las medidas alternativas sólo corresponde cuando el caso individualmente considerado amerite el internamiento. Las Directrices del ACNUR sobre la detención de solicitantes de asilo sostienen que:

> "las alternativas a la detención no se deben utilizar como formas alternativas de detención, ni las alternativas a la detención deben convertirse en alternativas a la liberación. Por otra parte, no deben convertirse en sustitutos de los habituales mecanismos abiertos de recepción que no implican restricciones a la libertad de circulación de los solicitantes de asilo" (ACNUR, 2012: párr. 38).

No existe un conjunto único y tasado de medidas alternativas a la detención. En todo caso, éstas quedan sujetas a su desarrollo en el ordenamiento del Estado miembro. La Directiva 2013/33 sobre las normas de acogida contiene una lista enumerativa de algunas medidas posibles, mencionando a modo de ejemplos "la presentación periódica ante las autoridades, el depósito de una fianza o la obligación de permanecer en un lugar determinado" (art. 8.4).

Para configurar una alternativa a la detención, la medida no debe implicar una privación de libertad, de modo que permita al solicitante de asilo residir dentro de la comunidad. La Directiva 2013/33 establece que el internamiento debe ser un último recurso y prevé que únicamente se aplicará tras haber examinado medidas alternativas no privativas de libertad[73]. A su vez, teniendo en cuenta que la alternativa puede suponer la imposición de condiciones o restricciones a la libertad, toda medida que se adopte debe respetar otros derechos fundamentales (ACNUR, 2012: párr. 8), como la prohibición de tortura y tratos crueles inhumanos y degradantes, la dignidad, el derecho a la vida privada y familiar y el derecho a un recurso efectivo (Tsourdi, 2016a: 18).

3. La detención en el procedimiento del Reglamento de Dublín III

El artículo 28 del Reglamento de Dublín III[74] añade una modalidad especial de detención en el marco del procedimiento de traslado de aquellas personas sometidas a las reglas de determinación del Estado responsable de tramitar la solicitud de asilo. Siguiendo a Costello (2015: 279), el procedimiento de Dublín configura una categoría especial de solicitantes de asilo pasibles de deportación y, como consecuencia, pasibles de detención[75]. Las condiciones de la detención y las garantías procedimentales son las mismas que deben observarse en la detención durante el procedimiento de asilo, por remisión a la Directiva 2003/33 sobre las normas de acogida, debiendo en todo caso realizarse una evaluación individual y garantizar que la medida se aplique de conformidad con los principios de proporcionalidad y de necesidad. Sin embargo, existen algunas

---

73 Directiva 2013/33, op. cit., considerando 20.

74 Reglamento (UE) 604/2013, op. cit.

75 Costello (2015: 279): "Asylum seekers too are liable to detention, and the Dublin System creates a class of deportable asylum seekers. With deportability comes detainability. This remains notwithstanding the fact that asylum seekers, once they have made their claim, have a temporary right of residence at least in EU law."

diferencias fundamentales que se relacionan con el objetivo específico que persigue la privación de libertad en el marco del procedimiento de determinación del Estado responsable.

En primer lugar, la detención a efectos del traslado al Estado responsable tiene carácter extraordinario y no corresponde su aplicación a toda persona cuya solicitud de asilo deba ser tramitada en otro Estado miembro. El objetivo del internamiento se dirige exclusivamente a garantizar la realización del traslado desde el Estado requirente al Estado responsable, sin que sea posible la inclusión de otras finalidades. De tal modo, según lo dispuesto en el artículo 28 del Reglamento de Dublín III, el único supuesto habilitante para la privación de libertad consiste en la existencia de un "riesgo considerable" de fuga, como se analiza más abajo.

El carácter excepcional de toda medida de detención, aunado a las particularidades del procedimiento de traslado, conllevan que los plazos de este último se abrevien para que la medida de privación de libertad sea lo menos restrictiva posible, al menos en su tiempo de duración. Como consecuencia, el plazo para que el Estado requirente presente la petición de toma a cargo o de readmisión no puede ser superior a un mes, y debe indicar al Estado responsable la necesidad de brindar una respuesta urgente dentro de las dos semanas de recibir la petición. En caso de no haber respuesta por parte del Estado responsable, opera la aceptación tácita del traslado. Por último, en caso de incumplirse cualquiera de los plazos establecidos, el internamiento finaliza y el procedimiento debe continuar con la persona en libertad.

En la práctica, la inclusión de esta modalidad de detención a efectos del traslado incrementa las posibilidades de que los solicitantes de asilo sean privados de libertad. Si bien existe un único supuesto habilitante para la detención, su previsión legal se define en términos ambiguos que otorgan un amplio margen de discrecionalidad a los Estados miembros (ECRE: 2015: 4, Bosworth y Vannier, 2020: 59). Tales extremos contribuyen a la falta de claridad legal sobre los objetivos y la naturaleza de la medida de detención de migrantes en general (De Bruycker y Tsourdi, 2016; Noll, 2003b). Por tanto, el sistema de Dublín puede ser considerado un motivo adicional del incremento del número de personas solicitantes de asilo detenidas en la UE (Bosworth y Vannier, 2020: 55)[76].

3.1. El "riesgo considerable de fuga" como supuesto habilitante

El único supuesto que habilita la detención en el procedimiento de traslado es el "riesgo considerable de fuga". Tal circunstancia de riesgo debe evaluarse de manera individual y, según el artículo 2.n del Reglamento de Dublín III, se configura cuando existan razones basadas en criterios objetivos definidos por ley que, en el caso concreto, permitan pensar que un solicitante de asilo sujeto a un procedimiento de traslado pueda fugarse. Esta definición de "riesgo de fuga" coincide con la prevista en el artículo 3.7 de la Directiva de retorno[77].

Si bien el Reglamento contiene tal definición de "riesgo de fuga", se trata de un concepto amplio librado a la discrecionalidad del Estado. Para configurar el supuesto habilitante, la calificación del riesgo como "considerable" introduce un límite adicional al poder discrecional de detención del solicitante a efectos de su traslado. Sin embargo, la medición del riesgo tampoco está claramente delineada y, en definitiva, puede servir para justificar una mayor dosis de discrecionalidad. Dentro de tales márgenes abiertos, por ejemplo, los Estados podrían disponer que la situación administrativa irregular configura un riesgo de que la persona evada el traslado.

---

[76] La investigación de Bosworth y Vannier (2020) comprueba esta situación en Francia y Reino Unido, y señala que aún faltan datos empíricos para sostener la afirmación en el resto de Estados miembros.

[77] Directiva 2008/115/CE, op. cit.

La delimitación del concepto de "riesgo considerable" fue planteada ante el TJUE en el asunto *Al Chodor*[78]. Ante la amplitud y la ambigüedad del supuesto habilitante en el Reglamento de Dublín III, el Tribunal de Luxemburgo resolvió que este tipo de detención es procedente sólo cuando los criterios para determinar la existencia del "riesgo considerable" de fuga se encuentren previamente definidos por ley.

En el asunto *Al Chodor*, la policía de extranjería de la República Checa había detenido a tres personas para su traslado a Hungría, país en el que habían interpuesto anteriormente sus respectivas solicitudes de asilo. Con anterioridad a su llegada al territorio checo, los tres solicitantes habían permanecido durante dos días en un campo de refugiados en Hungría, de donde habían salido para dirigirse a Alemania y reunirse con miembros de su familia. El riesgo de fuga, según la policía checa, se fundamentaba en que carecían de un permiso de residencia y de un lugar donde alojarse, y que habían abandonado el campo de refugiados en Hungría sin esperar a la resolución de su solicitud de asilo. En consecuencia, se ordenó su detención durante 30 días para hacer efectivo el traslado a Hungría como Estado responsable de tramitar las tres solicitudes de asilo según el Reglamento de Dublín III. La medida fue revocada judicialmente a nivel interno porque la legislación checa no contenía criterios objetivos para definir la existencia del riesgo de fuga. La policía interpuso un recurso de casación ante el Tribunal Supremo de lo Contencioso-Administrativo de República Checa, que para resolver planteó una cuestión prejudicial ante el TJUE. La cuestión prejudicial se dirigía a determinar si era necesario que los criterios de riesgo de fuga se encontraran tasados en la legislación nacional, o bien si el artículo 28 del Reglamento de Dublín III resultaba directamente aplicable.

---

78 TJUE, *Al Chodor*, op. cit.

En su sentencia, el TJUE resolvió que los criterios objetivos de riesgo de fuga deben estar definidos previamente en la legislación nacional. En caso contrario, si tales criterios no se encuentran contenidos en una disposición obligatoria de carácter general, no puede aplicarse el artículo 28.2 del Reglamento de Dublín III y la detención debe considerarse ilegal. La decisión se basó en la definición de "riesgo de fuga" del artículo 2.n del Reglamento, que señala que los criterios de riesgo deben ser establecidos por ley. Asimismo, el TJUE resaltó que ello resultaba acorde con el derecho a la libertad consagrada en el artículo 6 de la CDFUE, de tal modo que toda privación de libertad debe tener motivos razonados, precisos y previsibles, previamente dispuestos por ley.

Como consecuencia, la sentencia señala que la introducción en el Reglamento de Dublín III de la modalidad de detención a efectos del traslado, no contenida en el anterior Reglamento 343/2003[79], configura una garantía adicional a los solicitantes de asilo ya que "impone una limitación importante a la facultad de los Estados miembros de decidir una medida de internamiento"[80]. Si bien la doctrina en general ha entendido que la jurisprudencia sentada en *Al Chodor* puede considerarse una garantía contra la detención sistemática de solicitantes de asilo (Basilien-Gainche, 2017; Sadowski, 2018; 50; Vavoula, 2019: 1052), Bosworth y Vannie (2020: 60) observan que, en el caso de Francia y Reino Unido, la sentencia ha servido para incrementar el número de personas detenidas en el marco de los procedimientos de traslados. Al respecto, las autoras señalan que las legislaciones dictadas en ambos países como consecuencia de *Al Chodor* incluyeron diversos y amplios criterios

---

79 Reglamento (CE) 343/2003 del Consejo, de 18 de febrero de 2003, por el que se establecen los criterios y mecanismos de determinación del Estado miembro responsable del examen de una solicitud de asilo presentada en uno de los Estados miembros por un nacional de un tercer país (DO L 50, 25.2.2003, p. 1-10).

80 TJUE, *Al Chodor*, cit., párr. 34.

para definir el riesgo de fuga, donde predominan los motivos de seguridad y de eficacia del procedimiento sobre el objetivo de brindar protección internacional.

Además, sostienen Bosworth y Vannier (2020), la idea de "riesgo considerable de fuga" intensifica la asociación de la población solicitante de asilo a condiciones de peligrosidad. De este modo, la detención a efectos del traslado expande los alcances de la securitización del asilo, a través de mecanismos de protección, desdibujando así los límites entre el derecho de asilo, la prevención de amenazas a la seguridad y la detención como mecanismo de control migratorio.

IV. CONCLUSIONES

Tradicionalmente la detención de migrantes se ha justificado como una medida administrativa, "aséptica", sin más efectos que el objetivo de verificar el cumplimiento de los requisitos de entrada y de permanencia en el territorio, y garantizar la ejecución de la expulsión de quien carezca de la autorización y se encuentre en situación irregular. Como una manifestación del ejercicio del poder soberano de controlar las fronteras, tanto el Derecho internacional de derechos humanos como el Derecho internacional de refugiados avalan la implementación de la detención de migrantes y solicitantes de asilo, fijando para ello una serie de condiciones que operan a modo de salvaguardias contra la arbitrariedad de la privación de la libertad.

Para que se trate de una medida de control migratorio y no de una medida penal, la detención de migrantes debe estar prevista y regulada por ley y debe tener como objetivos asegurar la identificación cuando sea incierta o indeterminada, comprobar el derecho de entrada, y asegurar la expulsión del territorio. Su finalidad es responder a una estrategia de control de las personas extranjeras que cruzan las fronteras y habitan el territorio. Ninguna detención de naturaleza administrativa puede representar una forma de castigo por la situación de migración irregular; menos aún en el caso de personas en búsqueda de protección internacional.

Desde la implementación del primer sistema de detención migratoria en Estados Unidos en la década de 1980, la privación y las restricciones a la libertad de circulación de migrantes se han expandido a nivel global, a lo largo y ancho de un gran número de países. Con especial énfasis desde los primeros años del siglo XXI, los países de la UE han replicado el modelo de la inmovilidad, como una estrategia de control migratorio en las fronteras y como una garantía de ejecución de las órdenes de expulsión. El incremento de la movilidad humana y la obstrucción de las vías regulares de tránsito y entrada han multiplicado las formas de inmovilidad, en puestos fronterizos, comisarías, campamentos, y diversas modalidades de centros de detención repartidos por el territorio del Estado o por fuera, en islas bajo soberanía propia o de terceros países. Este proceso ha ido de la mano de la securitización de la migración. La percepción de la amenaza activa una estrategia para su contención y parali-zación en los contornos o por fuera del territorio. A su vez, la multiplicidad de formas de detención ha generado una amplia y difusa variedad de términos para hacer referencia a ella: internamiento, estancia, acogida, retención, confinamiento, entre otros.

A lo largo del tiempo y en diferentes geografías, la securitización de la migración ha motivado la contención de los movimientos migratorios en los países de origen y tránsito, mediante estrategias de externalización del control migratorio y fronterizo. Las salidas y el tránsito en condiciones irregulares son bloqueados antes de que las personas alcancen las fronteras de destino. En caso de alcanzarlas, el movimiento se contiene, se controla y se clasifica. Una vez en las fronteras, toda persona que no cumpla los requisitos de entrada será un migrante irregular. Si presenta una solicitud de protección internacional, su categoría pasará a ser la del solicitante de asilo, cuya autenticidad deberá ser verificada. Mientras no exista verificación sobre el cumplimiento de las condiciones de acceso a la protección, la detención del solicitante de asilo seguirá estando justificada.

De este modo, de manera simultánea a la expansión de la detención de migrantes, las personas solicitantes de asilo han sido progresivamente consideradas como sujetos pasibles de detención. La contención de los movimientos migratorios, a través de la privación y las restricciones a la libertad de circulación, se ha convertido gradualmente en un dispositivo común para el control y la gestión de las migraciones, incluidos los movimientos de (eventuales) solicitantes de protección internacional, bajo el argumento de la necesidad de evaluar a las personas que arriban en flujos migratorios "mixtos", seleccionar a aquellos con derecho a cruzar la frontera, y expulsar a aquellos otros sin derecho.

La detención de solicitantes de asilo se inscribe así en la tendencia a impedir la libertad de circulación de migrantes irregulares. De este modo, cuando el Estado detiene a un solicitante de asilo, el control migratorio y la obligación de protección internacional entran en confluencia. Por ello, resulta fundamental identificar las similitudes y diferencias entre la detención de migrantes y la detención de solicitantes de asilo. La semejanza consiste en que ambas operan como medidas de naturaleza administrativa, susceptibles de activarse como último recurso debido a su efecto de privación de la libertad, sin que ello pueda significar una forma de castigo. Esto último cobra especial relevancia en la detención de solicitantes de asilo, ya que, según la Convención sobre el Estatuto de los Refugiados, sus movimientos irregulares no pueden ser castigados.

Por otro lado, la principal diferencia entre la detención de migrantes y la detención de solicitantes de asilo estriba en los objetivos que cada medida puede perseguir a efectos del control migratorio. La detención de migrantes comprende el conjunto de objetivos inherentes al control de las migraciones (identificar, autorizar o no la entrada y permanencia, y expulsar en caso de denegación). Por el contrario, la detención de un solicitante de asilo sólo puede fundamentarse en la identificación, la verificación del derecho de entrada y permanencia, y la comprobación de los elementos en los que se basa la solicitud que no puedan ser obtenidos de otro modo. Mientras se mantenga la condición de solicitante de asilo, y hasta tanto no exista una resolución firme de denegación de la solicitud, el objetivo de la detención no puede consistir en la expulsión, ya que durante el transcurso del procedimiento la permanencia de la persona en el territorio (o en la zona de frontera) no puede considerarse irregular.

Teniendo en cuenta que la detención de migrantes y de solicitantes de asilo consiste en la privación de libertad de circulación, el aporte de las teorías de *crimmigration* y la criminología de fronteras ha consistido en resaltar que, más allá de la naturaleza jurídico administrativa de ambas medidas, en la práctica la detención puede tener efectos punitivos. En este sentido, la detención de migrantes y solicitantes de asilo recurre a mecanismos que son tradicionalmente utilizados por el poder penal para el control y el castigo de la criminalidad. Esta similitud de mecanismos acerca el control migratorio (y del asilo) al control penal. Como resultado de tal acercamiento, la detención de migrantes debería acompañarse de garantías similares a las que acompañan la privación y las restricciones a la libertad de circulación en el ámbito penal.

En el ámbito de la UE, el reforzamiento del control en las fronteras exteriores (como garantía del buen funcionamiento del Espacio Schengen, dirigida a asegurar la libertad de circulación entre fronteras interiores sin controles) ha servido de argumento adicional al mecanismo de detención en zonas de fronteras. En tal contexto, la detención se ha normalizado como técnica de control. Al analizar la política de detención de la UE, es posible advertir tres modelos legales de detención, todos ellos relacionados con el control de la migración irregular. A la par de la detención dirigida al retorno del migrante irregular con orden de expulsión, los otros dos modelos de detención se concentran en el ámbito del asilo. De este modo, la expansión de la política de detención en la UE se ha producido principalmente sobre solicitantes de protección.

Conforme con las reglas del SECA, la privación o las restricciones a la libertad de circulación de solicitantes de asilo se justifican por su asociación a la condición de migrante irregular. El mecanismo se implementa principalmente en las zonas de fronteras, o en aquellos espacios considerados de tránsito, de tal modo que el sistema de asilo se superpone aquí con los mecanismos de control fronterizo y migratorio. El objetivo consiste en determinar la legitimidad de la solicitud de asilo para ser atendida. Por otro lado, en el marco del Reglamento de Dublín III, la asociación entre el asilo y la migración irregular es aún más evidente. La detención para el traslado de solicitantes es consecuencia de la entrada irregular a través del territorio de otro Estado miembro. De este modo, el Reglamento de Dublín introduce una nueva forma de detención de solicitantes de asilo: la detención para el traslado al Estado responsable de la solicitud de asilo. Ello expande aún más el alcance de la privación de libertad en la UE.

La detención como último recurso de control migratorio se activa cuando existan motivos de riesgo y peligrosidad, por lo que su alcance se ha ampliado mediante la proliferación de motivos por los cuales las migraciones son percibidas como amenazas a la seguridad. Ahora bien, la expansión de la detención como mecanismo de control migratorio conduce al interrogante sobre su efectividad real. La multiplicación de las formas de privación y otras restricciones a la libertad de circulación no se ha reflejado en una disminución de los movimientos irregulares de migrantes ni se ha acompañado de vías de acceso al sistema de protección para solicitantes de asilo. Por tanto, el mecanismo se convierte en la práctica en un dispositivo de control social de las personas en las fronteras, a través del cual los migrantes y (eventuales) solicitantes de asilo son contenidos y clasificados.

En definitiva, las diferentes formas de detención de migrantes y solicitantes de asilo se imponen como herramientas de paralización de los movimientos "no deseados", de aquellos considerados "marginales", "inútiles" o "peligrosos". Si bien el SECA es formalmente coherente con la Convención sobre el Estatuto de los Refugiados y la prohibición de imponer sanciones penales por la situación migratoria irregular, la expansión de la detención en el tratamiento de los solicitantes de asilo obedece a un proceso de criminalización en sentido jurídico material, derivado de la criminalización de la migración irregular. Tal proceso tiene lugar mediante la asociación de ambas categorías, entre el migrante irregular y el solicitante de asilo que no cumple las condiciones legales de entrada o permanencia en el territorio. Desde la perspectiva de la persona migrante, la detención se convierte en una parte más de la ruta, especialmente cuando el desplazamiento se produce de manera forzada. No existe mecanismo de inmovilidad capaz de detener la necesidad y búsqueda de protección.

Capítulo 7
CONCLUSIONES

Tras la búsqueda de respuestas a las preguntas de investigación planteadas en la obra, este capítulo presenta en primer lugar las conclusiones finales a las que arribamos. A continuación, se destacan las contribuciones del trabajo al desarrollo del conocimiento sobre el objeto de estudio. Por último, se señalan las limitaciones del análisis, los próximos desafíos que plantea y los nuevos caminos que se abren tras el cierre de este trabajo de investigación.

I. LA MUTACIÓN DE LAS FRONTERAS: EL RECONOCIMIENTO DE DERECHOS A CAMBIO DE SEGURIDAD

La caída del muro de Berlín en 1989 fue el momento simbólico de una nueva era que auguraba una comunidad internacional más conectada. Las reglas del mercado llamaban a una mayor libertad de circulación de productos, servicios y personas, en un espacio internacionalizado donde las fronteras perderían su rigidez. Los muros caían como expresión de la apuesta por la libertad de tránsito. Precisamente para ello se había consagrado en la DUDH de 1948 el derecho a salir del país, incluso del propio. Sin embargo, el derecho de entrada al territorio de otro Estado continuaba siendo incierto, aún en la nueva era. La liberalización de las fronteras prometía hacer realidad esta otra parte esencial del derecho a migrar. No obstante, en la práctica, las fronteras cobraron nuevos sentidos y mutaron sus formas. La globalización potenció la movilidad de las personas entre países. Los llamados flujos migratorios multiplicaron sus rutas atravesando Estados. Sin embargo, la globalización de la movilidad tendría también una migración "no deseada", toda aquella que no fuera funcional al mercado, que no fuera atractiva para el Estado atendiendo a su valor económico, que fuera disruptiva de identidades políticas y sociales pretendidamente homogéneas, que fuera considerada un riesgo para la seguridad y el llamado orden público, aquella cuyo rechazo fuera útil al rédito político. Otros tantos muros se levantaron para contener y controlar los movimientos de aquellos "no deseados".

En el proceso de integración de la UE, el fenómeno reseñado se advierte con notoria claridad y, al mismo tiempo, presenta características peculiares propias de la configuración de una organización de Estados y un espacio económico, político y jurídico compartido. En la evolución de la integración europea, la organización ha experimentado un proceso de reconfiguración de las fronteras del Estado nación, inicialmente ceñido al objetivo de alcanzar un mercado común sin restricciones. En un primer momento, las personas gozarían de la libertad de circulación en su condición de trabajadoras. Progresivamente, la ampliación del objetivo de la UE hacia la construcción de un espacio político y jurídico compartido, inspiró la absorción del Espacio Schengen, creado inicialmente entre algunos Estados miembros por fuera de la Unión. La desconfianza inicial de los Estados sobre el Espacio Schengen, en cuanto sistema de abolición del control entre fronteras interiores, se asentó en la seguridad: ¿dónde operaría ahora el control?, ¿qué Estados estarían a cargo?, ¿quiénes gozaría del derecho a la libertad de circulación? La liberalización de las fronteras interiores se acompañó entonces del traslado y especial refuerzo del control en las fronteras exteriores. En este marco, los Estados continúan siendo responsables de sus propias fronteras, aunque condicionados y respaldados por el marco general de la Unión.

II. LA SEGURIDAD COMO CONDICIÓN PARA LA LIBERALIZACIÓN DE LAS FRONTERAS

Ante la liberalización de la movilidad, el territorio ha dejado de ser el objeto principal de protección y en su lugar se ha ubicado la seguridad interior. En este proceso, las fronteras no han perdido su importancia, sino que han mutado sus formas y cobrado nuevos sentidos. La seguridad impulsa una proyección del control fronterizo hacia fuera, hacia los límites externos e incluso por fuera de estos últimos. De este modo, la preocupación de los Estados por la eventual pérdida del control sobre los movimientos de personas se resuelve en la continuidad de la centralidad de la frontera y de la soberanía. Lejos de reducirse, el poder soberano de los Estados en las fronteras adquiere nuevas modalidades e, incluso, se expande hacia nuevos territorios.

La globalización a escala internacional y la integración a nivel europeo provocan que las eventuales amenazas a los Estados ya no se dirijan principalmente contra la integridad del territorio, en cuanto elemento esencial en la configuración del Estado nación. El incremento de la movilidad entre fronteras provoca nuevos riesgos, que abandonan su dirección horizontal, esto es entre Estados enfrentados. Las amenazas derivan ahora de actores no estatales que pueden circular más libremente entre fronteras. En este contexto, el peligro para la seguridad del Estado proviene de la criminalidad transfronteriza, de las ventajas que concede la liberalización de fronteras por ejemplo al tráfico ilícito de migrantes, la trata de personas, el terrorismo o el narcotráfico.

Desde la perspectiva del Estado, la movilidad humana incuba el peligro de la inseguridad. Frente a ello, las fronteras recobran su función de herramienta de control de las personas que pretenden atravesarlas, con la finalidad de anular la amenaza. La soberanía se expresa a través de la función tradicional de las fronteras, dirigidas al control de las personas que entran y salen del territorio, a fin de verificar el cumplimiento de los requisitos que cada Estado impone al efecto.

III. EL CONTROL DE LAS FRONTERAS Y LA MIGRACIÓN: ENTRE LOS ÚLTIMOS BASTIONES DE SOBERANÍA

El control de las fronteras y los movimientos migratorios representa una de las funciones claves del Estado para el mantenimiento de sus elementos constitutivos. Además de la preservación del territorio y la seguridad interior, la facultad de distinguir entre ciudadanía y extranjería significa la posibilidad de delimitar el sujeto pasivo del poder. De este modo, el control fronterizo y migratorio se erige como uno de los últimos bastiones de la soberanía en los Estados de régimen liberal, caracterizados por una tendente desregularización y privatización de sus servicios.

En su evolución, el Derecho internacional incorpora sólo dos límites al poder soberano del Estado en las fronteras: hacia afuera, garantizar el derecho de salida del país, incluso del propio; y, hacia adentro, la obligación de protección internacional, mediante el reconocimiento del estatuto de refugiado y la prohibición de devolución (*non-refoulement*) de la persona extranjera a un lugar donde su vida, integridad o libertad se encuentren en peligro.

Más allá de estos dos límites impuestos por el Derecho internacional, los Estados conservan importantes ámbitos de poder en el control fronterizo y en la regulación de las migraciones. De hecho, la amplitud y la ambigüedad que caracterizan al concepto "migración" resultan funcionales al interés de los Estados en la preservación del control de las personas que cruzan sus fronteras y permanecen en sus territorios. El migrante es por (in)definición un sujeto bajo control, de tal modo que la imprecisión del término permite una expansión del poder. Esto resulta especialmente evidente en el contexto de la UE. En virtud del principio de atribución, los Estados han otorgado competencias a la Unión especialmente en los ámbitos de fronteras y de asilo. Por el contrario, las competencias en inmigración han permanecido en su mayoría bajo la órbita del Estado, o han sido dirigidas principalmente a la prevención y contención de la migración irregular. De hecho, en contraposición a la ciudadanía europea, el Derecho de la UE establece una amplia noción de "alteridad", comprensiva de todo nacional de un tercer país. El marco jurídico de la UE en este campo ha tenido escasos avances en la regulación de visados, permisos de residencia y otras vías regulares de entrada para migrantes, e incluso también de vías de acceso al sistema común de asilo.

IV. LA PROBLEMÁTICA SUPERPOSICIÓN DE CATEGORÍAS SUBJETIVAS: ENTRE LA EXCLUSIÓN DEL MIGRANTE IRREGULAR Y LA PROTECCIÓN DEL REFUGIADO

El poder de control en las fronteras moldea un conjunto de categorías subjetivas en el que quedan comprendidas las personas ciudadanas y las extranjeras. Tales categorías, marcadas y moldeadas por la seguridad, oscilan entre la inclusión a través del reconocimiento de derechos hasta la exclusión a través de la irregularización y la expulsión. Por tanto, cada categoría se acompaña de un diferente estatuto de derechos. El control fronterizo opera así como un mecanismo de control social. El reconocimiento y la atribución de estatutos jurídicos diferenciados funciona en las fronteras mediante un proceso de selección de los sujetos que las cruzan. Esta selección se basa en una definición básica por negación: quien no es ciudadano con derecho a entrar y permanecer, es extranjero sujeto a la autorización del Estado. A partir de esta clasificación binaria inicial, ciudadano o extranjero, la categoría "nacional de un tercer país" se subdivide entre migrante regular e irregular, según se cumplan las condiciones para el cruce de la frontera y la permanencia en el territorio. En el ámbito de la UE, las condiciones de regularidad están principalmente en manos de los Estados miembros, mientras que las competencias de la UE se enfocan en la prevención de la llegada de migrantes irregulares y en su expulsión.

Por otro lado, de la obligación de protección internacional de los Estados derivan las categorías del solicitante de asilo y del refugiado. Ambas categorías representan un proceso concatenado. Si bien el estatuto de refugiado tiene naturaleza declarativa, su reconocimiento requiere previamente el tránsito por la categoría de solicitante de asilo. A su vez, para ser solicitante de asilo antes es necesario migrar. El problema se presenta aquí en la eventual superposición de las categorías del migrante irregular y del solicitante de asilo. Existe una problemática confluencia de estatutos entre las categorías del migrante irregular, a quien el

Estado pretende excluir y contener fuera de su territorio, y el solicitante de asilo y el refugiado, a quienes el mismo Estado tiene la obligación de proteger, no devolver y no sancionar.

Al respecto, resulta razonable que en muchas ocasiones las personas en búsqueda de protección internacional deban recurrir a vías irregulares de salida de sus lugares de origen y de entrada en los territorios de tránsito y de destino. De hecho, esta circunstancia es reconocida tanto por el Derecho internacional de refugiados, que prohíbe sancionar la entrada irregular del solicitante de asilo, como por el Derecho de la UE, que establece el primer lugar de entrada irregular como un criterio de determinación del Estado responsable de la tramitación de la solicitud. La superposición de categorías desvirtúa el alcance de la protección internacional, y las mencionadas previsiones del Derecho internacional y del DUE no sólo la provocan, sino que no la logran remediar. La situación del solicitante de asilo en situación de migración irregular colisiona con el poder en cabeza del Estado de controlar, prevenir y excluir los movimientos irregulares.

V. LA POLÍTICA DE MIGRACIÓN DE LA UE: REGLAS MÍNIMAS SOBRE VÍAS REGULARES DE ENTRADA Y UN RÉGIMEN COMÚN DE PREVENCIÓN Y SALIDA FORZADA DE MIGRANTES IRREGULARES

La política de inmigración de la Unión consiste en una base elemental de mínimos que deja un amplio margen de discrecionalidad y control a cada Estado miembro. Precisamente en el campo de la migración, los Estados muestran un especial recelo soberanista. A la par del sistema de libertad de circulación interior dentro del Espacio Schengen, en combinación con la gestión integrada de las fronteras exteriores y la progresiva construcción de un sistema común de asilo, la política migratoria de la UE garantiza amplios márgenes de desarrollo legislativo a los Estados en tanto que competencia compartida.

En efecto, hasta el momento, el desarrollo de políticas y normas comunes sobre migración regular ha sido escaso, principalmente en lo relativo a la apertura y la regulación de vías comunes de acceso y de permanencia en el territorio de los Estados miembros. Por el contrario, la puesta en común de la inmigración se ha traducido principalmente en medidas de prevención y expulsión de la migración irregular. Frente a la escasez y la obstrucción de las vías de entrada regular, se han multiplicado las vías de salida obligada de la migración irregular. Un ejemplo paradigmático es el Pacto Europeo sobre Migración y Asilo, presentado por la Comisión Europea en 2020, que concibe por ejemplo el retorno como parte integrante del proceso de asilo.

VI. LA POLÍTICA DE ASILO DE LA UE: UN SISTEMA DE PROTECCIÓN BAJO LÓGICAS DE CONTROL MIGRATORIO

En el ámbito de la UE, la conexión entre migración irregular y asilo se torna aún más evidente. La puesta en común de las políticas de asilo ha evolucionado marcada por la preocupación de los Estados en la conservación del control y la seguridad dentro del Espacio Schengen, y en la prevención de la migración irregular, del abuso del sistema de asilo y de los movimientos secundarios de solicitantes de protección. Ello demuestra que, desde la perspectiva de los Estados, el asilo es considerado una vía adicional de migración irregular.

La protección del sistema de asilo no se disocia del control migratorio. Ello se agrava ante la ausencia de vías regulares de acceso al sistema de asilo. Como resultado, la política común de asilo se acerca a la política común de migración, y opera en definitiva como una causa adicional en la producción de la irregularidad migratoria, esto es, en la llamada irregularización. De tal modo, tanto la política de inmigración como la de asilo se dirigen a la disuasión y la restricción de los movimientos "no deseados".

VII. LA CRIMINALIZACIÓN COMO RESULTADO DE UN PROCESO EN CASCADA

Desde finales del siglo XX, la gobernanza de las migraciones se rige por un conjunto de procesos conexos que operan en cascada, transitando desde la percepción de las migraciones como amenazas a la seguridad hasta la implementación del poder penal como respuesta. Como consecuencia de la superposición de las categorías subjetivas de migrante y solicitante de asilo, y de la estrecha conexión entre las políticas de migración y asilo, la serie de procesos en cascada que criminalizan la migración permean en el ámbito del asilo, en perjuicio de la protección internacional. En el análisis de este fenómeno, frente a las diferentes corrientes teóricas que abordan el proceso de criminalización, esta obra adopta una perspectiva jurídica que cabe entender como material.

A través de esta perspectiva, el análisis se realiza desde un enfoque jurídico, que atiende a la criminalización derivada del Derecho, pero en un sentido abierto (no estricta ni exclusivamente penal) que comprende la posibilidad de que la asociación migración-criminalidad derive de la aplicación y los efectos producidos por una norma no penal. Con independencia de su calificación jurídica, una norma puede "criminalizar" cuando en su aplicación y en sus efectos intervienen agentes (de seguridad, policiales, militares), o se producen prácticas (deportaciones, detenciones), o se generan consecuencias (restricciones severas de libertades y derechos), que suelen desplegarse en el contexto del sistema penal. Las normas no penales, como aquellas de naturaleza administrativa, pueden provocar efectos de intensidad suficiente para desdibujar los márgenes de la naturaleza jurídica no penal. En este sentido, por ejemplo, las circunstancias tanto fácticas como jurídicas que rodean la detención administrativa de migrantes en las fronteras pueden resultar en una manifestación del proceso de criminalización.

VIII. LA CRIMINALIZACIÓN EN EL DERECHO DE LA UE DESDE UNA APROXIMACIÓN JURÍDICA MATERIAL

En el Derecho de la UE se observa un proceso de criminalización en sentido jurídico material. El marco jurídico de fronteras, migraciones y asilo contiene escasas normas penales en sentido estricto. La regulación de los tres ámbitos se realiza mediante normas de naturaleza principalmente administrativa. Sin embargo, tales normas administrativas implementan mecanismos tradicionalmente penales, o que producen restricciones de derechos similares a las que operan en lo penal. A su vez, debido a la naturaleza jurídica administrativa, el reconocimiento de garantías de protección es inferior al que correspondería en el ámbito específicamente penal.

IX. LA EXPANSIÓN DE LA CRIMINALIZACIÓN DE LA MIGRACIÓN IRREGULAR HACIA LA SOCIEDAD CIVIL EN LA UE

En el Derecho de la UE las normas penales referidas a la migración irregular en las fronteras se reúnen en el llamado Paquete de Facilitación. Este Paquete, compuesto por la Directiva 2002/90 y la Decisión marco 2002/946, persigue establecer un régimen común para castigar la ayuda a migrantes irregulares para cruzar la frontera, transitar o permanecer en el territorio. El castigo no se dirige directamente contra los migrantes, sino contra cualquier persona que les asista. La criminalización de la migración se expande así hacia la sociedad civil.

La definición del delito de facilitación es sumamente imprecisa, aún para fijar un mínimo común. Según la norma, la acción delictiva en el cruce de fronteras consiste en prestar ayuda, sin incorporar el elemento lucrativo que caracteriza al delito de tráfico ilícito de personas según el Protocolo de Naciones Unidas referido a este delito, del que la UE es parte. La Directiva de facilitación contempla la posibilidad de que los Estados, al trasponer el delito en sus ordenamientos, incorporen discrecionalmente la llamada cláusula humanitaria, que exceptúa el castigo cuando la ayuda se preste por razones humanitarias, sin especificar tampoco qué se entiende por ello.

Por su parte, el delito de facilitación de la permanencia en el territorio sí incorpora el elemento lucrativo, pero la ayuda puede prestarse tanto por medios legales o ilegales, en contra del Protocolo de Naciones Unidas que sólo contempla el recurso a medios ilegales como elemento de la acción delictiva. Esta circunstancia expande el castigo y desincentiva, incluso, la prestación de servicios legales a migrantes irregulares.

En suma, el Paquete de Facilitación es una manifestación de un derecho penal de exclusión que se aproxima al derecho penal del enemigo, fundamentado en la construcción de la antijuridicidad del propio sujeto migrante. El delito se configura de este modo en función de un sujeto que se pretende excluir.

X. EL RECURSO A MECANISMOS TRADICIONALMENTE PENALES PARA EL CONTROL MIGRATORIO: LA DETENCIÓN DE MIGRANTES Y SOLICITANTES DE ASILO COMO PARADIGMA

La criminalización contra migrantes no opera en el Derecho de la UE a través de normas penales en sentido estricto. En efecto, la UE no contempla un delito de entrada o permanencia irregular en el territorio, aunque sí lo hacen algunos de sus Estados miembros. Sin embargo, como se desprende del estudio realizado, en el marco de la UE se observa un proceso de criminalización en sentido jurídico material porque las normas sobre migración irregular incorporan mecanismos típicamente penales o con efectos similares. El caso más claro es el de la detención de migrantes y solicitantes de asilo. Se trata de un mecanismo tradicionalmente utilizado en el ámbito penal. Asimismo, el efecto de la privación de libertad suele ser asociado en general a un castigo. La justificación de la medida en el contexto de las migraciones en fronteras consiste en que es un mecanismo administrativo limitado a la verificación de los requisitos de entrada o de la necesidad de protección o, en su defecto, la eventual expulsión. En tales condiciones, tanto el PIDCP de 1966 como el CEDH de 1950 habilitan la implementación de este mecanismo.

Desde finales del siglo XX, el incremento de la movilidad entre fronteras se ha acompañado de una multiplicación de los mecanismos de inmovilidad de migrantes. En particular, desde los primeros años del siglo XXI, la UE ha replicado el modelo de la inmovilidad como una estrategia de control migratorio en las fronteras. La ausencia de vías regulares de acceso y tránsito ha multiplicado las formas de inmovilidad, en puestos fronterizos, comisarías, centros de detención o campamentos improvisados en islas. La proliferación de la detención de migrantes y solicitantes de asilo se explica por el proceso de securitización. La seguridad activa este tipo de criminalización, no estrictamente penal, pero igualmente privativa de libertad. El problema se agrava debido a que la naturaleza administrativa justifica una reducción de garantías procesales. El poder soberano del Estado de controlar sus fronteras se expande precisamente a través de normas administrativas, en las que la discrecionalidad del Estado tiene límites más amplios.

XI. VIGILAR Y PROTEGER: LOS SOLICITANTES DE ASILO COMO POTENCIALES SUJETOS DE DETENCIÓN

De manera simultánea a la expansión de la detención de migrantes, las personas solicitantes de asilo han sido progresivamente consideradas como potenciales sujetos de detención. La detención de solicitantes de asilo se inscribe dentro de la tendencia a impedir la libertad de circulación de migrantes irregulares. La contención de los movimientos migratorios, a través de la privación y las restricciones a la libertad de circulación, se ha convertido gradualmente en un dispositivo común de control de las migraciones, incluidos los movimientos de (eventuales) solicitantes de asilo. El argumento reside en la necesidad de evaluar a las personas que arriban en los llamados "flujos migratorios mixtos", seleccionar a aquellos con derecho a cruzar la frontera, y expulsar a aquellos otros sin derecho.

Cuando el Estado detiene a un solicitante de asilo que ha cruzado la frontera de manera irregular, el control migratorio y la obligación de protección internacional entran en confluencia. La semejanza entre la detención de migrantes y la detención de solicitantes de asilo es que ambas son un último recurso del control y ninguna puede significar una forma de castigo. Esto último cobra especial relevancia en la detención de solicitantes de asilo, ya que, según la Convención sobre el Estatuto de los Refugiados, no cabe la imposición de sanciones con motivo de la entrada sin autorización. Las contribuciones de las teorías sobre *crimmigration* y criminología de fronteras resaltan que, más allá de la naturaleza jurídica administrativa, en la práctica la detención puede tener efectos punitivos. Al respecto, este trabajo destaca que la detención de migrantes y solicitantes de asilo recurre a mecanismos que son tradicionalmente utilizados por el poder penal para el control y el castigo de la criminalidad. Esta similitud de mecanismos acerca el control migratorio (y del asilo) al control penal. Como resultado de tal acercamiento, la detención de migrantes y solicitantes de asilo debería acompañarse de garantías similares a las que acompañan la privación y las restricciones a la libertad de circulación en el ámbito penal, principalmente de aquellas garantías que aseguran el carácter extraordinario y excepcional de tales medidas.

XII. LA NORMALIZACIÓN DE LA INMOVILIDAD DE MIGRANTES Y LA EXPANSIÓN DE LA DETENCIÓN DE SOLICITANTES DE ASILO EN EL ESPACIO SCHENGEN

En el marco del Espacio Schengen, la detención se ha normalizado como técnica de control migratorio. El reforzamiento del control en las fronteras exteriores (para asegurar la libertad de circulación entre fronteras interiores) ha servido de argumento adicional al mecanismo de detención. Del análisis de la política de detención de la UE se advierten tres modelos legales de detención, todos ellos relacionados con la migración irregular. A la par de la detención dirigida al retorno del migrante irregular con orden de expulsión, los otros dos modelos de detención se concentran en el ámbito del asilo. Como resultado, la expansión del marco jurídico sobre detención en la UE se ha producido principalmente sobre los solicitantes de protección internacional (asociados a migrantes irregulares).

De acuerdo con las reglas del SECA, la privación o las restricciones a la libertad de circulación del solicitante de asilo se justifican por su asociación a la condición de migrante irregular. La detención se realiza principalmente en las zonas de fronteras, o en aquellos espacios considerados de tránsito, de tal modo que el sistema de protección se superpone aquí con los dispositivos de control fronterizo y migratorio. El objetivo consiste en determinar la legitimidad de la solicitud de asilo para ser atendida. Por otro lado, el Reglamento de Dublín III expande aún más el alcance de la privación de libertad en la UE con motivo de la asociación entre solicitante de asilo y migrante irregular. Según sus reglas, la detención para el traslado de solicitantes entre Estados miembros es consecuencia de la entrada irregular al territorio de la UE. De este modo, el Reglamento de Dublín III introduce una nueva forma de detención de solicitantes de asilo: la detención para la transferencia al Estado miembro responsable del examen de la solicitud de protección internacional.

Ahora bien, la expansión de la detención como mecanismo de control migratorio y de gestión del asilo conduce al interrogante sobre su efectividad real. La multiplicación de las formas de privación y otras restricciones a la libertad de circulación no se ha reflejado en una disminución de los movimientos irregulares de migrantes ni se ha acompañado de vías regulares de acceso al sistema de protección para solicitantes de asilo. La inmovilidad se convierte en un dispositivo de control de las personas en las fronteras, a través del cual los migrantes son contenidos y clasificados. En definitiva, las diferentes formas de detención de migrantes y solicitantes de asilo se imponen como herramientas de paralización de los movimientos "no deseados", de aquellos considerados "marginales", "inútiles" o "peligrosos". Si bien el sistema de asilo de la UE es formalmente coherente con la Convención sobre el Estatuto de los Refugiados y la prohibición de imponer sanciones por la situación migratoria irregular, la expansión de la detención en el tratamiento de los solicitantes de asilo obedece a un proceso de criminalización en sentido jurídico material por asociación, derivado de la criminalización de la migración irregular.

XIII. LA CRIMINALIZACIÓN EN TORNO AL ASILO POR ASOCIACIÓN CON LA MIGRACIÓN IRREGULAR

En suma, la investigación advierte un proceso de criminalización (jurídico material) en torno al asilo en fronteras, por asociación con situaciones de migración irregular, que desvirtúa el acceso a la protección y convierte al sistema de asilo en un engranaje adicional del control migratorio.

XIV. LOS APORTES DE LA INVESTIGACIÓN

Esta investigación contribuye a los estudios sobre la combinación entre fronteras, control migratorio y asilo, desde el Derecho internacional, el Derecho de la UE y la Criminología. Conforme esta perspectiva teórica, el análisis reconoce la criminalización como un producto del Derecho, a través de normas penales y de normas administrativas que recurren a mecanismos tradicionales del poder penal o con efectos similares. En este marco, el trabajo brinda elementos para comprender los nuevos sentidos y formas de las fronteras, los procesos que gobiernan las migraciones y sus confluencias con los sistemas de asilo. El análisis sistematiza las diferentes aproximaciones al proceso de criminalización y explora cuál es el rol del Derecho internacional y el Derecho de la UE, a través de la regulación de los mecanismos que combinan control migratorio y poder penal.

El trabajo comprueba el proceso de criminalización a través de normas penales y administrativas. En el plano formal (jurídico penal), el castigo de la facilitación destaca como una expansión de la criminalización de la migración hacia la sociedad civil, hacia cualquier persona con independencia de su condición o no de migrante. En el plano material (jurídico administrativo), se advierte la utilización de la detención, es decir, un mecanismo típicamente penal o con efectos similares. Al analizar el marco jurídico de la UE, la investigación señala que la mayoría de mecanismos de detención administrativa se dirigen contra solicitantes de asilo. En particular, las reglas del SECA incrementan las posibilidades de ser privado de libertad como solicitante de protección por asociación a la condición de migrante irregular. Como consecuencia, el análisis contribuye a los estudios sobre el SECA, desvelando su funcionamiento más allá de la protección por su estrecha relación al control migratorio.

XV. NUEVOS CAMINOS Y SIGUIENTES PASOS

A partir de esta investigación, se abren nuevos desafíos para profundizar en el conocimiento del objeto de estudio. El trabajo elabora un análisis ceñido en general al sistema jurídico, comprendiendo el Derecho internacional y el Derecho de la UE. El estudio jurídico se complementa con jurisprudencia e informes de instituciones, organizaciones gubernamentales y no gubernamentales para dar cuenta de cómo se materializa la aplicación del Derecho. El resultado de la investigación abre una serie de nuevos interrogantes. Así, con el objetivo de expandir el estudio sobre la criminalización de la migración y del asilo por asociación, surge un nuevo conjunto de preguntas, entre las que destacamos: ¿cómo cabría distinguir jurídicamente entre la detención de los migrantes irregulares y la de los solicitantes de asilo?, ¿cómo se enjuicia y se condena el delito de facilitación?, ¿hasta qué punto resulta posible mantener la distinción entre migrante y solicitante de asilo teniendo en cuenta la tendencia a superponer ambas categorías? Asimismo, teniendo en cuenta el carácter altamente selectivo del control migratorio y del poder penal, cabe preguntarse, además: ¿quién cae bajo el alcance del control?, ¿cómo influyen factores como el género, la edad, la nacionalidad o el lugar de origen?, ¿quién permanece irregular?, ¿quién es efectivamente expulsado y debido a qué motivos? Para buscar respuestas ante la diversidad de los contextos fronterizos y migratorios de cada Estado, surge el desafío de centrar la atención en los efectos que el marco político y legislativo común de la UE arroja sobre determinadas realidades. Por último, frente a este panorama, el siguiente interrogante en sentido amplio puede resumirse en: ¿cuáles son las formas de resistencias desde los derechos?

Bibliografía

Abrisketa Uriarte, Joana (2021a). El Pacto Europeo sobre Migración y Asilo: hacia un marco jurídico aún más complejo. En Abrisketa Uriarte, Joana (dir.) *Políticas de asilo de la UE: Convergencias entre las dimensiones interna y externa*. Pamplona: Thomson Reuters Aranzadi, 307–355.

Abrisketa Uriarte, Joana (2021b). *Rescate en el mar y asilo en la Unión Europea. Límites del Reglamento de Dublín III*. Pamplona: Thomson Reuters Aranzadi.

Abrisketa Uriarte, Joana (2017). La dimensión externa del derecho de la Unión Europea en materia de refugio y asilo: un examen desde la perspectiva del *non-refoulement*. *Revista de Derecho Comunitario Europeo*, 56, 119–158.

Abrisketa Uriarte, Joana, Pérez de Armiño, Karlos (2000). Acción humanitaria: concepto y evolución. En Pérez de Armiño, Karlos (coord.), *Diccionario de Acción Humanitaria y Cooperación al Desarrollo*, Icaria - Hegoa (Universidad del País Vasco - Euskal Herriko Unibersitatea). Disponible en: http://www.dicc.hegoa.ehu.es/

ACNUR – Alto Comisionado de Naciones Unidas para los Refugiados (2019). *Manual de procedimientos y criterios para determinar la condición de refugiado en virtud de la Convención de 1951 y el Protocolo de 1967 sobre el Estatuto de los Refugiados*. Disponible en: https://www.refworld.org.es/docid/5d9e13214.html

ACNUR – Alto Comisionado de Naciones Unidas para los Refugiados (2016). *Tendencias globales. Desplazamiento forzado en 2015. Forzados a huir.* Ginebra: ACNUR. Disponible en: https://www.acnur.org/fileadmin/Documentos/Publicaciones/2016/10627.pdf

ACNUR – Alto Comisionado de Naciones Unidas para los Refugiados (2014). *Monitorear la detención migratoria. Manual práctico.* Disponible en: https://www.refworld.org.es/docid/5548c6244.html

ACNUR – Alto Comisionado de Naciones Unidas para los Refugiados (2012). *Directrices sobre los criterios y estándares aplicables a la detención de solicitantes de asilo y las alternativas a la detención.* Disponible en:

https://www.refworld.org.es/docid/51e3b3244.html

Ahmed, Kaamil; Tondo, Lorenzo (2021). Fortress Europe: the millions spent on military-grade tech to deter refugees. *The Guardian*, 6/12/2021. Disponible en: https://www.theguardian.com/global-development/2021/dec/06/fortress-europe-the-millions-spent-on-military-grade-tech-to-deter-refugees

Agamben, Giorgio (2016). *Homo sacer. El poder soberano y la nuda vida.* Valencia: Pre-textos.

Aliverti, Ana (2012a). Exploring the function of criminal law in the policing of foreigners: The decision to prosecute immigration related offences. *Social & Legal Studies* 21(4): 511–527.

Aliverti, Ana (2012b). Making people criminal: The role of the criminal law in immigration enforcement. *Theoretical Criminology*, 16 (4), 417–434.

Amnesty International (2020). Europe: Punishing compassion: solidarity on trial in Fortress Europe, 3.3.2020 (Index EUR 01/1828/2020). Disponible en: https://www.amnesty.org/en/documents/eur01/1828/2020/en/

Amnesty International (2016). Hotspot Italy: How EU's flagship approach leads to violations of refugees and migrant rights. Report, 3.11.2016. Disponible en: https://www.amnesty.org/en/documents/eur30/5004/2016/en/

Ansems de Vries, Leonie, Guild, Espelth (2018). Seeking refuge in Europe: spaces of transit and the violence of migration management. *Journal of Ethnic and Migration Studies*, 45 (12), 2156–2166.

Apap, Joanna, Carrera, Sergio (2003). *Progress and obstacles in the Area of Justice and Home Affairs in an enlarging Europe.* CEPS Working Document, 194. Bruselas: Centre for European Policy Studies.

Apostolova, Raia (2015). Of refugees and migrants: stigma, politics, and boundary work at the borders of Europe. *American Sociological Association Newsletter*, 14.9.2015. Disponible en: https://asaculturesection.org/2015/09/14/of-refugees-and-migrants-stigma-politics-and-boundary-work-at-the-borders-of-europe/

Arendt, Hanna (1973). *The origins of totalitarianism.* Nueva York: Harcourt Brace Jovanovich.

Atak, Idil, Hudson, Graham, Nakache, Delphine (2018). The securitisation of Canada's refugee system: Reviewing the unintended consequences of the 2012 reform. *Refugee Survey Quarterly*, 38, 1–24.

Balzacq, Thierry, Guzzini, Stefano (2015). Introduction: What kind of theory –if any– is securitization? *International Relations*, 29 (1), 97–102.

Balzacq, Thierry, Léonard, Sarah, Ruzicka, Jan (2016). Securitization revisited: theory and cases. *International Relations*, 30 (4), 494–531.

Balzacq, Thierry, Carrera, Sergio (2005). *Migration, borders and asylum. Trends and vulnerabilities in EU policy.* Bruselas: Centre for European Policy Studies.

BARBERO, Iker (2020). Cuando el derecho a fugarse subvierte el neo-orientalismo. *Empiria. Revista de Metodología de Ciencias Sociales*, 46, 93–113.

BARBERO, Iker (2010). *Las transformaciones del Estado y del Derecho ante el control de la migración*. Ikuspegi – Observatorio Vasco de Inmigración.

BAR-TUVIA, Shani (2018). Australian and Israeli agreements for the permanent transfer of refugees: Stretching further the (il)legality and (im)morality of Western externalization policies. *International Journal of Refugee Law*, 30 (3), 474–511.

BARKER, Vanessa (2017). Penal power at the border: Realigning state and nation. *Theoretical Criminology*, 21, 441–457.

BASARAN, Tugba (2015). The saved and the drowned: Governing indifference in the name of security. *Security Dialogue*, 46, 205–220.

BASARAN, Tugba (2014). Saving lives at sea: Security, law and adverse effects. *European Journal of Migration and Law*, 16, 365–387.

BASARAN, Tugba (2011). Legal borders in Europe: The waiting zone. En Burgees, J. Peters, Gutwirth, Serge (eds.). *A threat against Europe? Security, migration and integration*. Bruselas: Vubpress, 63–73.

BASILIEN-GAINCHE, Marie-Laure (2017). The French suite: The effect of Al Chodor on the detention of asylum seekers for the purpose of a Dublin transfer. *European Database of Asylum Law*, 27.11.2017. Disponible en: https://www.asylumlawdatabase.eu/en/journal/french-suite-effect-al-chodor-detention-asylum-seekers-purpose-dublin-transfer

BATHIA, Monish (2015). Turning asylum seekers into "dangerous criminals": Experiences of the criminal justice system of those seeking sanctuary. *International Journal for Crime, Justice and Social Democracy*, 4 (3), 97–111.

BIGO, Didier (2016). Rethinking security at the crossroad of International Relations and Criminology. *British Journal of Criminology*, 55 (6), 1068–1086.

BIGO, Didier (2014). The (in)securitization practices of the three universes of EU border control: Military/Navy - border guards/police - database analysts. *Security Dialogue*, 45 (3), 209–225.

BIGO, Didier (2005). Frontier controls in the European Union: Who is in control? En GUILD, Espelth, BIGO, Didier (eds.). *Controlling frontiers. Free movement into and within Europe*. Aldershot: Ashgate Publishing.

BIGO, Didier (2002). Security and immigration: Toward a critique of the governmentality of unease. *Alternatives*, 27, 63–92.

BIGO, Didier, GUILD, Espelth (2005). Policing at a distance: Schengen visa policies. En GUILD, Espelth, BIGO, Didier (eds.) *Controlling frontiers. Free movement into and within Europe*. Aldershot: Ashgate Publishing, 203–225.

BILGIN, Pinar (2010). The "Western-centrism" of Security Studies: "blind spot" or constitutive practice? *Security Dialogue*, 41 (6), 615–622.

BIVAND ERDAL, Marta, OEPEEN, Ceri (2018). Forced to leave? The discursive and analytical significance of describing migration as forced and voluntary. *Journal of Ethnic and Migration Studies*, 44 (6), 981–998.

BOND, Jennifer (2012). Excluding justice: The dangerous intersection between refugee claims, Criminal Law, and "guilty" asylum seekers. *International Journal of Refugee Law*, 24 (1), 37–59.

BOSWORTH, Mary (2019). Immigration detention, punishment and the transformation of justice. *Social & Legal Studies*, 28 (1), 81–99.

BOSWORTH, Mary (2017a). Border criminology and the changing nature of penal power. En LIEBLING, Alison, MARUNA, Shadd, MCARA, Lesley (eds). *The Oxford handbook of criminology* (6ª edición). Oxford University Press, 373–390.

BOSWORTH, Mary (2017b). Penal humanitarianism: Sovereign power in an era of mass migration. *New Criminal Law Review*, 20, 39–65.

BOSWORTH, Mary (2014). *Inside Immigration Detention*. Oxford University Press.

BOSWORTH, Mary (2008). Border control and the limits of the sovereign State. *Social and Legal Studies*, 17, 199–215.

BOSWORTH, Mary, FRANKO AAS, Katja, PICKERING, Sharon (2018). Punishment, globalization and migration control: "Get them the hell out of here". *Punishment and Society*, 20, 34–53.

BOSWORTH, Mary, GUILD, Mhairi (2008). Governing through migration control: Security and citizenship in Britain. *British Journal of Criminology*, 48, 703–719.

BOSWORTH, Mary, VANNIER, Marion (2020). Blurred lines: Detaining asylum seekers in Britain and France. *Journal of Sociology*, 56 (1), 53–68.

BOURBEAU, Philippe (2011). *The securitization of migration. A study of movement and order.* Oxford: Routledge.

BOWLING, Ben (2013). Epilogue: The borders of punishment: towards a criminology of mobility. En FRANKO AAS, Katja, BOSWORTH, Mary (2013). *The borders of punishment: Migration, citizenship, and social exclusion*. Oxford University Press.

BRANDARIZ, José Ángel (2021). An expanded analytical gaze on penal power: border criminology and punitiveness. *International Journal for Crime, Justice and Social Democracy*, 10 (2), 92–112.

BRANDARIZ, José Ángel, FERNÁNDEZ-BESSA, Cristina (2020). A changing and multi-scalar EU borderscape: The expansion of asylum and the normalisation of the deportation of EU and EFTA citizens. *International Journal for Crime, Justice and Social Democracy*, 9 (3), 21–23.

BRANDARIZ, José Ángel, IGLESIAS SKULJ, Agustina (2012). The control of irregular migrants and the criminal law of the enemy: notes on the exclusion and inclusion in the field of penal policy in Spain. En GUIA, Maria J., VAN DER WOUDE, Maartje A. H., VAN DER LEUN, Joanne P. (eds.). *Social control and justice: Crimmigration in the age of fear*. La Haya: Eleven International, 255–266.

BUTLER, Graham, RATCOVICH, Martin (2016). Operation Sophia in uncharted waters: European and International Law challenges for the EU naval mission in the Mediterranean Sea. *Nordic Journal of International* Law, 85, 235–259.

BUZAN, Barry, HANSEN, Lene (2010). Beyond the evolution of International Security Studies? *Security Dialogue*, 41 (6), 659–667.

CALAVITA, Kitty (2005). *Immigrant at the margins: Law, race, and exclusion in Southern Europe*. Cambridge University Press.

CAMPESI, Giuseppe (2020). The EU Pact on Migration and Asylum and the dangerous multiplication of "anomalous zones" for migration management. En CARRERA, Sergio, GEDDES, Andrew. *The EU Pact on Migration and Asylum in light of the United Nations Global Compact on Refugees*. San Domenico di Fisiole: European University Institute. Disponible en: https://www.asileproject.eu/the-eu-pact-on-migration-and-asylum-and-the-dangerous-multiplication-of-anomalous-zones-for-migration-management/

CAMPESI, Giuseppe (2018). Crisis, migration and the consolidation of the EU border control regime. *International Journal of Migration and Border Studies*, 4 (3), 196–221.

CAMPESI, Giuseppe (2015a). Hindering the deportation machine: An ethnography of power and resistance in immigration detention. *Punishment & Society*, 17 (4), 427–453.

CAMPESI, Giuseppe (2015b). *Polizia della frontiera. Frontex e la produzione dello spazio europeo*. Roma: DeriveApprodi.

CAMPESI, Giuseppe (2012). Migraciones, seguridad y confines en la teoría social contemporánea. *Revista Crítica Penal y Poder*, 3, 1–20.

CAMPESI, Giuseppe (2011a). La detenzione amministrativa degli stranieri in Italia: Storia, diritto, politica. *Democrazia e Diritto*, 3 (4), 177–226.

CAMPESI, Giuseppe (2011b). *The Arab Spring and the crisis of the European border regime. Manufacturing emergency in the Lampedusa crisis*. European University Institute Working Papers. Robert Schuman Centre for Advanced Studies 2011/59. Mediterranean Programme. Disponible en: http://hdl.handle.net/1814/19375

CAMPESI, Giuseppe, FABINI, Giulia (2020). Immigration detention as social defence: Policing "dangerous mobility" in Italy. *Theoretical Criminology*, 24 (1), 50–70.

CÁRITAS (2019). End the criminalisation of solidarity. *Cáritas Europa*, 17.06.2019. Disponible en: https://www.caritas.eu/criminalisation-solidarity-2/

CARRERA, Sergio (2020). *The Strasbourg Court judgment N.D. and N.T. v Spain. A carte blanche to push backs at EU external borders?* European University Institute Working Papers, Robert Schuman Centre for Advanced Studies 2021/21. Disponible en: https://cadmus.eui.eu/handle/1814/66629

CARRERA, Sergio, GUILD, Elspeth (eds.) (2016). *Irregular migration, trafficking and smuggling of human beings*. Bruselas: Centre for European Policy Studies (CEPS). Disponible en: https://www.ceps.eu/ceps-publications/irregular-migration-trafficking-and-smuggling-human-beings-policy-dilemmas-eu/

CARRERA, Sergio, MITSILEGAS, Valsami, ALLSOP, Jennifer, VOSYLIUTE, Lina (2019). *Policing Humanitarianism. EU policies against human smuggling and their impact on civil society*. Oxford: Hart.

CARRERA, Sergio (coord.), VOSYLIUTE, Lina, SMIALOWSKI, Stephanie, ALLSOP, Jennifer, SÁNCHEZ, Gabriella (2018). *Fit for purpose? The Facilitation Directive and the criminalisation of humanitarian assistance to irregular migrants: 2018 Update*. Policy Department for Citizens' Rights and Constitutional Affairs. European Parliament. Disponible en: https://www.europarl.europa.eu/RegData/etudes/STUD/2018/608838/IPOL_STU(2018)608838_EN.pdf

CARRERA, Sergio (coord.), VOSYLIUTE, Lina, SMIALOWSKI, Stephanie, ALLSOP, Jennifer, SÁNCHEZ, Gabriella (2016). *Fit for purpose? The Facilitation Directive and the criminalisation of humanitarian assistance to irregular migrants*. LIBE Committee. European Parliament, Policy Department for Citizen's Rights and Constitutional Affairs. Disponible en: https://www.europarl.europa.eu/thinktank/en/document/IPOL_STU(2018)608838

C.A.S.E. COLLECTIVE (2006). Critical approaches to security in Europe. A network manifesto. *Security Dialogue*, 37 (4), 443–487.

CEAR – Comisión Española de Ayuda al Refugiado (2010). *Informe de evaluación del centro de detención de migrantes en Nouadhibou (Mauritania)*. Madrid: CEAR.

CHETAIL, Vicent (2016). The Common European Asylum System: Bric-à-brac or System? En CHETAIL, Vicent, DE BRUYCKER, Philippe, MAIANI, Francesco (eds.). *Reforming the Common European System. The new European Refugee Law*. Leiden: Brill, 3–38.

CHOLEWINSKI, Ryszard (2007). The criminalisation of migration in EU law and policy. En BALDACCINI, Anneliese, GUILD, Elspeth, TONER, Helen (eds.). *Whose freedom, security and justice? EU immigration and asylum law and policy*. Oxford: Hart, 301–336.

CHRISTIE, Nils (2004). *A suitable amount of crime*. Londres: Routledge.

CHURRUCA MUGURUZA, Cristina (2021). La gestión humana y eficiente de la migración: los *hotspots* – espacios de detención en las fronteras exteriores de la Unión Europea. En ABRISKETA URIARTE, J. (dir.) *Políticas de asilo de la UE: Convergencias entre las dimensiones interna y externa*. Pamplona: Thomson Reuters Aranzadi, 39–67.

COMISIÓN EUROPEA (2018). *EU-Turkey Statement. Two years on*. Comisión Europea, abril 2018. Disponible en: https://home-affairs.ec.europa.eu/system/files/2020-09/20180314_eu-turkey-two-years-on_en.pdf

CORNELLISE, Galina (2016). Territory, procedures and rights: Border procedures in European asylum law. *Refugee Survey Quarterly*, 35, 74–90.

COSTELLO, Cathryn (2015). *The human rights of migrants and refugees in European Law*. Oxford University Press.

COSTELLO, Cathryn, MOUZOURAKIS, Minos (2016). EU law and the detainability of asylum-seekers. *Refugee Survey Quarterly*, 35, 47–73.

CRAIG, Sarah (2013). Struggling with EU safe country practices in asylum. En KORKUT, Umut, BUCKEN-KNAPP, Gregg, MCGARRY, Aidan, HINNFORS, Jonas, DRAKE, Helen (eds.). *The discourses and politics of migration in Europe*. Londres: Palgrave Macmillan, 53–72.

CRAWLEY, Heaven, SKLEPARIS, Dimitris (2018). Refugees, migrants, neither, both: Categorical fetishism and the politics of bounding in Europe's "migration crisis". *Journal of Ethnic and Migration Studies*, 44 (1), 48–64.

CUTTITTA, Paolo (2018). Delocalization, humanitarianism, and human rights: The Mediterranean border between exclusion and inclusion. *Antipode: A Radical Journal of Geography*, 50 (3), 783–803.

CUTTITTA, Paolo (2014). From the Cap Anamur to Mare Nostrum. Humanitarianism and migration controls at the EU's maritime borders. En MATERA, Claudio, TAYLOR, Amanda (eds.). *The Common European Asylum System and human rights: Enhancing protection in times of emergencies*, Working Papers 2014/7. La Haya: Centre for the Law of EU External Relations, 21–37.

DASTYARI, Azadeh (2007). Refugees on Guantanamo Bay: A blue print for Australia's "Pacific Solution"? *AQ: Australian Quarterly*, 79 (1), 4–40.

DAUVERGNE, Catherine (2013). The troublesome intersections of Refugee Law and Criminal Law. En FRANKO AAS, Katja, BOSWORTH, Mary (eds.).

The borders of punishment. Migration, citizenship and social exclusion. Oxford University Press, 74–90.

DAUVERGNE, Catherine (2008). *Making people illegal: What globalization means for migration and law?* Cambridge University Press.

DAUVERGNE, Catherine (2004). Sovereignty, migration and the rule of law in global times. *Modern Law Review*. 67 (4), 588–615.

DE BRUYCKER, Philippe, BLOOMFIELD, Alice, TSOURDI, Evangelia (Lilian), PÉTIN, Joanna (2015). *Alternatives to immigration and asylum detention in the EU. Time for implementation*. Bruselas: Odysseus – Academic Network for Legal Studies on Immigration. Disponible en: https://odysseus-network.eu/wp-content/uploads/2015/02/FINAL-REPORT-Alternatives-to-detention-in-the-EU.pdf

DE BRUYCKER, Philippe, DI BARTOLOMEO, Anna, FARGUES, Philippe (2013). *Migrants smuggled by sea to the EU: facts, laws and policy options*. Migration Policy Centre, Research Report 2013/09, Robert Schuman Centre for Advanced Studies. San Domenico di Fiesole: European University Institute. Disponible en: https://cadmus.eui.eu/handle/1814/29459

DE BRUYCKER, Philippe, TSOURDI, Evangelia (Lilian) (2016). The challenge of asylum detention to refugee protection. *Refugee Survey Quarterly*, 62, 1–6.

DE GENOVA, Nicholas (2002). Migrant "illegality" and deportability in everyday life. *Annual Review of Anthropology*, 31, 419–447.

DE GIORGI, Alessandro (2010). Immigration control, post-fordism, and less eligibility: A materialist critique of the criminalization of immigration across Europe. *Punishment & Society*, 12 (2), 147–167.

DE LA ORDEN BOSCH, Gustavo (2024). Pre-entry and border procedures as new detention landscape in the EU Pact on Migration and Asylum. The Spanish borders as a laboratory for immobility policies. *Peace & Security – Paix et Sécurité Internationales*, 12, 1–30.

DE LA ORDEN BOSCH, Gustavo (2022). La (des)protección de migrantes y refugiados en el mar. Confluencias y tensiones entre el Derecho de la Unión Europea y el Derecho Internacional. En GARCÍA ANDRADE, Paula (coord.). *Interacciones entre el Derecho de la Unión Europea y el Derecho internacional público*. Valencia: Tirant lo Blanch, 149–164.

DEL VALLE GÁLVEZ, Alejandro (2016). Los refugiados, las fronteras exteriores y la evolución del concepto de frontera internacional. *Revista de Derecho Comunitario Europeo*, 55, 759–777.

DEL VALLE GÁLVEZ, Alejandro (2002). Las fronteras de la Unión. El modelo europeo de fronteras. *Revista de Derecho Comunitario Europeo*, 12, 299–341.

DEN HEIJER, Marteen, RIJPMA, Jorrit J., SPIJKERBOER, Thomas (2016). Coercion, prohibition, and great expectations: The continuing failure of the Common European Asylum System. *Common Market Law Review*, 53, 607–642.

DEFENSOR DEL PUEBLO (2016). *El asilo en España. La protección internacional y los recursos del sistema de acogida.* Madrid: Defensor del Pueblo.

DEKESEREDY, Walter (2015). Critical criminology. En GOODE, Erich (ed.). *The Handbook of Deviance.* Oxford: Wiley Blackwell.

DIMITRIADI, Angeliki (2017). Governing irregular migration at the margins of Europe. The case of hotspots on the Greek islands. *Etnografia e Ricerca Qualitativa*, 1, 75–95.

DREYER-PLUM, Domenica (2019). Commitment of States, access to asylum, and material benefits: Assessing key legislative battles and their structural impact on the Common European Asylum System. *International Journal of Refugee Law*, 31 (4), 516–540.

DÜVELL, Frank (2011). Pathways into irregularity: The legal and political construction of irregular migration. *European Journal of Migration and Law*, 13, 275–295.

DÜVELL, Frank (2009). *Pathways into irregularity: The social construction of irregular migration.* Clandestino Policy Brief. Atenas: Eliamep. Disponible en: https://cordis.europa.eu/docs/publications/1266/126625701-6_en.pdf

ECRE – EUROPEAN COUNCIL ON REFUGEES AND EXILES (2016). *The implementation of the hotspots in Italy and Greece. A study.* ECRE, diciembre 2016. Disponible en: https://www.ecre.org/wp-content/uploads/2016/12/HOTSPOTS-Report-5.12.2016..pdf

ECRE – EUROPEAN COUNCIL ON REFUGEES AND EXILES (2015). *The legality of detention of asylum seekers under the Dublin III Regulation.* ECRE, junio 2015. Disponible en: https://www.ecre.org/wp-content/uploads/2016/07/AIDA-Briefing-the-legality-of-detention-of-asylum-seekers-under-the-Dublin-III-Regulation-June-2015.pdf

ECRE – EUROPEAN COUNCIL ON REFUGEES AND EXILES (2014). *The application of the EU Charter of Fundamental Rights to asylum procedural law.* ECRE, octubre 2014. Disponible en: https://www.refworld.org/docid/5bc4a71d4.html

EDWARDS, Alice (2011). *Back to basics: The right to liberty and security of person and "alternatives to detention" of refugees, asylum-seekers, stateless persons and other migrants* (PPLA/2011/01.Rev.1). UNHCR – United Nations High Commissioner for Refugees, Division of International Protection. Disponible en: https://www.refworld.org/docid/4dc935fd2.html

EUROPEAN PARLIAMENT (2016): Briefing Implementation Appraisal

"Combating migrant smuggling into the EU", 23.4.2016. Disponible en: https://www.europarl.europa.eu/thinktank/en/document.html?reference=EPRS_BRI(2016)581391

Fabini, Giulia (2017). Managing illegality at the internal border: Governing through "differential inclusion" in Italy. *European Journal of Criminology*, 14 (1), 46–62.

Fassin, Didier (2011). Policing borders, producing boundaries. The governmentality of immigration in dark times. *Annual Review of Anthropology*, 40 (1), 213–226.

Fassin, Didier (2005). Compassion and repression: The moral economy of immigration policies in France. *Cultural Anthropology*, 20 (3), 362–387.

Fekete, Liz (2009). Europe: Crimes of solidarity. *Race and Class*, 50 (4), 83–97.

Fekete, Liz, Webber, Frances, Edmond-Pettitt, Anya (2017). *Humanitarianism: The unacceptable face of solidarity*. Londres: Institute of Race Relations.

Fernández-Bessa, Cristina, Brandariz, José Ángel (2018). Welcoming distant refugees, barring the arrival of neighbouring migrants. Has the so-called refugee crisis shifted Spanish migration control policies? En Siegel, Dina, Nagy, Veronika (eds.), *The migration crisis? Criminalization, security and survival*. La Haya: Eleven International Publishing, 321–344.

Fernández-Bessa, Cristina, Brandariz, José Ángel (2016). Transformaciones de la penalidad migratoria en el contexto de la crisis económica. El giro gerencial del dispositivo de deportación. *Indret: Revista para el análisis del Derecho*, 4, 1–25.

Fernández Rojo, David (2021). Frontex and migrant smuggling. A reinforced operational role of the Agency since the adoption of Regulation 2016/1624 and 2019/1896. *Konrad Adenauer Stiftung*, 470, 1–10.

Fernández Rojo, David (2018). Los *hotspots*: expansión de las tareas operativas y cooperación multilateral de las agencias europeas Frontex, Easo y Europol. *Revista de Derecho Comunitario Europeo*, 61, 1013–1056.

Fernández Rojo, David (2016). La detención de extranjeros en situación irregular: impacto de la Directiva 2008/115/CE y la jurisprudencia del TJUE en la legislación española. *Revista de Derecho Comunitario Europeo*, 53, 233–258.

Ferrer-Gallardo, Xabier; Kramsch, Olivier Thomas (2016). Revisiting Al-Idrissi: The EU and the (Euro)Mediterranean archipielago frontier. *Tijdschrift voor Economische en Sociale Geografie*, 107 (2), 162–176.

FitzGerald, David Scott (2020). Remote control of migration: theorising territoriality, shared coercion, and deterrence. *Journal of Ethnic and Mi-*

gration Studies, 46 (1), 4–22.

FLYNN, Michael (2014). *How and why immigration detention crossed the globe.* Global Detention Project Working Paper, 8, abril 2014. Disponible en: https://www.globaldetentionproject.org/wp-content/uploads/2014/04/How-and-Why-Immigration-Detention-Crossed-the-Globe-GDP-WP8-1.pdf

FLYNN, Michael, CANNON, Cecilia (2010). *Detention at the borders of Europe: Report on the joint Global Detention Project – International Detention Coalition Workshop in Geneva, Switzerland, 2-3 October 2010.* Global Detention Project, noviembre 2010. Disponible en: https://www.refworld.org/docid/545b34cf4.html

FORENSIC OCEANOGRAPHY (2016). *Death by rescue: The lethal effects of the EU's policies of non-assistance.* Report, abril 2016. Disponible en: https://content.forensic-architecture.org/wp-content/uploads/2023/04/2016_Report_Death-By-Rescue.pdf

FOUCAULT, Michel (2008). *Seguridad, territorio, población. Curso del Collège de France (1977-1978).* Madrid: Akal.

FOUCAULT, Michel (1988). *Vigilar y castigar. Nacimiento de la prisión.* Madrid: Siglo Veintiuno.

FRA – FUNDAMENTAL RIGHTS AGENCY (2020). *Fundamental rights considerations: NGO ships involved in search and rescue in the Mediterranean and criminal investigations.* FRA, diciembre 2020 (actualización). Disponible en https://fra.europa.eu/en/publication/2020/december-2020-update-ngo-ships-involved-search-and-rescue-mediterranean-and-legal#TabPubTable1-NGOshipsinvolvedinSARoperations1

FRANKO AAS, Katja (2013). The ordered and the bordered society: Migration control, citizenship, and the Northern penal state. En FRANKO AAS, Katja, BOSWORTH, Mary (eds.). *The borders of punishment: Migration, citizenship and social exclusion.* Oxford University Press, 21–36.

FRANKO AAS, Katja (2011). "Crimmigrant" bodies and bona fide travelers: Surveillance, citizenship and global governance. *Theoretical Criminology*, 15 (3), 331–346.

FRANKO AAS, Katja (2007). Analysing a world in motion: Global flows meet "criminology of the other". *Theoretical Criminology*, 11 (2), 283–303.

FRANKO AAS, Katja, BOSWORTH, Mary (2013). *The borders of punishment: Migration, citizenship, and social exclusion.* Oxford University Press.

FRANKO AAS, Katja, GUNDHUS, Helen O.I. (2015). Policing humanitarian borderlands: Frontex, human rights and the precariousness of life. *British Journal of Criminology*, 55, 1–18.

FRELICK, Bill, KYSEL, Ian, PODKUL, Jennifer (2016). The impact of externalization of migration controls on the rights of asylum seekers and other migrants. *Journal on Migration and Human Security*, 4 (4), 190–220.

FRONTEX (2020). Risk analysis for 2020. Disponible en: https://www.frontex.europa.eu/assets/Publications/Risk_Analysis/Risk_Analysis/Annual_Risk_Analysis_2020.pdf

FRONTEX (2016). Frontex Annual Risk Analysis 2016. Disponible en: https://www.frontex.europa.eu/assets/Publications/Risk_Analysis/Annula_Risk_Analysis_2016.pdf

FRONTEX (2015). Frontex Annual Risk Analysis 2015. Disponible en: https://data.europa.eu/data/datasets/ara-2015?locale=en

GALLAGHER, Anne T. (2010). *The International Law of human trafficking*. Cambridge University Press.

GAMMELTOFT-HANSEN, Thomas, TAN, Nikolas Feith (2017). The end of the deterrence paradigm? Future directions for global refugee policy. *Journal on Migration and Human Security*, 5, 28–56.

GAMMELTOFT-HANSEN, Thomas, TAN, Nikolas Feith (2016). Beyond the deterrence paradigm in global refugee policy. *Suffolk Transnational Law Review*, 39, 637–649.

GARCÍA ANDRADE, Paula (2010). Extraterritorial strategies to tackle irregular immigration by sea: A Spanish perspective. En RYAN, Bernard, MITSILEGAS, Valsamis. *Extraterritorial immigration control. Legal challenges*. Leiden: Brill, 311–346.

GARCÍA COSO, Emiliano (2014). *La regulación de la inmigración irregular. Derechos humanos y el control de fronteras en la Unión Europea*. Pamplona: Thomson Reuters Aranzadi.

GARCÍA GESTOSO, Noemí (2004). *Soberanía y Unión Europea (Algunas cuestiones críticas desde la Teoría de la Constitución)*. Barcelona: Atelier.

GARCÍA HERNÁNDEZ, César Cuauhtémoc (2018). Deconstructing crimmigration. *University of California Davis Law Review*, 52, 197–253.

GARCÍA HERNÁNDEZ, César Cuauhtémoc (2014). Immigration detention as punishment. *UCLA Law Review*, 61 (5), 1346–1414.

GARELLI, Glenda, TAZZIOLI, Martina (2016). The EU hotspot approach at Lampedusa. OpenDemocracy, 26.2.2016. Disponible en: https://www.opendemocracy.net/en/can-europe-make-it/eu-hotspot-approach-at-lampedusa/

GAUCI, Jean-Pierre, MALLIA, Patricia (2017). The Migrant Smuggling Protocol and the need for a multi-faceted approach: Inter-sectionality and multi-actor cooperation. En MORENO-LAX, Violeta, PAPASTAVRIDIS, Efthymios (eds.). *'Boat refugees' and migrants at sea: A comprehensive ap-*

proach. Integrating migration security with human rights. Leiden: Brill, 117–144.

Gerard, Alison, Pickering, Sharon (2013). Crimmigration: Criminal justice, refugee protection and the securitisation of migration. En Bersot, Heather, Arrigo, Bruce (eds.). *The Routledge Handbook of International Crime and Justice Studies.* Londres: Routledge, 587–611.

Ghezelbash, Daniel, Moreno-Lax, Violeta, Klein, Natalie, Opeskin, Brian (2018). Securitization of search and rescue at sea: The response to boat migration in the Mediterranean and offshore Australia. *International and Comparative Law Quarterly*, 67 (2), 315–351.

Ghio, Daniela, Blangiardo, Gian Carlo (2019). Exploring the link between irregular migration and asylum: The case of Italy. *Genus*, 75, 1–18.

Gliszczyńska-Grabias, Aleksandra, Klaus, Witold (2018). "Governmental xenophobia" and crimmigration: European States' policy and practices towards "the other". *No-Foundations: An Interdisciplinary Journal of Law and Justice*, 15, 74–100.

Goldner Lang, Iris (2018). Human rights and legitimacy in the implementation of EU asylum and migration law. En Vöney, Silja, Neuman, Gerald L. (eds.). *Human rights, democracy, and legitimacy in a world of disorder.* Cambridge University Press.

Gonzalo, Iñaki, Fanjul, Gonzalo (2021). *La política del miedo. Una radiografía de las narrativas de las migraciones en el Congreso de los Diputados.* Fundación porCausa - Political Watch. Disponible en: https://porcausa.org/wp-content/uploads/2021/11/PorCausa_La_Politica_del_miedo_2.pdf

Goodwin-Gill, Guy S. (2011). The right to seek asylum: Interception at sea and the principle of non-refoulement. *International Journal of Refugee Law*, 23, 443–457.

Goodwin-Gill, Guy S. (2007). The extraterritorial processing of claims to asylum or protection: The legal responsibilities of States and International Organisations. *UTS Law Review*, 9, 26–40.

Goodwin-Gill, Guy S. (2003). Article 31 of the 1951 Convention Relating to the Status of Refugees: Non-penalization, detention, and protection. En Feller, Erika, Türk, Voler, Nicholson, Frances (eds.). *Refugee protection in International Law: UNHCR's global consultations on international protection.* Cambridge University Press, 185–252.

Grahl-Madsen, Atle (1997). *Commentary on the Refugee Convention 1951. Articles 2-11, 13-37.* Division of International Protection of the United Nations High Commissioner for Refugees. Disponible en: https://www.refworld.org/docid/4785ee9d2.html

GUIA, Maria Joao (2012). Crimmigration, securitisation and the criminal law of the crimmigrant. En GUIA, Maria J., VAN DER WOUDE, Maartje A. H., VAN DER LEUN, Joanne P. (eds.). *Social control and justice: Crimmigration in the age of fear.* La Haya: Eleven International, 17–39.

GUILD, Elspeth (2021). ¿Por qué el asilo es un tema tan polémico en la Unión Europea? En ABRISKETA URIARTE, Joana (dir.) *Políticas de asilo de la UE: Convergencias entre las dimensiones interna y externa.* Pamplona: Thomson Reuters Aranzadi, 21–37.

GUILD, Espelth (2010). *Criminalisation of migration in Europe: Human rights implications.* Issue paper. Estrasburgo: Comisario de Derechos Humanos, Consejo de Europea. Disponible en: https://www.refworld.org/docid/4b6a9fef2.html

GUILD, Elspeth (2009). *Security and migration in the 21st century.* Cambridge: Polity Press.

GUILD, Elspeth (2007). Citizens without a Constitution, borders without a State: EU free movement of persons. En BALDACCINI, Annaliese, GUILD, Elspeth, TONER, Helen. *Whose freedom, security and justice.* Oxford: Hart, 25–55.

GUILD, Espelth (2001). *Moving the borders of Europe.* Lectura inaugural, Catholic University of Nijmegen, 30.5.2001. Disponible en: https://cmr.jur.ru.nl/cmr/docs/oratie.eg.pdf

GUILD, Espelth, COSTELLO, Cathryn, MORENO-LAX, Violeta (2017). *Implementation of the 2015 Council Decisions establishing provisional measures in the area of international protection for the benefit of Italy and Greece.* Study for the LIBE Committee. European Parliament, Policy Department for Citizen's Rights and Constitutional Affairs. Disponible en: https://www.europarl.europa.eu/thinktank/en/document/IPOL_STU(2017)583132

HATHAWAY, James C. (2007). Forced migration studies: Could we agree just to "date"? *Journal of Refugee Studies,* 20 (3), 349–369.

HATHAWAY, James C. (2005). *The rights of refugees under International Law.* Cambridge University Press.

HELLER, Hermann (2015). *Teoría del Estado.* México DF: Fondo de Cultura Económica.

HIRST, Paul, THOMPSON, Grahame (2002). The future of globalisation. *Cooperation and Conflict,* 37 (3), 247–265.

HOLIDAY, Yewa (2014). *Penalising refugees: When should the CJEU have jurisdiction to interpret Article 31 of the Refugee Convention?* EU Law Analysis, 19.7.2014. Disponible en: http://eulawanalysis.blogspot.com/2014/07/penalising-refugees-when-should-cjeu.html

Human Rights Watch (2016). Greece: Refugee "hotspots" unsafe, unsanitary. Human Rights Watch, 19.5.2016. Disponible en: https://www.hrw.org/news/2016/05/19/greece-refugee-hotspots-unsafe-unsanitary

Humphrey, Michael (2013). Migration, security and insecurity. *Journal of Intercultural Studies*, 34 (2), 178–195.

Huysmans, Jef (2006). *The politics of insecurity: Fear, migration and asylum in the EU*. Londres: Routledge.

Hyndman, Jennifer, Mountz, Alison (2008). Another brick in the wall? Neo-refoulement and the externalization of asylum by Australia and Europe. *Governance and opposition*, 43 (2), 249–269.

ICHRP – International Council on Human Rights Policy (2010). *Irregular migration, migrant smuggling and human rights: Towards coherence*. Ginebra: ICHRP. Disponible en: https://reliefweb.int/report/world/irregular-migration-migrant-smuggling-and-human-rights-towards-coherence

Ilies, María (2009). *La política de la Comunidad Europea sobre inmigración irregular: medidas para combatir la inmigración irregular en todas sus fases*. Documento de trabajo 38/2009, Real Instituto Elcano. Disponible en https://www.realinstitutoelcano.org/documento-de-trabajo/la-politica-de-la-comunidad-europea-sobre-inmigracion-irregular-medidas-para-combatir-la-inmigracion-irregular-en-todas-sus-fases/

Ineli-Ciger, Meltem (2016). Time to activate the Temporary Protection Directive. Why the Directive can play a key role in solving the migration crisis in Europe. *European Journal of Migration and Law*, 18, 1–33.

Jakobs, Günther (1997). *Estudios de derecho penal*. Madrid: Civitas.

Jakulevičienė, Lyra (2022). Pre-screening at the border in the Asylum and Migration Pact: A paradigm shift for asylum, return and detention policies? En Thym, Daniel, Odysseus Academic Network (eds.), *Reforming the Common European Asylum System. Opportunities, pitfalls, and downsides of the Commission Proposals for a New Pact on Migration and Asylum*. Baden-Baden: Nomos, 81–97.

Juss, Satvinder S. (2004). Free movement and the world order. *International Journal of Refugee Law*, 16 (3), 289–335.

Kampmark, Binoy (2017). Securitization, refugees, and Australia's turn back the boats policy, 2013-2015. *Antipodes*, 31 (1), 61–75.

Kaushal, Asha, Dauvergne, Catherine (2011). The growing culture of exclusion: Trends in Canadian refugee exclusions. *International Journal of Refugee Law*, 23 (1), 54–92.

Kivisto, Peter, Faist, Thomas (2010). *Beyond a border: The causes and consequences of contemporary immigration*. Thousand Oaks: Pine Forge.

KILPATRICK JR, Richard L., SMITH, Adam (2020). Balancing the SAR obligations of States and shipmasters. En MITSILEGAS, Valsamis, MORENO-LAX, Violeta, VAVOULA, Niovi (eds.). *Securitising asylum flows. Deflection, criminalisation and challenges for human rights.* Leiden: Brill, 81–101.

KIRCHNER, Andree, SCHIANO DI PEPE, Lorenzo (1998). International attempts to conclude a Convention to combat illegal migration. *International Journal of Refugee Law,* 10 (4), 662–674.

KNEEBONE, Susan (2008). The legal and ethical implications of extraterritorial processing of asylum seekers: The "safe country" concept. En MCADAM, Jane (ed.). *Forced migration, human rights and security.* Oxford: Hart, 129–154.

LANDRY, Rachel (2016). The "humanitarian smuggling" of refugees. Criminal offence or moral obligation? *Refugee Studies Centre Working Paper Series,* 119, 20.10.2016. Oxford Department of International Development, University of Oxford. Disponible en: https://www.rsc.ox.ac.uk/publications/the-humanitarian-smuggling-of-refugees-criminal-offence-or-moral-obligation

LEERKES, Arjen, BROEDERS, Dennis (2010). A case of mixed motives? Formal and informal functions of administrative immigration detention. *British Journal of Criminology,* 50 (5), 830–850.

LEGOMSKY, Stephen H. (2007). The new paths of immigration law: Asymmetric incorporation of criminal justice norms. *Washington and Lee Law Review,* 64 (2), 469–528.

LÉONARD, Sarah, KAUNERT, Christian (2019): *Refugees, security and the European Union.* Londres: Routledge.

LIGUORI, Anna (2016). Some observations on the legal responsibility of States and International Organizations in the extraterritorial processing of asylum claims. *The Italian Yearbook of International Law,* 25, 135–158.

LIÑÁN NOGUERAS, Diego J. (2013). La ciudadanía europea: una cuestión abierta. *Teoría y realidad constitucional,* 32, 357–372.

LIROLA DELGADO, Isabel (2010). Elementos de una política común de inmigración de la Unión Europea: Una lectura crítica. En PI LLORENS, Montserrat, ZAPATER DUQUE, Esther (coords.). *¿Hacia una Europa de las personas en el espacio de libertad, seguridad y justicia?* Madrid: Marcial Pons, 47–65.

LO COCO, Daniela, GONZÁLEZ HIDALGO, Eloísa (2021). La doble lógica de la externalización europea: protección y deportación en Marruecos. *Revista CIDOB d'Afers Internacionals,* 129, 79–106.

LOHNE, Kjersti (2018). Penal humanitarianism beyond the nation state: An analysis of International criminal justice. *Theoretical Criminology,* 24 (2), 145–162.

LÓPEZ-SALA, Ana María, BARBERO, Iker (2019). Solidarity under siege: The crimmigration of activism(s) and protest against border control in Spain. *European Journal of Criminology*, 18 (5), 678–694.

LÓPEZ-SALA, Ana María, MORENO-AMADOR, Gracia (2020). En busca de protección a las puertas de Europa: Refugiados, etiquetado y prácticas disuasorias en la frontera sur española. *Estudios Fronterizos*, 21, 1–20.

MAJCHER, Izabella (2018). The EU hotspot approach: Blurred lines between restriction on and deprivation of liberty (part III). *Border Criminologies Blog*, 6.4.2018. Disponible en: https://www.law.ox.ac.uk/research-subject-groups/centre-criminology/centreborder-criminologies/blog/2018/04/eu-hotspot-1

MAJCHER, Izabella (2013). *"Crimmigration" in the European Union through the lens of immigration detention.* Global Detention Project Working Paper, 6, septiembre 2013. Disponible en: https://www.globaldetentionproject.org/wp-content/uploads/2016/06/Crimmigration_EU_final.pdf

MAJCHER, Izabella, FLYNN, Michael, GRANGE, Mariette (2020). *Immigration detention in the European Union. In the shadows of the "crisis"*. Cham: Springer.

MANGAS MARTÍN, Araceli, LIÑÁN NOGUERAS, Diego J. (2016). *Instituciones y Derecho de la Unión Europea* (9ª edición). Madrid: Tecnos.

MANN, Itamar (2018). Maritime legal black holes: Migration and rightlessness in International Law. *European Journal of International Law*, 29 (2), 347–372.

MCADAM, Jane (2013). Australia and asylum seekers. *International Journal of Refugee Law*, 25, 435–448.

MELIS, Barbara (2001). *Negotiating Europe's immigration frontiers.* La Haya: Kluwer Law International.

MELOSSI, Dario (2003). "In a peaceful life": Migration and the crime of modernity in Europe/Italy. *Punishment and Society*, 5 (4), 371–397.

MENJIVAR, Cecilia (2014). Immigration law beyond borders: Externalizing and internalizing border controls in an era of securitisation. *Annual Review of Law and Social Science*, 10, 353-369.

MILLER, Teresa A. (2003). Citizenship and severity: Recent immigration reforms and the new penology. *Georgetown Immigration Law Journal*, 17, 611–666.

MITSILEGAS, Valsamis (2019). The normative foundations of the criminalization of human smuggling: Exploring the fault lines between European and international law. *New Journal of European Criminal Law*, 10 (1), 68–85.

MITSILEGAS, Valsamis (2018). Extraterritorial immigration control, preventive justice and the rule of law in turbulent times. En SANTOS VARA,

Javier, CARRERA, Sergio, STRIK, Tineke (eds). *Constitutionalising the external dimension of EU migration policies in times of crisis: Legality, rule of law and fundamental rights reconsidered,* Cheltenham: Edward Elgar, 290–308.

MITSILEGAS, Valsamis (2015). *The criminalisation of migration in Europe. Challenges for human rights and the rule of law.* Londres: Springer.

MITSILEGAS, Valsamis (2009). The borders paradox. The surveillance of movement in a Union without internal frontiers. En LINDAHL, Hans (ed.). *A right to inclusion and exclusion? Normative fault lines of the EU's Area of Freedom, Security and Justice.* Oxford: Hart, 53–64.

MITSILEGAS, Valsamis (2007). Border security in the European Union. Towards centralised controls and maximum surveillance. En BALDACCINI, Annaliese, GUILD, Elspeth, TONER, Helen (eds.). *Whose freedom, security and justice.* Oxford: Hart, 359–394.

MITSILEGAS, Valsamis (2001). Defining organized crime in the European Union: The limits of European Criminal Law in an Area of Freedom, Security and Justice. *European Law Review,* 26, 565–581.

MOFFETTE, David (2020). The jurisdictional games of immigration policing: Barcelona's fight against unauthorized street vending. *Theoretical Criminology,* 24 (2), 258–275.

MOLDOVAN, Raluca (2018). Towards a common European Union immigration policy: Navigating a difficult obstacle course. *On-line Journal Modelling the New Europe,* 28, 74–104.

MORENO-LAX, Violeta (2019). The axiological emancipation of a (non-)principle: autonomy, International Law and the EU legal order. En GOVAERE, Inge, GARBEN, Sacha. *The interface between EU and International Law contemporary reflections.* Londres: Bloomsbury Publishing, 45–72.

MORENO-LAX, Violeta (2018). The EU humanitarian border and the securitization of human rights: The "rescue-through-interdiction / rescue-without-protection" paradigm. *Journal of Common Market Studies,* 56 (1), 119–140.

MORENO-LAX, Violeta (2017). *Accessing asylum in Europe. Extraterritorial border control and refugee rights under EU law.* Oxford University Press.

MORENO-LAX, Violeta (2011). Seeking asylum in the Mediterranean. Against a fragmentary reading of EU member States' obligations accruing at sea. *International Journal of Refugee Law,* 23 (2), 174–220.

MORENO-LAX, Violeta (2008). Must EU borders have doors for refugees? On the compatibility of Schengen visas and carriers' sanctions with EU member States' obligations to provide international protection to refugees. *European Journal of Migration and Law,* 10, 315–364.

MORENO-LAX, Violeta, GIUFFRÉ, Mariagiulia (2017). The rise of consensual containment: From "contactless control" to "contactless responsibility" for forced migration flows. En JUSS, Satvinder S. (ed.). *Research Handbook on International Refugee Law.* Cheltenham: Edward Elgar, 82–108.

MORENO-LAX, Violeta, LEMBERG-PEDERSEN, Martin (2019). Border-induced displacement: The ethical and legal implications of distance-creation through externalization. *Questions of Internacional Law,* 56 (1), 5–33.

MORGADES GIL, Silvia (2021). Entre *visado* y *humanitario*: a vueltas con los conceptos de competencia y jurisdicción en el Derecho de la Unión Europea y europeo de los Derechos Humanos. En ABRISKETA URIARTE, Joana (dir.). *Políticas de asilo de la UE: Convergencias entre las dimensiones interna y externa.* Pamplona: Thomson Reuters Aranzadi, 251–274.

MORONDO TARAMUNDI, Dolores (2018). I could not do otherwise. Disobeying migration laws under the ECHR on grounds of religion and conscience. En GRÜTTERS, Carolus, DZANANOVIC, Dario. *Migration and religious freedom. Essays on the interaction between religious duty and migration law*". Nijmegen: Wolf Legal Publishers, 125–147.

MORRIS, Jessica C. (2003). The spaces in between: American and Australian interdiction policies and their implications for the refugee protection regime. *Refuge: Canada's Journal on Refugees,* 21, 51–62.

MOUNTZ, Alison (2011). The enforcement archipelago: Detention, haunting, and asylum on islands. *Political Geography,* 30 (3), 118–128.

MUÑOZ RUIZ, Josefa (2016). La ayuda humanitaria: ¿Una excusa absolutoria o una causa de justificación? *Revista Electrónica de Ciencia Penal y Criminología,* 18 (8), 1–27.

NAGORE CASAS, María (2021). Los acuerdos de capacitación a terceros Estados para la contención migratoria: Nuevos desarrollos en el concepto de jurisdicción de los tratados de derechos humanos. En ABRISKETA URIARTE, Joana (dir.). *Políticas de asilo de la UE: Convergencias entre las dimensiones interna y externa.* Pamplona: Thomson Reuters Aranzadi, 223–250.

NAGORE CASAS, María (2017). The instruments of pre-border control in the EU: A new source of vulnerability for asylum-seekers? En MUSTANIEMI-LAAKSO, Maija, HEIKKILÄ, Mikaela, DEL GAUDIO, Eleonora, KONSTANTIS, Sotiris, NAGORE CASAS, María, MORONDO, Dolores, HEGDE, Venkatachala G., FINLAY, Graham. *The protection of vulnerable individuals in the context of EU policies on border checks, asylum and immigration.* FRAME Deliverable 11.3, 30–59. Disponible en: http://www.fp7-frame.eu/wp-content/uploads/2016/08/Deliverable-11.3.pdf

NAVARRO BATISTA, Nicolás (2012). Inmigración irregular y relaciones exteriores de la Unión Europea: Los acuerdos de readmisión. En MARTÍN Y

PÉREZ DE NANCLARES, José (ed.). *La dimensión exterior del Espacio de Libertad, Seguridad y Justicia de la Unión Europea.* Madrid: Iustel, 125–172.

NOLL, Gregor (2018). Security in a liberal Union: EU asylum and migration control policies. En BAKARDJIEVA-ENGELBREKT, Antonina, MICHALSKI, Anna, NILSSON, Niklas, OXELHEIM, Lars (eds.). *The European Union: Facing the challenge of multiple security threats.* Cheltenham: Edward Elgar, 191–211.

NOLL, Gregor (2011). Article 31 (refugees unlawfully in the country of refuge). En ZIMMERMANN, Andrea, DÖRSCHNER, Jonas, MACHTS, Felix (eds.). *The 1951 Convention Relating to the Status of Refugees and its 1967 Protocol: A commentary.* Oxford Commentaries on International Law. Oxford University Press, 1243–1269.

NOLL, Gregor (2003a). Securitising sovereignty? States, refugees, and the regionalisation of International Law. En NEWMAN, Edward, VAN SELM, Joanne (eds.). *Refugees and forced displacement: International security, human vulnerability, and the State.* United Nations University Press, 277–305.

NOLL, Gregor (2003b). Visions of the exceptional: Legal and theoretical issues raised by transit processing centres and protection zones. *European Journal of Migration and Law,* 5 (3), 303–42.

OIM – ORGANIZACIÓN INTERNACIONAL PARA LAS MIGRACIONES (2019). *Derecho Internacional sobre Migración. Glosario de la OIM sobre migración.* Organización Internacional para las Migraciones. Disponible en: https://publications.iom.int/system/files/pdf/iml-34-glossary-es.pdf

OIM - Organización Internacional para las Migraciones (2015). *Más de un millón de migrantes y refugiados han llegado a Europa en 2015, afirmó la OIM,* Comunicado, 6.1.2015. Disponible en: https://www.iom.int/es/news/mas-de-un-millon-de-migrantes-y-refugiados-han-llegado-europa-en-2015-informo-la-oim

OXFAM (2016). *Hotspot, rights denied.* Oxfam Briefing Paper, mayo 2016. Disponible en: https://d1tn3vj7xz9fdh.cloudfront.net/s3fs-public/file_attachments/bp-hotspots-migrants-italy-220616-en.pdf

PALIDDA, Salvatore (2011). *Racial criminalisation of migrants in 21st Century.* Londres: Routledge.

PARKIN, Joanna (2013). *The criminalisation of migration in Europe. A state-of-the-art of the academic literature and research.* CEPS Paper in Liberty and Security in Europe. Bruselas: CEPS – Centre for European Policy Studies.

PASTORE, Ferruccio (2004). Visas, borders, immigration: Formation, structure, and current evolution of the EU entry control system. En WALKER, Neil (ed.). *Europe's Area of Freedom, Security and Justice.* Oxford University Press, 89–142.

PERALES, Ascensión E. (2017). *La libertad de circulación en la Unión Europea.* Madrid: Centro de Estudios Políticos y Constitucionales.

PERELLÓ CARRASCOSA, María Isolda (2018). Aproximación teórica al concepto de securitización de la política migratoria. *Século XXI. Revista de Ciências Sociais*, 8 (1), 266–311.

PICKERING, Sharon, BOSWORTH, Mary, FRANKO AAS, Katja (2015). The criminology of mobility. En PICKERING, Sharon, HAM, Julie (eds.). *The Routledge Handbook on Crime and International Migration.* Londres: Routledge, 382–395.

PICKERING, Sharon, HAM, Julie (eds.) (2015). *The Routledge Handbook on Crime and International Migration.* Londres: Routledge.

PIJNENBURG, Annick (2019). From Italian pushbacks to Libyan pullbacks: Is Hirsi 2.0 in the making in Strasbourg? *European Journal of Migration and Law*, 20, 396–426.

PROVERA, Mark (2015). *The criminalisation of irregular migration in the European Union.* CEPS Paper in Liberty and Security in Europe, 80. CEPS – Centre for European Policy Studies, febrero 2015. Disponible en: https://www.ceps.eu/ceps-publications/criminalisation-irregular-migration-european-union/

REILLY, Rachael, FLYNN, Michael (2022). A tale of two refugee crises. *Inter Press Service*, 31.03.2022. Disponible en: https://www.globaldetentionproject.org/a-tale-of-two-refugee-crisis

RIJPMA, Jorrit (2016). *The proposal for a European Border and Coast Guard: evolution or revolution in external border management?* Study for the LIBE Committee of the European Parliament. European Parliament, Policy Department for Citizens' Rights and Constitutional Affairs. Disponible en: https://www.europarl.europa.eu/thinktank/en/document/IPOL_STU(2016)556934

RUIZ RAMOS, Juan (2021). El derecho a la libertad de circulación y residencia de los migrantes. En PORRAS RAMÍREZ, José María (dir.), REQUENA DE TORRE, María Dolores (coord.). *La inclusión de los migrantes en la Unión Europea y España. Estudio de sus derechos.* Pamplona: Thomson Reuters Aranzadi, 359–391.

SADOWSKI, Piotr (2018). A sage harbour or a sinking ship? On the protection of fundamental rights of asylum seekers in recent CJEU judgements. *European Journal of Legal Studies*, 11 (2), 29–64.

SANTOS VARA, Juan (2018). La transformación de Frontex en la Agencia Europea de la Guardia de Fronteras y Costas: ¿Hacia una centralización en la gestión de las fronteras? *Revista de Derecho Comunitario Europeo*, 59, 143–186.

SCHOLTEN, Sophie (2015). *The privatisation of immigration control through carrier sanctions.* Leiden: Brill.

SCHUSTER, Liza (2016). Unmixing migrants and refugees. En TRIANDAFYLLIDOU, Anna (ed.). *The Routledge Handbook of Immigration and Refugee Studies.* Londres: Routledge, 297–303.

ŠELO ŠABIĆ, Sedana (2017). The relocation of refugees in the European Union. Implementation of solidarity and fear. *Friedrich Ebert Stiftung.* Disponible en: https://library.fes.de/pdf-files/bueros/kroatien/13787.pdf

SIMON, Jonathan (2007). *Governing through crime: How the war on crime transformed American democracy and created a culture of fear.* Oxford University Press.

SOLIMAN, Francesca (2021). States of exception, human rights, and social harm: Towards a border zemiology. *Theoretical Criminology,* 25 (2), 228–248.

SORIANO, Juan Pablo (2014). Gobernanza global contra la delincuencia transnacional: la UE y la Convención de Palermo. *Revista CIDOB d'Afers Internacionals,* 108, 141–163.

SPIJKERBOER, Thomas (2018). The global mobility infrastructure: Reconceptualising the externalisation of migration control. *European Journal of Migration and Law,* 20 (4), 452–469.

STOYANOVA, Vladislava (2012). Dancing on the borders of Article 4: Human trafficking and the European Court of Human Rights in the Rantsev case. *Netherland Quaterly of Human Rights,* 30, 163–194.

STUMPF, Juliet (2006). The crimmigration crisis: immigrants, crime, and sovereign power. *American University Law Review,* 56, 367–419.

SUNDBERG DIEZ, Olivia, TRAUNER, Florian (2021). *EU return sponsorships: High stakes, low gains?* Discussion Paper - European Migration and Diversity Programme. European Policy Centre, 19.1.2021. Disponible en: https://www.epc.eu/en/publications/EU-return-sponsorships-High-stakes-low-gains~3ac104

TAYLOR, Max, RAUFER, Xabier, DEN BOER, Monica, SINN, Arndt, PAOLI, Letizia, SAVONA, Ernesto (2017). *SOCTA Academic Advisory Group.* SOCTA 2017: Comment by Academic Advisors. La Haya: Europol.

TAZZIOLI, Martina (2016). *Concentric cages: The hotspots of Lesvos after the EU-Turkey agreement.* OpenDemocracy, 30.5.2016. Disponible en: https://www.opendemocracy.net/en/mediterranean-journeys-in-hope/concentric-cages-hotspots-of-lesvos-after-eu-turkey-/

TAZZIOLI, Martina, GARELLI, Glenda (2020). Containment beyond detention: The hotspot system and disrupted migration movements across Europe. *Environment and Planning D: Society and Space,* 38 (6), 1009–1027.

Thym, Daniel (2022). Never ending story? Political dynamics, legislative uncertainties, and practical drawbacks of the 'New' Pact on Migration and Asylum. En Thym, Daniel, Odysseus Academic Network (eds.), *Reforming the Common European Asylum System. Opportunities, pitfalls, and downsides of the Commission Proposals for a New Pact on Migration and Asylum.* Baden-Baden: Nomos, 11-32.

Thym, Daniel, Tsourdi, Evangelia (Lilian) (2017). Searching for solidarity in the EU asylum and border policies: Constitutional and operational dimensions. *Maastricht Journal of European and Comparative Law*, 24 (5), 605–621.

Torpey, John (2000). *The invention of passport. Surveillance, citizenship and the State.* Cambridge University Press.

Triandafyllidou, Anna, Dimitriadi, Angeliki (2014). *Governing irregular migration and asylum at the borders of Europe: Between efficiency and protection.* Imagining Europe, 6. Istituto Affari Internazionali, mayo 2014. Disponible en: https://www.iai.it/en/pubblicazioni/governing-irregular-migration-and-asylum-borders-europe

Tsourdi, Evangelia (Lilian) (2019). Solidarity in EU asylum policy: From an emergency-driven approach to the fair sharing of responsibility. *Challenge Europe*, 24, 85–92. Disponible en: https://www.epc.eu/content/PDF/2019/Article_10.pdf

Tsourdi, Evangelina (Lilian) (2017). *Hotspots and EU agencies: Towards an integrated European administration?* EU Immigration and Asylum Law and Policy. Blog, 26.1.2017. Disponible en: https://eumigrationlawblog.eu/hotspots-and-eu/

Tsourdi, Evangelina (Lilian) (2016a). Asylum detention in EU Law: Falling between two tools? *Refugee Survey Quarterly*, 35, 7–28.

Tsourdi, Evangelina (Lilian) (2016b). Bottom-up salvation? From practical cooperation towards joint implementation through the European Asylum Support Office. *European Papers: A Journal on Law and Integration*, 1 (3), 987–1031.

UNHCR – United Nations High Commissioner for Refugees (2016). *The 10-point plan in action, 2016. Glossary.* Disponible en: https://www.refworld.org/docid/59e99eb94.html

UNHCR – United Nations High Commissioner for Refugees (2007). *Advisory Opinion on the extraterritorial application of non-refoulement obligations under the 1951 Convention relating to the Status of Refugees and its 1967 Protocol.* UNHCR, 26.1.2007. Disponible en: https://www.refworld.org/docid/45f17a1a4.html

UNHCR – United Nations High Commissioner for Refugees (1994). *The principle of non-refoulement as a norm of customary International Law. Res-*

ponse to the questions posed to UNHCR by the Federal Constitutional Court of the Federal Republic of Germany in cases 2 BvR 1938/93, 2 BvR 1953/93, 2 BvR 1954/93. UNHCR, 31.1.1994. Disponible en: https://www.refworld.org/publisher,UNHCR,POSITION,DEU,437b6db64,0.html

UNHCR – UNITED NATIONS HIGH COMMISSIONER FOR REFUGEES (1990). *The Refugee Convention, 1951: The Travaux préparatoires analysed with a commentary by Dr. Paul Weis.* Disponible en: https://www.refworld.org/docid/53e1dd114.html

UNODC – UNITED NATIONS OFFICE ON DRUGS AND CRIME (2017). *The concept of "financial or other material benefit" in the Smuggling of Migrants Protocol.* Issue Paper. Nueva York: UNODC. Disponible en: https://www.unodc.org/documents/human-trafficking/Migrant-Smuggling/Issue-Papers/UNODC_Issue_Paper_The_Profit_Element_in_the_Smuggling_of_Migrants_Protocol.pdf

UNODC – UNITED NATIONS OFFICE ON DRUGS AND CRIME (2011). *Manual sobre la lucha contra el tráfico ilícito de migrantes.* Nueva York: UNODC. Disponible en: https://www.unodc.org/documents/human-trafficking/Migrant-Smuggling/UNODC_2010_Toolkit_to_Combat_Smuggling_of_Migrants_ES.pdf

VRADIS, Antonis, PAPADA, Evie, PAINTER, Joe, PAPOUTSI, Anna (2019). *New borders: hotspots and the European migration regime.* Londres: Pluto Press.

VAN DER WOUDE, Maartje A.H., VAN BERLO, Patrick (2017). Crimmigration at the internal borders of Europe? Examining the Schengen governance package. *Utrecht Law Review,* 11 (1), 61–79.

VAN DER WOUDE, Maartje A.H., VAN DER LEUN, Joanne P. (2017). Crimmigration checks in the internal border areas of the EU: Finding the discretion that matters. *European Journal of Criminology,* 14 (1), 27–45.

VAN DER WOUDE, Maartje A.H., VAN DER LEUN, Joanne P. (2013). A reflection on crimmigration in the Netherlands: On the cultural security complex and the impact of framing. En GUIA, Maria J., VAN DER WOUDE, Maartje A. H., VAN DER LEUN, Joanne P. (eds.). *Social control and justice: Crimmigration in the age of fear.* La Haya: Eleven International, 41–60.

VAN DER WOUDE, Maartje A.H., VAN DER LEUN, Joanne P., NIJLAND, Jo-Anne A. (2014). Crimmigration in Netherlands. *Law and Social inquiry,* 39 (3), 560–579.

VAN MUNSTER, Rens (2009). *Securitizing immigration. The politics of risk in the EU.* Londres: Palgrave Macmillan.

VAVOULA, Niovi (2019). The detention of asylum seekers pending transfer under the Dublin III Regulation: Al Chodor. *Common Market Law Review,* 56 (4), 1041–67.

VILÁ COSTA, Blanca (2010). El Tratado de Lisboa y el ELSJ: Reflexiones sobre el método y el programa. En PI LLORENS, Montserrat, ZAPATER DUQUE, Esther (coords.). *¿Hacia una Europa de las personas en el espacio de libertad, seguridad y justicia?* Madrid: Marcial Pons, 11–17.

WÆVER, Ole (2004). *Aberystwyth, Paris, Copenhagen. New "schools" in security theory and their origins between core and periphery.* Paper presentado en el Encuentro anual de la International Studies Association, Montreal, 17 a 20 de marzo de 2004.

WÆVER, Ole (1995). Securitization and desecuritization. En LIPSCHUTZ, Ronnie D. (ed.). *On Security.* Nueva York: Columbia University Press, 46–86.

WALTERS, William (2011). Foucault and frontiers. Notes on the birth of humanitarian border. En BRÖCKLING, Ulrich, KRASMANN, Susanne, LEMKE, Thomas (eds.). *Governmentality: Current issues and future challenges.* Londres: Routledge, 138–164.

WALTERS, William (2002). Mapping Schengenland: Denaturalizing the border. *Environment and Planning D: Society and Space,* 20 (5), 561–580.

WALTON, Paul, YOUNG, Jock (1998). *The new criminology revisited.* Hampshire: Palgrave.

WEBER, Leanne (2006). The shifting frontiers of migration control. En PICKERING, Sharon, WEBER, Leanne (eds.). *Borders, mobility and technologies of control.* Dordrecht: Springer, 21–43.

WEBER, Leanne, MOHN, Sigmund Book, VECCHIO, Francesco, FILI, Andriani (2019). Beyond deportation: researching the control of outward mobility using a space of flows logic. *Global Networks,* 20 (1), 65–84.

WEBER, Max (2016). *La política como vocación.* California: Createspace Independent.

WILSHER, Daniel (2012). *Immigration detention: Law, history, politics.* Cambridge University Press.

WONDERS, Nancy (2017). Sitting on the fence – Spain's delicate balance: Bordering, multiscalar challenges, and crimmigration. *European Journal of Criminology* 14 (1), 7–26.

WORKING GROUP ON ARBITRARY DETENTION (2010). *Administrative detention and habeas corpus.* Report of the Working Group on Arbitrary Detention. Thematic considerations, A/HRC/13/30, 18.1.2010.

ZETTER, Roger (2007). More labels, fewer refugees: Remaking the refugee label in an era of globalization. *Journal of Refugee Studies,* 20 (2), 172–192.

ZOLBERG, Aristide (2003). The archaeology of "remote control". En FAHRMEIR, Andreas, FARON, Olivier, WEIL, Patrick (eds.). *Migration control in the North-Atlantic world. The evolution of State practices in Europe and the United States from the French Revolution to the inter-war period.* Nueva York: Berghan Books, 195–222.